Erste deutsche Arbeitsnachweis-Konferenz.

Die Einrichtung

von

Arbeitsnachweisen

und Arbeitsnachweis-Verbänden

Verhandlungen der ersten deutschen Arbeitsnachweis-Konferenz

(Karlsruhe, 13. September 1897).

Auf Grund stenographischer Aufzeichnungen herausgegeben

von

Dr. J. Jastrow

Privatdozent an der Universität Berlin, Stadtrat in Charlottenburg.

Mit 8 Beigaben (Formularen, Buchführungsblättern, Tabellen), Sachregister etc.

Zweite unveränderte Auflage.

Berlin.

Verlag von Georg Reimer.

1900.

Vorwort.

Die Arbeitsnachweis-Konferenz, welche am 13. September 1897 in Karlsruhe tagte, hat einen über Erwarten umfassenden Charakter angenommen. Ursprünglich als eine zwanglose Besprechung im kleinen Kreise geplant, ist sie thatsächlich eine Zusammenkunft großen Umfanges geworden, in welcher zum erstenmal in geordneten Formen die schwebenden Fragen der Organisation des Arbeitsnachweises erörtert wurden. Die Ergebnisse der Beratung enthielten in sich den Stoff zu einem förmlichen Handbuch für die praktische Einrichtung von Arbeitsnachweisen und Arbeitsnachweis-Verbänden. Da gegenwärtig die Organisation des Arbeitsnachweises in einer großen Reihe von Stadtgemeinden und von staatlichen Verwaltungen zur Beratung steht, so wurde der Wunsch laut, das hier gebotene Material in einer zum praktischen Gebrauche geeigneten Form festzuhalten.

Diesem Wunsche hätte ein bloßes Sitzungsprotokoll nicht genügen können; denn den Verwaltungsmännern, welche an die Gestaltung eines Arbeitsnachweises herantreten, kommt es nicht sowohl darauf an, in kurzer Skizzierung zu erfahren, von wem und worüber gesprochen, welche Resolution angenommen worden ist; ihnen liegt vielmehr gerade an den Einzelheiten der Ausführungen, an den praktischen Detailerfahrungen, wie sie hier aus den verschiedensten Teilen Deutschlands zum Vortrage gelangten. Andererseits aber hätte ein wortgetreuer stenographischer Bericht nach Art der Parlamentsberichte jenem Zwecke beinahe ebensowenig dienen können. Denn da ein genauer stenographischer Bericht Wichtiges und Unwichtiges nicht unterscheidet, da er die gleichgültigste Geschäftsordnungs-Debatte mit derselben Ausführlichkeit wiedergiebt wie die wichtigen Referate, so ist es für den vielbeschäftigten Verwaltungsmann kaum möglich, ohne unverhältnismäßigen Zeitaufwand gerade das herauszufinden, was für ihn von Wichtigkeit ist.

Sollte daher aus den Verhandlungen ein praktisch brauchbares Handbuch geschaffen werden, so mußte ein Mittelweg eingeschlagen werden. Geschäftsordnungs-Debatten u. a. mußten nicht bloß gekürzt, sondern in angemessener Zusammenfassung auch so gestellt werden, daß eine häufige Unterbrechung des Fadens vermieden wurde. Die Referate und Debatten zu den Gegenständen der Tagesordnung mußten aber nicht nur vollinhaltlich wiedergegeben, sondern, soweit das Verständnis es forderte, auch durch Beigaben ergänzt werden. Die Beigaben sollten dem Leser namentlich aus den Statuten, Geschäftsordnungen, Formularen rc. der Nachweise und Nachweisverbände soviel vor Augen führen, wie nötig, um ihm ein vollständiges Bild von dem inneren Betriebe der Verwaltungen zu ermöglichen. Ein systematisches und ein alphabetisches Verzeichnis sollen die erleichterte Benutzung auch solchen Lesern ermöglichen, welche nur über einen einzelnen Punkt Belehrung suchen.

Bei den Einladungen zur Konferenz war den Teilnehmern ein amtlich festgestelltes Protokoll zugesagt worden. Um dieser Verpflichtung nachzukommen und gleichzeitig den Teilnehmern die ausführliche Darstellung zugänglich zu machen, wurde mit dem ersten Vorsitzenden der Konferenz, dem Herrn Geheimen Oberfinanzrat Fuchs-Karlsruhe, die Vereinbarung getroffen, daß ihm die vorliegende Darstellung in allen ihren Teilen zur Durchsicht vorgelegt wurde, so daß sie gleichzeitig die Stelle des amtlich festgestellten Protokolls vertritt. Die Grundlage für die Bearbeitung bildeten die Stenogramme und die protokollarischen Aufzeichnungen. Der Text jeder einzelnen Rede hat dem betreffenden Redner zur Nachprüfung und Korrektur vorgelegen.

Charlottenburg-Berlin, den 31. Januar 1898.
Berlinerstraße 131 (Garten).

Der Herausgeber.

Inhalts-Verzeichnis.

Plenarversammlung.

(Vormittags-Sitzung.)

Beigaben.

Plenarversammlung.

(Vormittags-Sitzung.)

Eröffnung der Konferenz.

Vormittags $9^1/_2$ Uhr.

Privatdozent Dr. **Jastrow**-Berlin: Meine Herren und Damen! Als Einberufer der Versammlung habe ich die ehrenvolle Verpflichtung, Sie an erster Stelle willkommen zu heißen. Der Gedanke zu einer Konferenz der allgemeinen Arbeitsnachweise in Deutschland geht auf die Besuche zurück, die ich im vergangenen und in diesem Jahre einigen größeren Arbeitsnachweis-Anstalten in verschiedenen Teilen Deutschlands abstattete. Hierbei wurde ich von mehreren Seiten aufgefordert, bei passender Gelegenheit die Initiative zu einer Besprechung der verschiedenen Arbeitsnachweis-Verwaltungen über eine mehr einheitliche Ausgestaltung des allgemeinen Arbeitsnachweises zu ergreifen. Als nun in diesem Frühjahr bekannt wurde, daß der deutsche Verein für öffentliche Gesundheitspflege am 14. September in Karlsruhe zusammentreten und, wie alljährlich, eine große Anzahl städtischer Verwaltungsmänner zusammenführen werde, da schien der richtige Zeitpunkt für Veranstaltung einer derartigen Besprechung gekommen. Auf die erste Anfrage vom 15. Mai d. J., ob die Verwaltungen bereit seien, hier in Karlsruhe sich ein Stelldichein zu geben, erfolgten sofort 35 zustimmende Antworten, darunter fast von allen größeren Anstalten Deutschlands. Die Karlsruher Anstalt erklärte sich bereit, die Geschäfte des Ortsausschusses zu übernehmen, und den badischen Verband für die Angelegenheit zu interessieren. In Korrespondenz mit den Vertretern verschiedener hervorragender Anstalten erfolgte die genauere Feststellung der Tagesordnung, die dann mit einem zweiten Rundschreiben unter dem 4. August an einen größeren Kreis von Interessenten, Behörden, Verwaltungsmännern und Theoretikern verschickt wurde. Sobald diese Veranstaltung durch die Tagespresse bekannt wurde, gelangten an das Büreau von den verschiedensten Seiten freiwillige Anmeldungen zum Beitritt, und so ist uns denn unter den Händen aus der ursprünglich geplanten zwanglosen Besprechung ein förmlicher Kongreß von bis jetzt gemeldeten 132 Teilnehmern entstanden.

Meine Herren! ich glaube, daß die über alles Erwarten große Zahl uns nicht hindern wird, unserem ursprünglichen Vorsatze treu zu bleiben, der dahin ging, dieser Zusammenkunft nicht den Charakter eines feierlichen Kongresses, sondern einer nüchternen Arbeitssitzung zu geben. In dem einladenden Rundschreiben ist namentlich betont, daß die oft erörterte Streitfrage, ob kommunaler oder gemeinnütziger Vereins-Organisation der Vorzug zu geben sei, von dieser Besprechung ausgeschlossen bleibe, daß zunächst das Vorhandensein der Organisationen, wie sie sind, als feststehende Thatsache den Ausgangspunkt für die weiteren Erörterungen und Vorschläge zu bilden habe. Es war ferner die gemeinsame Voraussetzung aller derer, die sich an den einleitenden Schritten beteiligten, daß es sich nicht um eine Veranstaltung handle, welche bindende Beschlüsse faßt oder die einzelnen Verwaltungen in ihrer Selbständigkeit zu beschränken sucht.

Für das Vertrauen, das mir während der Vorbereitungen zur Konferenz von allen Seiten entgegengebracht wurde, verfehle ich nicht, an dieser Stelle Ihnen Allen meinen verbindlichsten Dank zu sagen. Nachdem jetzt der Zusammentritt der Konferenz erfolgt ist, habe ich nur noch eine Aufgabe zu erfüllen: die formelle Konstituierung zu bewirken. Ich erkläre hiermit die erste deutsche Arbeitsnachweis-Konferenz für eröffnet, und bitte Sie, mir Vorschläge für die Wahl des Präsidiums zu machen.

Rechtsrat Dr. **Menzinger**-München: Meine Herren! ich glaube, das Präsidium wird sich in guten Händen befinden, wenn wir damit den Einberufer dieser Konferenz und den Vorsitzenden des hiesigen Arbeitsnachweises betrauen. Ich schlage also für das Präsidium vor die Herren: Privatdozent Dr. Jastrow-Berlin und Geheimen Oberfinanzrat Fuchs-Karlsruhe.

Privatdozent Dr. **Jastrow**-Berlin: Da den wichtigsten Gegenstand unserer Verhandlungen die Frage der Landesverbände bildet, und die Konferenz das Glück hat, in der Person des Karlsruher Vorsitzenden gleichzeitig den Leiter des Badischen Verbandes zu ihren Teilnehmern zu zählen, der in diesen Fragen über reiche praktische Erfahrungen verfügt, so dürfte es vielleicht das angemessene sein, diesen in erster Linie um die Uebernahme der Leitung zu bitten. Ich erlaube mir daher an Herrn Rechtsrat Menzinger die Frage, ob er damit einverstanden ist, wenn wir den Vorschlag so formulieren, daß Herr Geheimrat Fuchs für den Vorsitz und ich für seine Unterstützung oder etwaige Vertretung vorgeschlagen werde. — — — Rechtsrat Menzinger erklärt sich einverstanden. Es sind also für das Präsidium vorgeschlagen: Geheimer Ober-Finanzrat Fuchs-Karlsruhe als erster, Privatdozent Dr. Jastrow-Berlin als zweiter Vorsitzender. Ich bitte die Herren, welche weitere Vorschläge zu machen wünschen, sich zu melden.

(Pause.)

Dies geschieht nicht. Ich bitte die Teilnehmer, welche mit den obigen Vorschlägen einverstanden sind, die Hand zu erheben. — — —

Die Vorschläge sind angenommen. Ich erlaube mir nunmehr an Herrn Geheimrat Fuchs-Karlsruhe die Frage, ob er bereit ist, die auf ihn gefallene Wahl zu übernehmen. — — — Herr Geheimrat Fuchs ist dazu bereit. Ich bitte ihn also, das Präsidium zu übernehmen.

Geheimer Oberfinanzrat **Fuchs**-Karlsruhe (das Präsidium übernehmend): Meine Herren! Für das Vertrauen, das Sie mir durch Ihre Wahl bekundet haben, sage ich Ihnen meinen wärmsten Dank. Bevor wir in die Verhandlungen eintreten, mache ich der Versammlung Mitteilung davon, daß sich sowohl ein Vertreter der Großherzoglichen Regierung, als auch der Stadt Karlsruhe unter uns befindet, und daß Beide den Wunsch geäußert haben, die Versammlung namens ihrer Auftraggeber zu begrüßen. Ich werde daher zunächst diesen beiden Herren das Wort erteilen.

Ministerialrat **Braun**-Karlsruhe: Meine Herren! Der Herr Vorsitzende hat die Güte gehabt, das Großherzogliche Ministerium des Innern zu Ihrer heutigen Tagung einzuladen, und mein Chef, Se. Excellenz der Ministerialpräsident Herr Eisenlohr, hat mich beauftragt, ihr anzuwohnen und Sie im Namen Großherzoglicher Regierung zu begrüßen. Sie dürfen versichert sein, daß dies keine bloße Höflichkeit ist, denn die Großherzogliche Regierung hat dem Arbeitsnachweis stets das lebhafteste Interesse entgegengebracht. Ich kann darauf hinweisen, daß sie dies Interesse seit Gründung der Arbeitsnachweis-Anstalten bethätigt hat, indem sie nicht nur ihre Organe anwies, denselben mit Rat und That zur Seite zu stehen, sondern indem sie auch bei Gründung der Anstalten mit finanzieller Unterstützung eintrat. Eine solche Unterstützung wäre an und für sich nicht nötig gewesen; denn die Anstalten haben, da sie einem dringenden Bedürfnis entsprachen, alsbald ein reiches Feld für ihre Thätigkeit gefunden, sie waren von vornherein in der Lage, auf eigenen Füßen zu stehen und sind bisher gut und mit Erfolg marschiert. Die Unterstützung erfolgte denn auch in anderem Sinne. Die Regierung erblickt nämlich in den Arbeitsnachweis-Anstalten wirtschaftliche Einrichtungen zur Förderung von Industrie und Gewerbe, aber nicht einseitig im Interesse der Arbeitgeber, sondern ebenso sehr in dem der Arbeitnehmer. Demgemäß wurden die vom Ministerium bewilligten Beihilfen in erster Linie dazu bestimmt, die Durchführung der Unentgeltlichkeit des Arbeitsnachweises zu ermöglichen, und andererseits sollte sie dazu dienen, die Gründung eines Verbandes der Anstalten und den unmittelbaren Verkehr derselben untereinander durch ausgiebige Inanspruchnahme der telephonischen Verbindung zu erleichtern. Es ist selbstverständlich, daß eine so junge Organisation fortschreitender Entwickelung bedarf, und es ist anzunehmen, daß die Aussprache über Ihre Erfahrungen, zu der Sie heut zusammengekommen sind, hierzu in erheblichem Maße dienlich sein wird. Daß Sie nach Lage der Sache von zwingenden Beschlüssen absehen müssen, wird dem keinen Abtrag thun. Ja, es ist gut, daß Sie diesen Verzicht an die Spitze Ihres Programms gestellt haben; denn ein Eingriff in die Selbständigkeit der einzelnen Anstalten, die sich in ihrer Entwicklung nach den verschieden gearteten örtlichen Verhältnissen und

Bedürfnissen richten müssen, wäre unter Umständen geradezu schädlich. Ein solcher Eingriff ist aber auch gar nicht nötig, denn Ihr Ziel können Sie ja auch im Wege wechselseitiger freiwilliger Verständigung erreichen. Wer den Arbeitsmarkt in den letzten Jahren verfolgt hat, hat gesehen, daß sich der Kreis der Arbeitsnachfragen und des Arbeitsangebots immer mehr erweitert. Die Gründe liegen auf der Hand, es sind die wechselnden Konjunkturen in Industrie und Gewerbe, die Hebung des Verkehrs, die zunehmende Beweglichkeit der Bevölkerung. Damit hat sich aber auch das Bedürfnis ergeben — und dies wird immer größer — daß die einzelnen Anstalten einen gewissen Zusammenschluß finden müssen. — Daß Sie so zahlreich erschienen sind, ist mir ein Zeichen, daß Sie das anerkennen, und ich darf deshalb wohl auch die Erwartung aussprechen, daß Ihre Beratungen von Erfolg gekrönt sein und weitere Anregung für Entwicklung der Anstalten geben werden. Mit dem Wunsche, daß sich diese Erwartung erfüllen möge, heiße ich Sie nochmals willkommen.

Bürgermeister **Krämer**-Karlsruhe: Meine Herren! Es fällt mir die angenehme Aufgabe zu, Sie namens der Stadt Karlsruhe zu begrüßen und herzlich willkommen zu heißen. Sie sind in großer Zahl und zum erstenmal aus ganz Deutschland hier erschienen, und es ist ein merkwürdiger Zufall, daß die Stadt, in der Sie tagen, meines Wissens auch die erste ist, in welcher eine Anstalt für allgemeinen Arbeitsnachweis entstanden ist. Diese Anstalt wurde seinerzeit ins Leben gerufen durch eine Anzahl von Vereinen und Interessenten-Gruppen, und unterstützt von der Stadt. Sie hat allen Erwartungen entsprochen, die gehegt wurden, sie hat dieselben sogar übertroffen. Die Leitung hat verstanden, die vorhandenen Bedürfnisse festzustellen und zu befriedigen. So können wir sagen: diese Einrichtung ist für uns eine vorzügliche Wohlfahrts-Einrichtung geworden, die jetzt gar nicht mehr entbehrlich wäre für unsere Stadt. Es ist ja auch gar keine Frage, daß bei dem gewaltigen Aufschwung der Industrie, bei der Ausführung von großen Unternehmungen, bei großer Bauthätigkeit in den Städten ein fortwährendes Angebot und ebenso fortwährende Nachfrage nach Arbeitskräften besteht. Die Lösung dieser Aufgabe kann nur dann gut und richtig erfüllt werden, wenn große Netze von Arbeitsnachweis-Anstalten sich damit befassen. — Hoffen wir, daß Ihre heutige Beratung dazu beitragen möge, dem angestrebten Ziele sich zu nähern und ich wünsche diesen Beratungen hiermit den besten Erfolg.

Vorsitzender: Meine Herren! Sie haben durch Ihren Beifall bereits gezeigt, wie sehr Sie das Interesse, welches die offiziellen Vertreter von Staat und Stadt für unsere Verhandlungen bekunden, zu schätzen wissen. Dem Entgegenkommen der Stadtverwaltung verdanken wir den Raum, in dem wir tagen, und was die Teilnahme der Staatsverwaltung für die Entwicklung der Arbeitsnachweise bedeutet, das wissen wir hier zu Lande ganz besonders zu schätzen. Ich glaube in Ihrer aller Sinne zu handeln, wenn ich den beiden Herren für ihre

Begrüßungsworte den Dank der Versammlung ausspreche, und insbesondere Herrn Ministerialrat Braun bitte, diesen Dank auch an Excellenz Eisenlohr zu übermitteln. Ich spreche ferner unsern Dank aus dem Einberufer dieser Versammlung, Herrn Dr. Jastrow, der die schwere Aufgabe, diese Versammlung zustande zu bringen, mit einem, wie Sie sehen, über alles Erwarten glücklichen Erfolge gelöst hat. Von einigen wenigen und vielleicht nur zufälligen Ausnahmen abgesehen, sind die größeren allgemeinen Arbeitsnachweise Deutschlands sämtlich und die kleineren sehr zahlreich vertreten. Aber auch außerhalb der Reichsgrenzen hat der Ruf zu dieser Versammlung einen Wiederhall gefunden. Aus Wien ist sowohl der dortige Verein für Arbeitsvermittlung, wie auch die Stadtverwaltung vertreten, und aus der Schweiz hat der städtische Arbeitsnachweis von Bern seinen Vorsteher zu uns entsandt. Wir begrüßen diese Herren mit Freuden in unserer Mitte.

Um das Bureau zu vervollständigen, bitte ich die Herren Amtmann Arnold-Karlsruhe und Bürgermeister Holzwart-Pforzheim die Geschäfte des Schriftführers zu übernehmen, und mache Ihnen zur Geschäftsordnung folgende Vorschläge:

1. Redezeit für Referenten 10 Minuten, für andere 5 Minuten.
2. Der Referent erhält das Schlußwort. Mehrere Referenten können zusammen einen Generalredner ernennen. Im übrigen kann ein Redner bei demselben Gegenstande das Wort nur einmal verlangen.
3. Die Meldung zum Wort geschieht schriftlich unter Angabe von Namen, Stand und Wohnort. Der Vorsitzende benennt jeden Redner ebenfalls mit Namen, Stand und Wohnort.
4. Nach Erledigung der Tagesordnung können in kurzen Mitteilungen Punkte zur Sprache gebracht werden, die nicht auf der Tagesordnung stehen und sich zur Besprechung in künftigen Versammlungen eignen.
5. Jeder Redner giebt eine schriftliche Zusammenfassung zu Protokoll.
6. Der Vorsitzende bestimmt ein Mitglied der Versammlung, welches am Schluß ein Résumé erstattet.

Wenn sich kein Widerspruch erhebt, so nehme ich an, daß Sie mit diesen Vorschlägen einverstanden sind. Mit dem Résumé möchte ich das Mitglied der Versammlung betrauen, auf dessen Ruf wir uns hier zusammengefunden haben, Herrn Dr. Jastrow-Berlin.

Debatte über Reihenfolge der Beratung.

Vor Eintritt in die Tagesordnung, sowie später während der Verhandlung über Punkt I der Tagesordnung fanden längere Geschäftsordnungsdebatten über die Reihenfolge der Beratung statt, worüber an dieser Stelle kurz zusammenfassend berichtet wird. Es lagen zwei Anträge vor:

1. von Pastor Mörchen-Bielefeld (Vertreter des Gesamtverbandes deutscher Verpflegungs-Stationen, des Deutschen Herbergsvereins und des Hauptarbeitsnachweises im Reg.-Bez. Minden):

Konferenz wolle beschließen:

Eine Nachversammlung wird auf Dienstag Vormittag 9 Uhr anberaumt zu freier Diskussion über die Organisation des Arbeitsnachweises in Verbindung mit Verpflegungsstationen.

Unterstützt von:

Beckhaus, Landrat, Hofgeismar. Vertreter des Verpflegungsstationsverbandes Hessen, Hessen-Nassau.

Traub-Tübingen, Vertreter des national-sozialen Vereins.

Arnolds-Düsseldorf, Vertreter des „Verbandes zur Förderung des Arbeits-Nachweises im Reg.-Bez. Düsseldorf".

Dr. von Koblinski-Düsseldorf, Vertreter des Vereins für Arbeitsnachweis.

Blendermann, Gewerbegerichtsvorsitzer in Bremen.

Dr. Schmid, Stadtrat, Leipzig.

2. von E. Jöhler-Stuttgart (Vertreter der Arbeitnehmer-Beisitzer des Gewerbegerichts und der vereinigten Gewerkschaften):

Ich beantrage den Punkt der Tagesordnung: „Die Streikklausel in den Statuten öffentlicher Arbeitsnachweise (Referent Herr Dr. Flesch-Frankfurt)" in der Plenarversammlung zu behandeln.

Vereinigte Gewerkschaften Stuttgart.
E. Jöhler.

Zu 1 wurde von dem Vorsitzenden darauf aufmerksam gemacht, daß wegen des morgen bevorstehenden Zusammentritts des Vereins für Gesundheitspflege keine Aussicht auf eine irgendwie zahlreich besuchte Nachversammlung vorhanden sei. Von anderer Seite wurde darauf hingewiesen, daß Punkt II der Tagesordnung (die Verbindung städtischer Arbeitsnachweise mit ihrer näheren Umgebung) ohnedies Anlaß zur Erörterung dieser Frage geben werde. Damit dem Antragsteller Gelegenheit gegeben werde, hierbei seine Ansichten zur Sprache zu bringen, wurde auf Antrag von Pastor v. Koblinski-Düsseldorf als Korreferent zu Punkt II der Tagesordnung Pastor Mörchen-Bielefeld bestimmt.

Zu 2 zeigte sich ebenfalls die Unmöglichkeit, noch für einen neuen Gegenstand in der Plenarversammlung Zeit zu schaffen. Auch schien die Meinung überwiegend, daß Fragen stark gegensätzlicher Natur dem Einberufungsschreiben entsprechend von der Plenarversammlung fern zu halten seien: ihre ausgiebige Erörterung bilde gerade einen Zweck der Gruppenversammlungen. Da aber andererseits die Wichtigkeit der Frage allgemein anerkannt, und die Befürchtung geäußert wurde, sie könne bei Konstituierung der Gruppenversammlungen durch Zufall hintangesetzt werden, so wurde schließlich folgender Vermittlungsvorschlag angenommen:

die Konstituierung der Gruppenversammlungen geschieht heute um 4 Uhr, und ihr erster Gegenstand ist: „Die Streikklausel in den Statuten öffentlicher Arbeitsnachweise".

Gleichzeitig wird der Wunsch geäußert, die Gruppenversammlungen so anzuordnen, daß eine allgemeine Beteiligung möglich wird, und daß namentlich bei dem eben genannten Punkte ein Zusammentreffen mit einer anderen gleichzeitigen Beratung vermieden wird. Die Erfüllung des Wunsches wird vom Präsidium zugesagt.

Eintritt in die Tagesordnung.

I.

Die Landesverbände der Arbeitsnachweis-Verwaltungen.

1. Der Verband der Anstalten für Arbeitsnachweis im Großherzogtum Baden.

Referent: Geheimer Oberfinanzrat **Fuchs**-Karlsruhe: Der Verband der Anstalten für Arbeitsnachweis im Großherzogtum Baden, über dessen Entwicklung und Thätigkeit ich Ihnen zu berichten die Ehre habe, ist am 4. Mai 1896 ins Leben getreten.

Derselbe trägt den Charakter einer freien Vereinigung, welche die Selbständigkeit ihrer Angehörigen nur insoweit beschränkt, als dies zur Erfüllung der Verbandszwecke unbedingt geboten ist. Der Verband hat z. Z. seinen Sitz in Karlsruhe und die Anstalt daselbst besorgt die Geschäfte des Vorortes.

Sämtliche badische Anstalten für Arbeitsnachweis mit Ausnahme der in Waldshut sind dem Verbande als Mitglieder beigetreten. Dabei war es von keinem Belange, daß hinsichtlich der Organisation der letzteren eine grundsätzliche Verschiedenheit obwaltete. Die zuerst gegründeten Anstalten stehen zum Teil heute noch, wie die in Karlsruhe und Mannheim, unter der Leitung eines durch eine größere Zahl von gemeinnützigen Vereinen gegründeten Verbandes, während andere entweder sofort als Gemeindeanstalten ins Leben gerufen worden sind oder nachträglich diese Organisation angenommen haben.

Allen Verbandsangehörigen ist das gemeinsam, daß sie seitens der Organe der Selbstverwaltung (Gemeinde und Kreis) sowie seitens des Staates Zuschüsse erhalten, welche zur Deckung der Betriebskosten bestimmt sind.

Bei der badischen Verbandsbildung hat man hauptsächlich die Befriedigung von folgenden Bedürfnissen im Auge gehabt. Auf der einen Seite sollte unter den Verbandsangehörigen eine Einigung über gewisse kardinale Grundsätze erzielt werden, welche für den Anstaltsbetrieb selbst sowie für den Verkehr der einzelnen Anstalten untereinander maßgebend sein sollten; andrerseits wollte man ein Organ schaffen, welches die den Verbandsanstalten gemeinsamen Interessen wahrzunehmen hätte.

Unter den Verbandsangehörigen herrschte gleich anfänglich volle Uebereinstimmung darüber, daß die Unentgeltlichkeit der Arbeitsvermittlung für die rasche Ausdehnung des Anstaltsverkehrs das wirksamste Förderungsmittel sei und deshalb allseitig angestrebt werden müsse. Ein Zwang blieb aber auch hierin vorerst ausgeschlossen. Ebenso erachtete man es als eine den Verbandsangehörigen obliegende Aufgabe, kein Mittel unversucht zu lassen, um die Gesuche von allen Benützern der einzelnen Anstalten so schnell als möglich und im weitesten Umfange zu befriedigen. Die großen Vorteile des telephonischen Verkehrs sowie des mit Postkarten unter gleichzeitiger Anwendung der Rückantwortformulare wurde ebenso gewürdigt, wie die hohe Bedeutung, welche dem Inserieren in der Lokalpresse sowie dem periodisch wiederkehrenden gegenseitigen Austausch von Mitteilungen über den jeweiligen Stand des Arbeitsmarktes an den einzelnen Anstaltssitzen beigelegt werden muß. Von der Aufstellung einer allgemein bindenden Schablone aber, namentlich in letzter Beziehung, hat man deshalb bis jetzt gern Umgang genommen, weil man auf Grund der bei den größeren Verbandsanstalten gemachten Erfahrungen ein Bedürfnis hierzu nicht hat anerkennen können, und weil die langgestreckte Lage des Landes und die damit verknüpften großen räumlichen Entfernungen der etwa wünschenswerten raschen Ueberweisung von freien Arbeitskräften nicht zu unterschätzende Hindernisse entgegen stellen können.

Beide Zwecke — die Unentgeltlichkeit der Arbeitsvermittlung und die rascheste Erledigung der letzteren — wurden dadurch wesentlich gefördert, daß auf Antrag des Ministeriums des Innern seitens der Landstände ein jährlicher Staatszuschuß von 10000 Mark bewilligt worden ist, durch welchen die sachgemäße Weiterentwicklung des organisierten Arbeitsnachweises gefördert werden sollte. Hieraus erhalten die einzelnen Anstalten sowie die Verbandsleitung entsprechende Zuschüsse. Außerdem ist es der Anregung seitens der letztgenannten Behörde zu verdanken, daß die Herausgeber sämtlicher Amtsverkündigungsblätter des Landes sich zur unentgeltlichen Veröffentlichung von periodisch wiederkehrenden Mitteilungen über die Bewegungen innerhalb des Arbeitsnachweisverkehrs sich bereit erklärt haben.

Die soeben dargelegten Beziehungen der einzelnen Anstalten für Arbeitsnachweis zur Landesregierung und die daraus für dieselben sich äußernden Interessen rechtfertigen zur Genüge das Bedürfnis nach dem Vorhandensein eines Organs zur einheitlichen Vertretung der letzteren. Ein ebenso dringender Anlaß hierzu ergab sich auch aus der Natur so mancher seitens des Verbandes zu übernehmenden Aufgaben, wie die Pflege der Statistik, bezüglich welcher auf einen Ausgleich der etwa sich widerstreitenden Staats- und Anstaltsinteressen hinzuarbeiten war, oder wie die unentgeltliche Arbeitsvermittlung zu Gunsten der alljährlich zur Entlassung kommenden Reservisten des XIV. (badischen) Armeekorps, deren Wohlthat denjenigen, welche es wünschen, in weitestem Maße zugänglich gemacht werden soll, oder wie endlich die jährlich wiederkehrende Zusammenstellung der Thätigkeitsergebnisse sämtlicher Arbeitsnachweisanstalten des Landes, welche Mitteilungen enthalten, die im Kreise der zunächst Betheiligten sehr anregend zu wirken im stande sind und deren Wert sich steigert, je mehr sie für die Allgemeinheit zugänglich gemacht werden können.

Die sehr naheliegende Frage, ob der badische Verband sich als eine praktische Einrichtung bewährt und insbesondere auch den Zweck erreicht habe, die Leistungsfähigkeit der einzelnen Anstalten zu heben und bei diesen das Verständnis für die großen Vorteile eines gegenseitig sich unterstützenden Zusammenarbeitens immer mehr zu befestigen, kann ich in vollstem Umfange bejahen. Ich darf in dieser Beziehung zunächst auf den Inhalt des ersten Jahresberichts über die Verbandsthätigkeit hinweisen, woraus sich ergiebt, daß nicht nur im Jahre 1896 die Gesamtzahl der befriedigten Arbeitgeber und Arbeitnehmer mehr als 60000 betragen hat und daß auch im Verkehr mit weiblichen Dienstboten eine Gesamtzahl von 14000 erreicht worden ist, sondern daß auch alle in Betracht kommenden Anstalten in aufsteigender Entwicklung sich befinden.

Eine weitere Bestätigung für meine Behauptung liegt in den Fragen, welche anläßlich des am 17. Mai d. J. stattgebabten Verbandstages zur eingehenden Erörterung gelangt sind. Es sind dies Fragen, welche, wie die Stellungnahme der Anstalten für Arbeitsnachweis gegenüber dem Stromertum, oder gegenüber den Bedürfnissen der landwirtschaftlichen Arbeitgeber oder gegenüber der Frage über die Notwendigkeit von Filialanstalten oder endlich gegenüber der auf dem Gebiete des weiblichen Dienstbotenwesens anzustrebenden Reformen insgesamt anläßlich der während des bisherigen Anstaltsbetriebs gesammelten Erfahrungen sich aufgeworfen haben.

Die weitere Frage endlich, ob es wünschenswert sei, daß ähnliche Verbandsbildungen, wie sie in Baden, dem Regierungsbezirk Düsseldorf und in Württemberg bereits bestehen und in Bayern und Hessen in der Ausführung begriffen sind, auch in allen übrigen Ländern und Provinzen des Deutschen Reiches bald ins Leben treten möchten und ob dadurch die Gründung eines deutschen Gesamtverbandes gefördert werden könnte, muß ich ebenfalls unbedingt bejahen. Nach den bisherigen Erfahrungen wird das Bedürfnis nach Verbandsbildungen sich immer stärker geltend machen, umsomehr als sie den besonderen Eigentümlichkeiten der einzelnen Thätigkeitsgebiete gebührende Rechnung zu tragen im Stande sind. Auch ist es zweifellos ein ebenso erhabenes als unserm nationalen Selbstbewußtsein sehr sympathisches Ziel, die Vorteile des organisierten unentgeltlichen Arbeitsnachweises unserm gesamten deutschen wirtschaftlichen Erwerbsleben möglichst bald in einheitlicher Weise zuzuwenden. Allein hierzu bedarf es vor allem, daß über die verschiedensten Teile unseres Gesamtvaterlandes ein möglichst vollständiges Netz an Anstalten für Arbeitsnachweis sich ausdehnt, welche in der Zugehörigkeit zu einem ihre besonderen Bedürfnisse berücksichtigenden territorialen Verbande die Voraussetzung für ihre innere Stärke und Leistungsfähigkeit finden. Erst wenn diese Grundlage geschaffen ist, dürfte der weitere Schritt zur Bildung eines deutschen Zentralorgans von dem richtigen und zweifellos von uns allen ersehnten Erfolge begleitet sein.

2. Die Landescentrale für Arbeitsvermittelung in Stuttgart.

Referent Stadtschultheiß Dr. **Hartenstein**-Ludwigsburg (bisher Stuttgart): Ueber die Einrichtungen, die in Württemberg dem Verkehr der Arbeitsnachweise unter einander dienen, bestehen auswärts oft recht unrichtige Anschauungen; wurden wir doch in Stuttgart manchmal von Besuchern unseres Arbeitsamts gebeten, ihnen nun auch die Lokale der Centralstelle zu zeigen — und gefragt, wie viel Beamte diese Centralstelle beschäftige. Wir können darauf nur sagen, daß die Centralstelle weder Lokale noch irgend welche ständige Beamte besitzt, daß sie überhaupt den größten Teil der Woche über gar nicht existiert, sondern blos zeitweilig in die Erscheinung tritt.

Erlauben Sie mir nun, Ihnen unsere Einrichtungen kurz zu schildern:

Im Württembergischen Etat für 1895/97 war zum ersten Mal eine Summe von jährlich 5000 M. zur Förderung des Arbeitsnachweises eingestellt, die in den Jahren 1897/99 noch auf 6000 bezw. 7000 M. erhöht worden ist. Das Ministerium des Innern trat darauf hin mit den Arbeitsämtern des Landes in Verbindung, um die sachgemäße Verwendung dieses Etatbetrages durch die Organisation eines Verkehrs der Arbeitsämter untereinander herbeizuführen. Zunächst war als notwendige Grundlage dieses Verkehrs eine gemeinsame Klassifikation und Bezeichnung der einzelnen Berufsarten herzustellen. Diese, die zugleich statistischen Zwecken dienen sollte, wurde gemeinsam von dem statistischen Landesamt und uns entworfen. Sie lehnt sich an die Einteilung der Berufszählung von 1895 an, sie umfaßt für männliche Arbeiter 45 Klassen, dazu als 46. die Lehrlinge, für Arbeiterinnen und Dienstboten 6 Klassen. Nach diesem Schema erstatten sämtliche württembergische Arbeitsämter dem statistischen Landesamt monatlich ihren Bericht; die Berichte werden zusammengestellt und regelmäßig veröffentlicht. Nun war also eine gleichmäßige Bezeichnung der verschiedenen Arbeiterkategorien und damit eine Grundlage für den Verkehr der Arbeitsämter untereinander geschaffen.

Ueber die Einzelheiten dieses Verkehres stellte zunächst das Ministerium einen Vorschlag auf, forderte Aeußerungen der Arbeitsämter und Gemeindebehörden ein und erließ dann nach mehrfachen weiteren Verhandlungen, in denen unsere Wünsche stets bereitwillig aufgenommen wurden, am 17. Dezember 1895 eine Verfügung, die den ganzen Verkehr der Arbeitsämter unter einander regelt. Die Verfügung bestimmt einmal, daß der ganze telephonische Verkehr der Aemter unter einander auf Staatskosten übernommen wird. Jedes Amt muß sich ans Telephon anschließen, und zwar direkt, nicht wie das zuvor bei kleineren Aemtern Sitte gewesen war, mittelst eines Umschalters an das Telephon des Rathauses. Der Staat trägt nicht nur die Abonnementsgebühr für den Anschluß, mit jährlich 100 M., sondern ebenso die Gebühren, die im Vorortsverkehr mit Stuttgart und für einige weitere in dessen Nähe liegende Städte im Nachbarschaftsverkehr mit Stuttgart jährlich zu bezahlen sind, und endlich, soweit keine Abonnements bestehen, also im Fernverkehr, die Sprechgebühr für alle geführten Gespräche. Eine Zusammenstellung der entstandenen Kosten ist jährlich im April dem Ministerium einzusenden. Dieser telephonische Verkehr wird nun freilich von den auswärtigen Aemtern nicht immer so gepflegt, wie man vielleicht vermuten könnte. Man sollte denken, daß sie viel öfter Gelegenheit haben, auswärtige Arbeiter nach Stuttgart zu schicken, als umgekehrt wir — Arbeiter nach auswärts zu bringen. Denn bei den meisten von ihnen ist ja das Verhältnis von offenen Stellen zur Zahl der Arbeitsuchenden viel ungünstiger als bei uns, und meist sind doch die Arbeiter eher geneigt, vom Lande in die Großstadt zu gehen, als umgekehrt; trotzdem ist thatsächlich die Zahl der Gespräche, die wir beginnen, um Arbeiter draußen unterzubringen, etwa gleich groß als die derjenigen, in denen wir von auswärts angerufen werden. Neben dem Verkehr der Aemter besteht auch noch ein — manchmal ziemlich lebhafter — Verkehr direkt mit auswärtigen Arbeitgebern, die sich noch immer oft genug mit Umgehung des ihnen nächst gelegenen Arbeitsamts an uns wenden.

Die zweite Einrichtung, die das Ministerium verfügte, ist der gegenseitige Austausch der Vakanzenliste. Die Zulassung zu diesem Umtausch erfolgt durch das Ministerium des Innern. Es ist vorgesehen und von uns in Stuttgart zur Bedingung gemacht worden, daß nur solche Anstalten zugelassen werden, die gleichmäßig unter Arbeitgebern und Arbeitern stehen und die unentgeltlich arbeiten. Thatsächlich existieren bei uns nur kommunale Arbeitsämter. Zweimal wöchentlich senden die Arbeitsämter an uns eine Liste der für Arbeiter bei ihnen offenen Stellen. Von einer Zusammenstellung der Zahl der stellenlosen Arbeiter hat man abgesehen; schon deshalb, weil viele von ihnen nicht bis zur Erledigung am gleichen Orte bleiben könnten; hier kann nur das Telephon helfen. Die Liste beschränkt sich auf die männlichen Arbeiter. Zum Ausschluß der weiblichen haben uns folgende Erwägungen geführt: Für weibliche Dienstboten erscheint das ganze Verfahren undurchführbar, weil man hier mit der notwendigen Schematisierung nicht auskäme, vielmehr jede Stelle genauer bezeichnen müßte, als dies in einer großen Liste möglich ist. Bei den gewerblichen Arbeiterinnen ist das Reisen von Ort zu Ort viel weniger üblich; sie arbeiten meist an ihrem Wohnort oder in dessen näherer Umgebung. Und endlich für die unständigen Dienstleistungen kommen fast ausschließlich ansässige Arbeitsuchende in Betracht. Die Beschränkung auf männliche Arbeiter ist hauptsächlich vom Arbeitsamt in Stuttgart verlangt worden, und auch jetzt noch halte ich die Ausdehnung höchstens auf die gewerblichen Arbeiterinnen für möglich, aber für ziemlich wertlos.

Die Liste wird eingesendet am Dienstag und Freitag. Am Montag und Dienstag gehen die meisten Aufträge der Arbeitgeber ein; was nicht sofort erledigt werden kann, kommt somit so schnell als möglich auf die Liste. Die Freitagsliste dagegen umfaßt dann die im Laufe der Woche immer noch nicht erledigten und die neu dazu gekommenen Aufträge Die Arbeiter erfahren davon am Samstag und können dann am Montag bei dem betreffenden Amte eintreffen, also an dem für sie ohnehin günstigsten Tage. Eine öftere Versendung der Liste, wie sie von einzelnen gewünscht wurde, würde meiner Ansicht nach unsern Beamten viele Mühe bringen, aber wenig Wert haben, weil sich die Liste von einem Tag zum andern oft nur wenig verändern würde. Für die Ausfüllung der Liste erhalten die Beamten der Aemter jährlich 60 M. aus der Staatskasse. Die Liste kommt gegen abend nach Stuttgart, wird gleich nach Eintreffen des letzten, dafür in Betracht kommenden Postzugs abgeholt, sofort auf eine gemeinsame Liste übertragen und mit 2 Hektographen in etwas mehr als 100 Exemplaren vervielfältigt.

Die im Anfang verwendete Liste mußte sehr eilig angelegt werden, weil das Ministerium die Einrichtung am 1. Januar 1896 in Kraft setzen wollte; sie war nach unserer Klasseneinteilung geordnet und nicht besonders praktisch, wurde aber bald verbessert und ist seit Beginn dieses Jahres alphabetisch angelegt. Sie enthält 153 Arbeiterkategorien; alle sehr selten vorkommende sind ausgemerzt, für einzelne Zusätze bietet die Liste genügend Raum. Dagegen sind die besonders häufig vorkommenden Berufsarten sehr spezialisiert, so sind z. B. 5 verschiedene Arten von Schreinern, 4 von Schuhmachern besonders aufgeführt, ähnlich ist es in der Metallindustrie.

Die Zusammenstellung und Vervielfältigung der Liste geschieht durch das ganze Personal des Stuttgarter Arbeitsamts, den Verwalter, weiblichen wie männlichen Gehilfen, ferner wirkt ein weiterer Hilfsarbeiter und der Kanzleidiener mit; nach 1½ bis 2 Stunden sind die Listen in die bedruckten Briefeinschläge verpackt und werden sofort zur Post gebracht, so daß sie schon am andern Morgen in den meisten Orten ankommen. Die Liste geht an sämtliche württembergische Arbeitsämter, an alle Oberamtsstädte und alle Gemeinden mit mehr als 3000 Einwohnern; ferner an einige kleinere, die darum gebeten haben und an das Zuchthaus in Ludwigsburg; endlich stehen wir mit einigen außerwürttembergischen, namentlich badischen Aemtern in regelmäßigem Austausch Die ganze Versendung geschieht auf Staatskosten. Der Staat bezahlt auch den Druck aller Formulare und Briefumschläge, die Hektographen und dergl. Die von uns hierfür aufgewendeten Kosten sind ebenfalls jährlich einmal zusammengestellt dem Ministerium vorzulegen. Im Jahr 1896/97 haben sie z. B. 1315,83 M. betragen. Die Hauptposten sind: Telephon und Porti (auch für Einsendung der Listen an uns) ca. 650 M., Druckkosten ca. 500 M., Hektograph ca. 150 M.

An die Beamten des Arbeitsamts bezahlt der Staat eine besondere Vergütung, im ganzen 950 M. Der gesamte Aufwand des Staats hat 1896/97 3996 M. betragen.

Was nun den Erfolg der Einrichtung betrifft, so können darüber nur Vermutungen aufgestellt werden. Zunächst ist als Mangel zu konstatieren, daß es die Arbeiter oft ablehnen, eine auswärtige Stelle anzunehmen. Entweder fürchten sie, die Stelle schon besetzt zu finden und haben keine Lust, in diesem Fall mit dem Meister sich ums Reisegeld herumzustreiten, oder es fehlt ihnen überhaupt an Mitteln, um die Reise zu unternehmen. Es ist schon der Vorschlag aufgetaucht, solche mit Arbeitsanweisungen versehene Arbeiter sollten zu billigerem Fahrpreis oder umsonst befördert werden. Eine gewisse Sicherung gegen Mißbrauch läge darin, daß wir die Legitimationspapiere behalten, bis Nachricht über das Schicksal des Arbeiters eingegangen ist. Näher getreten ist dem Vorschlag meines Wissens noch kein Arbeitsamt.

Im übrigen entzieht es sich naturgemäß unserer Kenntnis, inwieweit unsere überall ausgehängte Liste z. B. den Zug der wandernden Arbeitsuchenden beeinflußt, immerhin kann soviel konstatiert werden, daß wir recht oft erfahren, daß die Liste gelesen wird. Wenn ein Arbeiter abgewiesen wird, der von auswärts kommt, so beruft er sich nicht selten darauf, daß er mit Rücksicht auf die Vakanzenliste zugereist sei. Auch aus manchen Aeußerungen der Gewerbetreibenden, z. B. in Gewerbevereinen, ist zu sehen, daß die Einrichtung bei diesen Beachtung gefunden hat, und so dürfen wir wohl hoffen, daß wir mit der ganzen Einrichtung, bescheiden wie sie ist, Gewerbetreibenden wie Arbeitern immerhin einen kleinen Dienst geleistet haben.

3. Der Verband zur Förderung des Arbeitsnachweises im Regierungsbezirk Düsseldorf.

Referent: Geschäftsführer **Arnolds**-Düsseldorf: Das Einladungsschreiben des Herrn Dr. Jastrow zur heutigen Konferenz will, daß von jedem Gegenstande unter I. der Tagesordnung ein Bild der vorhandenen Arbeitsnachweis-Verhältnisse gegeben werde. Damit das Bild über dieselben im Reg.-Bez. Düsseldorf sich recht klar präsentiert, möchte ich wohl unterscheiden zwischen der Zeit vor 1894 und von 1894 bis heute.

Als durch Rundverfügung vom 6. Januar 1894 die systematische Regelung der Arbeitsvermittlung zum ersten Male seitens der Königl. Regierung angeregt wurde, war das Arbeitsvermittlungswesen im Reg.-Bez. Düsseldorf sehr wenig entwickelt. Die anfangs 1894 erstatteten Berichte der Landräte und Oberbürgermeister führten neben einzelnen Gesellenvereinen und Herbergen zur Heimat als Träger der Arbeitsvermittlung auf: die Stadt Lennep, welche einen Stellennachweis an der Naturalverpflegungsstation einrichtete, — die Stadt Ronsdorf, welche durch einen Verwalter der städtischen Naturalverpflegungs-Anstalt seit 1886 Stellen vermitteln ließ, — den Kreis Ruhrort, der mit der gleichen Anstalt in Dinslaken seit einigen Jahren eine Arbeitsvermittlungsstelle verbunden hatte, — den linksrh. Verein für Gemeinwohl, von dem 1889 in M.-Gladbach und Grevenbroich Arbeitsnachweisstellen eingerichtet wurden, und endlich einen gemeinnützigen Verein, der 1891 unter dem Namen Central-Arbeitsnachweisstelle für Rheinland und Westfalen eine Arbeits-Nachweisstelle in Düsseldorf ins Leben rief. Von den angeführten 6 Nachweisen hatte nur letzterer einige Bedeutung. Auf ihn entfielen von den im Jahre 1894 vermittelten 1180 Stellen allein 930, auf die übrigen 5 nur 250 Stellen.

Wenn auch diese erste Zusammenstellung an einer gewissen Unvollständigkeit litt, so ergab sie doch klar, von welch geringer Bedeutung die Arbeitsnachweise bis zum Jahre 1894 im Reg.-Bez. Düsseldorf für den Arbeitsmarkt waren. Seit 1894 vermehrte sich die Zahl der Arbeitsnachweise sehr schnell unter dem Einflusse zweier Ministerial-Erlasse vom 31. Juli 1894 und 7. März 1895. Dem letztern Erlasse zufolge fanden statistische Erhebungen statt, wonach am 31. Dezember 1894 im Reg.-Bez. Düsseldorf nicht weniger als 105 Arbeitsnachweise bestanden. Von diesen wurden:

29 von Innungen,
17 „ Arbeiter-Vereinen,
23 „ kath. „
12 „ evang. „
12 „ gemeinnütz. „
11 „ Gemeinden und 1, die vorhin erwähnte Stelle zu Dinslaken, vom Kreisverbande Ruhrort unterhalten. Die Anstalten der „Innungen" erzielten im Jahre 1894 nur in den Städten Düsseldorf, Elberfeld, Duisburg und Krefeld einige Erfolge, wo sie zusammen 1478 Stellen vermittelten.

Unter den 17 Anstalten der „Arbeiter-Vereine" erreichten nur 4 eine Vermittlung von über 100 Stellen.

Ueber die Wirksamkeit der katholischen Vereine (vornehmlich Gesellen-Vereine und Vereine katholischer Kaufleute) und der evangelischen (namentlich mit „Herbergen zur Heimat" und Mägdestiften) geben die Erhebungen keinen genügenden und sichern Anhalt. Von den Arbeitsnachweisen „gemeinnütziger Vereine" bedürfen die des linksrheinischen Vereins für Gemeinwohl und der Central-Arbeitsnachweisstelle in Düsseldorf besonderer Erwähnung.

Von den Anstalten der übrigen Vereine erzielte die im Mai 1894 eröffnete Arbeitsnachweisstelle zu Essen erfreuliche Resultate.

Unter den 11 Gemeinde-Arbeitsnachweisen befinden sich die von Lennep und Ronsdorf und die 1894 neu gegründeten zu Wesel, Ruhrort, Viersen, Odenkirchen, Goch, Rheydt, Duisburg, Crefeld und Elberfeld.

Bis Juni 1896 ist die Zahl der städtischen Arbeitsnachweis-Anstalten auf über 30 gestiegen. Verschiedene dieser städtischen Anstalten wurden fast garnicht beansprucht; nur die zu Elberfeld, Neuß und Rheydt haben einige nennenswerte Wirksamkeit ausgeübt, sodaß das

Resultat ihrer Stellenvermittlung das der übrigen Anstalten zusammengenommen übertrifft.

Von den Arbeitsnachweis-Anstalten gemeinnütziger Vereine hatten die zu Düsseldorf, Essen und M.-Gladbach ein noch weit günstigeres Geschäftsergebnis wie die eben genannten 3 städtischen Anstalten.

Die Einrichtung der einzelnen Anstalten ist sehr verschieden; die einen besitzen eine Verbindung mit dem Gewerbegericht, wie Elberfeld und Crefeld; in anderen stehen die städtischen Behörden an der Spitze. In Rheydt bildet die Arbeitsnachweisstelle eine Abtheilung der Bürgermeisterei-Verwaltung. Die Neußer Anstalt ist der dortigen Ortskrankenkasse übertragen. Hier wickeln sich die Geschäfte der Arbeitsvermittlung am einfachsten ab; schade nur, daß eine solche Vereinigung in den wenigsten Fällen angängig ist, weil zu befürchten steht, daß parteipolitische Einflüsse sich geltend machen würden.

Die im vergangenen Jahre dem Herrn Regierungs-Präsidenten von den Landräten und Oberbürgermeistern des Reg.-Bez. Düsseldorf eingelieferten Berichte über den Stand der Arbeitsvermittlung bezeichneten fast ausschließlich eine organische Verbindung der einzelnen Nachweisstellen als wünschenswert. Um eine solche Verbindung in die Wege zu führen, durch welche die Wirksamkeit der einzelnen Nachweise wesentlich gesteigert werden soll, berief der Herr Regierungs-Präsident einen kleinen Kreis von Persönlichkeiten, die auf dem Gebiete der Arbeitsvermittlung praktische Erfahrungen gesammelt, zu einer Erstberatung.

Nach 3 weitern Sitzungen trat der jetzige „Verband zur Förderung des Arbeitsnachweises im Reg.-Bez. Düsseldorf" ins Leben. Der Vorstand setzt sich aus Herren, deren Stellung verschiedenster Art ist, zusammen, als: erste Beamte, Fabrikbesitzer, Private. Der Verband errichtete ein Centralbüreau mit dem Sitze in Düsseldorf. Die dem Centralbüreau zugedachte Aufgabe ist eine 3 fache:

a) Die Arbeitgesuche und Stellenangebote, welche von den einzelnen Nachweisen als von ihnen nicht zu erledigende wöchentlich angemeldet werden, zusammenzustellen und die Zusammenstellungen den angeschlossenen Nachweisestellen zuzusenden.

b) Den Arbeitnachweisestellen auf Anfrage Auskunft über Stellenangebote und Arbeitsgesuche zu geben;

c) die Errichtung neuer Arbeitnachweisestellen anzuregen und durch Ratschläge zu unterstützen.

Die erste Arbeit des Centralbüreaus war die Aufstellung der Vakanzenliste, welche vorläufig einmal und zwar Samstags zum Versand kommt. Bei der großen Vielseitigkeit der Industrie unseres Regierungsbezirks war diese Arbeit keineswegs leicht. Die erste Folge der mannigfaltigen Industrie war die Trennung der Berufsarten in Großindustrie, Kleingewerbe und Handwerk und ungelernte Arbeiter. Während bei Kleingewerbe und Handwerk ausschließlich durch alphabetische Reihenfolge die Uebersichtlichkeit erleichtert wird, ist dieselbe bei der Liste für Großindustrie noch dazu durch getrenntes Aufführen der Berufsarten nach den einzelnen Industriezweigen erreicht worden.

Daß die Liste in ihrer jetzigen Zusammenstellung abänderungsbedürftig ist, geht schon daraus hervor, daß auf die Industrie einer mit ihrem Arbeitsnachweise dem Verbande neu beitretenden Stadt Rücksicht genommen werden muß. Wie weiterhin noch Streichungen und Ergänzungen notwendig werden, ergiebt sich am besten aus den gesammelten Erfahrungen bei der laufenden Geschäftsführung. Von solchen kann aber heute noch nicht groß die Rede sein, da unsere Institution erst 2 Monate besteht. Wir werden demnächst eine Revision vornehmen unter Berücksichtigung aller von den mit der Centrale verbundenen Nachweisestellen eingegangenen Vorschläge.

Ferner ist es einstweilen noch eine offene Frage, inwieweit es uns gelingen wird, das Interesse der Großindustriellen derart zu gewinnen, daß dieselben die Vakanzen in ihren Betrieben in erster Linie durch die Arbeitsnachweisstellen decken.

Was die Organisation des Arbeitvermittlungsgeschäftes selbst betrifft, so ist dieselbe in verschiedenen Städten noch recht mangelhaft. Von unserm Verbande geht jetzt das Bestreben aus, die in den Städten befindlichen Stellen, bei denen Arbeit vermittelt wird, untereinander zu vereinigen, d. h. für alle einen Mittelpunkt zu schaffen, in einer sogenannten Stadt-Centrale, an welche die unbefriedigten Gesuche und Nachfragen behufs Zusammenstellung eingereicht werden.

Eine solche Centralisierung, die unseres Erachtens jeder größern Stadt zu empfehlen ist, ist da leicht erreicht, wo eine städtische Nachweisstelle besteht, die in den weitaus meisten Fällen ein Uebergewicht über die andern Vermittlungsstellen besitzt und an welche schon aus diesem Grunde eine Anlehnung um so bereitwilliger erfolgt.

Mit Bezug auf die augenblickliche Frequenz im Reg.-Bez. Düsseldorf ist erfreulicherweise eine verhältnismäßig geringe Inanspruchnahme zu konstatieren, als Folge der momentan günstigen Lage der Industrie, die nicht unbedingt notwendige Verschiebungen gern vermeidet.

Aus diesem Grunde ist der Zeitpunkt für die Errichtung der Centrale der günstigste, damit in Tagen weniger günstiger Konjunktur mit der notwendigen Nachhaltigkeit gearbeitet werden kann.

4. Ueber Centralisierung des Arbeitsnachweises in Bayern.

Referent Rechtsrat Dr. **Menzinger**-München: Meine Herren! Ich kann nicht wie meine Herren Vorredner von einer abgeschlossenen Centralisation des Arbeitsnachweises in Bayern sprechen; denn die Verhältnisse in Bayern sind wesentlich anders gelagert als die in den benachbarten Ländern, in welchen eine Centralisation bereits durchgeführt ist. In Bayern haben wir eine ziemlich ungleich entwickelte Industrie, einige größere Industriestädte und daneben noch vielfach ländliche Bezirke, in welchen kein Bedürfnis nach einer Regelung von Arbeitsangebot und Arbeitsnachfrage bisher hervorgetreten ist. Zudem ist für Bayern die Sonderstellung der Rheinpfalz zu berücksichtigen, welche wesentlich ähnliche Verhältnisse aufweist, wie die angrenzenden Länder, die bereits die Centralisation durchgeführt haben. Es ist daher nur natürlich, daß die Pfalz bereis eine Centrale aufzuweisen hat. Bekanntlich ist seit Mai d. J. mit der Arbeitsnachweisstelle in Kaiserslautern eine Centrale verbunden, an welche die 9 Arbeitsnachweise der Pfalz angeschlossen sind. Die Kürze der Zeit, innerhalb welcher diese nach württembergischem Muster eingerichtete Centrale besteht, gestattet nicht ein abschließendes Urteil über ihre Wirksamkeit; doch will ich nicht versäumen, auf die Entwicklung der Arbeitsnachweisstelle Kaiserslautern hinzuweisen; im August 1896 wurden bei 178 Angeboten der Arbeitgeber und 134 Gesuchen der Arbeitnehmer 50 Stellen besetzt; im August dieses Jahres lagen 360 Gesuche von Arbeitgebern, 286 Gesuche von Arbeitnehmern vor und konnten 222 Gesuche befriedigt werden. Es ist also ersichtlich, in welcher Weise die durchgeführte Centralisation die Frequenz einer einzelnen Nachweisstelle erhöht hat, und es ist daher zu hoffen, daß die Einrichtung in der Pfalz sich günstig weiter entwickeln wird.

Wesentlich anders liegen die Verhältnisse im rechtsrheinischen Bayern; hier haben wir eine verschwindende Anzahl von Arbeitsämtern. Wegen der Kürze der mir zur Verfügung gestellten Zeit muß ich mir erlauben, hierüber auf die Veröffentlichung des bayerischen statistischen Büreaus im Jahre 1896 „die Arbeitsvermittlung in Bayern nach dem Stand am Schlusse des Jahres 1894“ zu verweisen, in welcher auf das eingehendste die zur Zeit in Bayern bestehenden Arten der Arbeitsvermittlung mit Einschluß der Pfalz geschildert sind. Hieraus ergiebt sich, daß eigentliche Arbeitsämter gemeindlicher Natur nur bestehen in München, Kaiserslautern, Bamberg, Erlangen, Fürth, Nürnberg und Würzburg. Schon daraus ergiebt sich, daß eine Centralisation zur Zeit noch verfrüht ist; es gilt zunächst ein Netz gemeindlicher Arbeitsnachweisstellen zu schaffen. Wir in München haben allerdings im gewissen Sinne bereits eine Centralisierung durchgeführt; wie aus unserem Geschäftsbericht zu entnehmen ist, haben wir im Jahre 1896 von 2836 Stellenangeboten von auswärts wohnenden Arbeitgebern 2261 Stellen besetzen können, von denen 2065 auf Oberbayern entfallen.

Das Fehlen einer Centrale in Bayern ist aber nicht zurückzuführen auf eine Gleichgültigkeit der maßgebenden Behörden; es ist vielleicht von Interesse, darauf hinzuweisen, daß in Bayern bereits eine Verordnung von 1816 den Gemeinden die Anlage von Kundschaftsanzeigen über Arbeitsangebot und Arbeitsnachfrage zur Pflicht gemacht und einen Austausch dieses Anzeigers zwischen benachbarten Pflegschaften erforderlichen Falls vorgesehen hat. Auch das Gesetz vom Jahre 1869 über die Armen- und Krankenpflege verpflichtet die Gemeinden, durch Errichtung von geeigneten Nachweisen der Arbeitslosigkeit vorzubeugen. Die Ministerial-Entschließung vom 30. Juli 1894 hat ferner die Idee der organisierten interlokalen Centralisation des Arbeitsnachweises bereits zum Ausdruck gebracht, indem die Organisation der Arbeitsnachweisstellen durch Gemeinden gewünscht und die rege und innige Verbindung zwischen den einzelnen Arbeitsnachweisen als zweckmäßig bezeichnet wird.

Das Ministerium hat sich aber nicht auf die bloße Aufstellung von Postulaten beschränkt, sondern für die Weiterentwicklung der Sache auch eine thatsächliche Grundlage geschaffen durch die Erhebungen, deren Ergebnis in der bereits erwähnten Arbeit des bayerischen statistischen Amtes niedergelegt ist. Neuerdings ist das Ministerium unterm 17. Januar d. J. der Frage näher getreten und es ist zu erwarten, daß die hier niedergelegten Grundsätze für die Folge maßgebend sein dürften. Hier wird betont, daß eine regelmäßige Verbindung der Arbeitsämter München, Nürnberg, Würzburg, Bamberg und Kaiserslautern zum Zwecke der gegenseitigen Mitteilung der Arbeits-Angebote und -Nachfragen nur wenig Vorteil versprechen würde, dagegen wird es als zweckmäßig bezeichnet, so lange nicht in allen größeren, insbesondere industriereichen Städten gemeindliche Arbeitsämter geschaffen sind, die Bezirke, innerhalb deren die Arbeitsvermittlung bethätigt werden soll, vorläufig und versuchsweise abzugrenzen wie folgt:

1. Oberbayern, Niederbayern und Schwaben und Neuburg mit dem Arbeitsamt München als Hauptvermittlungsstelle;
2. die Pfalz mit der Centrale Kaiserslautern (was bereits bethätigt ist);
3. Oberfranken mit der Hauptvermittlungsstelle Bamberg;
4. Mittelfranken und Oberpfalz und Regensburg mit Nürnberg;
5. Unterfranken und Aschaffenburg mit Würzburg.

Ob die Abgrenzung so geschehen soll oder nach Industriecentren mit ihrer Zone, steht noch dahin; ebenso ist die Frage noch unentschieden, wie viele Centralen geschaffen werden sollen.

Soviel mir bekannt, haben sich sämmtliche in Betracht kommenden Städte bereit erklärt, die Funktion der Centrale zu übernehmen unter der Voraussetzung, daß Portofreiheit und Freiheit von Telephon- und Telegraphen-Gebühren für den Verkehr zwischen den einzelnen Arbeitsämtern gewährt wird. Die Entschließung hierüber steht noch aus. Daß weitere Arbeitsämter geplant sind für Straubing, Passau, Landshut und Kitzingen ist jedenfalls eine weitere Förderung der Sache, welche in einer demnächst einzuberufenden Versammlung der Leiter städtischer Arbeitsnachweise nach München, wie ich hoffe, zu einem gedeihlichen Ziele geführt und jedenfalls durch die heutigen Verhandlungen eine mächtige Förderung erfahren wird.

Debatte.

Vorsitzender: Es ist folgender Antrag eingegangen:

Die Versammlung wolle beschließen:

1. Die in Karlsruhe am 13. September 1897 versammelte erste deutsche Arbeitsnachweis-Konferenz nimmt von den ihr erstatteten Referaten über bestehende und geplante Landesverbände der Arbeitsnachweis-Verwaltungen in Baden, Württemberg, Regierungsbezirk Düsseldorf und Bayern Kenntnis. Sie bezeichnet es als dringend wünschenswert, daß ähnliche Landesverbände in allen Gegenden Deutschlands begründet werden

und daß namentlich die Reichs-, Staats- und Bezirksregierungen der Frage eingehende Aufmerksamkeit zuwenden.

2. Die Versammlung beauftragt ihr Präsidium, diesen Beschluß in der ihm geeignet erscheinenden Form zur Kenntnis der genannten Behörden zu bringen.

Stadtrat Dr. **Flesch**-Frankfurt a. M.: Gegen die uneingeschränkte Empfehlung der Errichtung von Provinzial-Verbänden zum Zwecke des Arbeitsnachweises möchte ich einige Bedenken geltend machen. Ich gestehe ohne Weiteres zu, und habe dies wiederholt z. B. im vorjährigen nassauischen Städtetag zu Oberlahnstein vertreten, daß es durchaus nothwendig ist, eine Verbindung der Arbeitsnachweise zu schaffen, der Art, daß von allen Städten gleichförmig aufgestellte Berichte über die Lage des Markts in bestimmten kurzen Perioden an einem Centralpunkt zusammenlaufen. Nur auf diese Art ist es möglich, nach und nach zu derselben Kenntnis über die Schwankungen auf dem Arbeitsmarkt zu gelangen, wie sie die Seewarte bezüglich der Temperatur zu erlangen bestrebt ist, und wie sie bezüglich des Geld- und Waarenmarktes jeder Börsenbericht mitteilt. Ich gestehe auch ferner zu, und habe dies gleichsfalls bereits ausführlich in der Zeitschrift „Die Arbeiter-Kolonie" vom Juli 1896 dargelegt, daß jede größere Stadt mit den kleineren Orten ihrer Umgebung in regelmäßiger Verbindung sein muß, um insbesondere über die freien Arbeitsplätze auf dem Lande unterrichtet zu sein. Es fehlt an Veranstaltungen, welche die Verbindung zwischen den größeren Städten mit ihrem Arbeiterüberfluß und den kleinen Orten mit ihrem Arbeitermangel darstellen. Aber ich glaube, daß die territorialen Verbände, die bisher so ausschließlich empfohlen wurden, weder dem Einen noch dem Anderen genügen können. Die Hauptstädte der kleineren Staaten oder Provinzial-Hauptstädte in Preußen sind keine Verkehrscentren; bezw. der Verkehr richtet sich nicht nach ihnen. Städte, die an der Landesgrenze gelegen sind, haben mindestens eben so viel Beziehungen über die Grenzen hinaus, als in den Partikularstaat, dem sie angehören. Wir in Frankfurt a. M. z. B. haben mindestens eben so viel Verbindungen nach dem Großherzogtum Hessen als nach Preußen, und ein hessischer Territorialverband ohne Frankfurt wäre selbst dann von zweifelhaftem Wert, wenn das Großherzogtum Hessen nicht in zwei räumlich getrennte Teile zerfiele. Aehnlich wird die Sache z. B. in Karlsruhe bezüglich Elsaß, Baden und Württemberg liegen u. s. w.

Ueberdies aber ist der Austausch der angeblich offenen Arbeitsplätze einerseits technisch wertlos und andererseits geradezu gefährlich. Er nützt den kleinen Städten wenig, weil die Arbeitsbedingungen nicht ausgetauscht und ohne genaue Ortskenntnis auch nicht beurteilt werden können. Ob z. B. ein Lohn reichlich oder spärlich ist, kann nur bei Kenntnis der Preisverhältnisse u. s. w. beurteilt werden, und ob ein Arbeiter für eine Stelle paßt, kann nicht auf derartige Mitteilungen hin geprüft werden. Dagegen ist zu fürchten, daß der Austausch, bei welchem naturgemäß z. B. zu Anfang der Bausaison die größeren Städte mit Arbeitermangel erscheinen, zu einem Anströmen von Erwerbslosen in die Großstadt führt, der die vorhandenen Uebelstände vermehrt und die Arbeiter schädigt.

Ich will mich also selbstverständlich nicht gegen eine telephonische Verbindung jedes Arbeitsnachweises mit den anderen aussprechen, nicht gegen häufigen telephonischen Verkehr, gegen jede Förderung dieses Verkehrs u. s. w. Ich befürworte entschieden die Schaffung eines Centralpunktes und einer einheitlichen Statistik für alle Arbeitsnachweise; ich möchte aber die an die Staatsgrenzen gebundenen territorialen Nachweise nicht einseitig empfohlen haben.

Pastor Dr. v. **Koblinski**-Düsseldorf (jetzt in Eilsleben): So viele Unvollkommenheiten die Centralisation des Arbeitsnachweises noch haben mag, ich kann mich doch nur für die Centralisation aussprechen. Für die Ausführung derselben aber bestehen gegenwärtig zwei Systeme. Für den Regierungsbezirk Düsseldorf hat man in Düsseldorf neben dem dortigen lokalen Arbeitsnachweisbureau ein vollkommen selbständiges Centralbureau eingerichtet, das selbst keine Arbeitsvermittlung betreibt, sondern sich nur damit beschäftigt, eine Vermittlung unter den verschiedenen Arbeitsnachweisstellen zu bewirken. Aus dem Vortrage des Herrn Vorsitzenden habe ich ersehen, daß hier in Baden ein anderes System befolgt wird: die Centralisationsarbeit für Baden ist einfach derselben Karlsruher Anstalt übertragen, welche auch praktischen Arbeitsnachweis betreibt. Dies mag ja an und für sich bedeutende praktische Vorteile im Sinne einer Vereinfachung und Kostenersparnis haben, doch möchte ich mir an den Herrn Vorsitzenden und Referenten für Baden die Anfrage erlauben, ob nicht unter diesen Umständen dem Arbeitsnachweis Karlsruhe von Seiten der andern Anstalten ein gewisses Mißtrauen entgegengebracht wird, indem man annimmt, daß die Karlsruher Anstalt von den eingelaufenen Nachrichten zunächst für ihre eigenen Bedürfnisse Gebrauch macht, und erst nach Deckung ihres Bedürfnisses die Nachrichten den andern Anstalten zukommen läßt. Wie ist nun der reguläre Geschäftsgang in dieser Beziehung? Es gehen doch gewiß in Karlsruhe an einem bestimmten Tage Meldungen aus andern Städten ein, daß so und so viele Stellen offen sind, und so und so viele Arbeiter Gesuche um Arbeit eingereicht haben. Was macht nun die Karlsruher Anstalt mit diesen Meldungen? Sieht sie zuerst nach, was sie selbst besetzen kann, und giebt nur den Rest der Vakanzen an die andern Städte weiter, oder giebt sie die Listen, so, wie sie sie bekommt, an alle Mitglieder des Verbandes gleichzeitig: an die Karlsruher Anstalt nicht früher als an die Mannheimer, Freiburger u. s. w.? Dieselbe Anfrage richte ich hauptsächlich auch an den Herrn Referenten für Württemberg, der uns ja gezeigt hat, daß in Württemberg diese Vermittlung schon vollständig in System gebracht ist. Wenn da in Stuttgart regelmäßig 2 mal in der Woche Vakanzenlisten von allen württembergischen Arbeitsämtern einlaufen, ist da die Versuchung nicht sehr groß, daß das Stuttgarter Bureau zunächst einmal sieht, welche seiner Arbeitsuchenden es selbst aus diesen Vakanzen befriedigen kann, und daß also das Stuttgarter Arbeitsamt davon, daß es zugleich Landescentrale ist, einen Vorteil hat, der von den andern Arbeitsämtern als eine Benachteiligung empfunden wird?

Eine zweite Anfrage: Was teilen die einzelnen Arbeitsnachweise über die offen gebliebenen Stellen mit? Geben sie genau an Lohn und Arbeitsbedingungen, oder beschränken sie sich darauf, mitzuteilen: wir brauchen so und so viel Schreiner; aber nicht, zu welchem Zweck, an welchem Ort (ob am Orte des Arbeitsnachweises selbst oder in der Umgegend), wann u. s. w.

Privatdozent Dr. **Jastrow**-Berlin: Der Ansicht des Herrn Vorredners, daß es gegen die Centralisation des Arbeitsnachweises Bedenken giebt, daß man aber trotz dieser Bedenken eine Centralisation in den einzelnen Ländern und Provinzen anstreben müsse, möchte ich mich meinerseits anschließen. Bei Verwaltungseinrichtungen, die einen experimentellen Charakter tragen, muß man zwischen solchen Einwänden unterscheiden, die das Wesen der Sache selbst betreffen, und solchen, die dem Experimentierstadium mit Notwendigkeit anhaften. Nur die ersteren können als Grund dazu angeführt werden, das Experiment zu unterlassen. Die Bedenken aber, die Herr Stadtrat Flesch angeführt hat, scheinen mir in der Hauptsache Bedenken der letzteren Art zu sein, und diese müssen überwunden werden, wenn überhaupt das Experiment gemacht werden soll. Für die Frage, ob dies geschehen soll, ist vor allem eine Thatsache von ausschlaggebender Bedeutung: Alle Herren, die Erfahrungen in Landesverbänden besitzen, haben sich dahin ausgesprochen, daß die Errichtung eines Landesverbandes eine Vermehrung der Arbeitsnachweise zur Folge hat. Dies ist ausschlaggebend. Selbst wenn Herr Stadtrat Flesch mit seinen Bedenken schließlich durchweg Recht behalten, ja wenn die begründeten Landesverbände selbst sich wieder auflösen sollten, so müßte man doch die Begründung versuchen, weil erfahrungsmäßig gerade dieser Versuch anregend und belebend auf das Entstehen zahlreicher neuer Arbeitsnachweise wirkt, und weil wir in dem gegenwärtigen Stadium nichts so nötig haben, als die Begründung neuer allgemeiner Arbeitsnachweise.

Bürgermeister Dr. **Thoma**-Freiburg: Ich halte ebenfalls dafür, daß die Bedenken, die Herr Stadtrat Flesch vorgetragen hat, thatsächlich bestehen, daß sie aber überwunden und die Centralisation angestrebt werden muß. Bei uns in Freiburg hat sich diese Art der Centralisation, die Verbindung mit andern Arbeitsnachweisen, ganz entschieden bewährt. So ist es beispielsweise unserer Freiburger Anstalt Wochen hindurch nicht möglich gewesen, gute Schuhmacher zu bekommen. Es blieb uns nichts übrig, als welche von auswärts zu erbitten. Arbeitsgelegenheit schaffen können wir nicht, so wie ich den Zweck unserer Anstalten auffasse; aber wir können sie aufsuchen. Dieser Aufgabe ist die Anstalt gewachsen, aber nicht der einzelne Arbeiter. Richtig ist, daß der Verkehr der Anstalt durch Listen häufig langsamer geht, als die inzwischen fortschreitende Vermittlung der Arbeit selbst. Wenn die Anmeldungen heute einlaufen, so müssen sie abends zusammengestellt werden, kommen morgen zur Versendung, und übermorgen gelangen sie in die Hände der Interessenten. Ein Arbeiter, der darauf am vierten Tage zugereist kommt, erfährt in manchen Fällen nur, daß die Stelle bereits besetzt ist. Wir haben selbst größere Geldsummen ausgeben müssen, weil die Leute auf diesem Wege nicht erreichen konnten, was sie erreichen wollten. Allein hieraus folgt nicht, daß man diese Centralisation aufgeben, sondern, daß man sie vervollkommnen soll. Hier ist eine Einrichtung, die direkt an Stelle der persönlichen Verhandlung tritt, allen anderen vorzuziehen, das ist das Telephon. Für die Centralisation der Arbeitsnachweise muß das Telephon noch in viel höherem Maße in Anspruch genommen werden, als es bisher geschieht. Auf die telephonische Anfrage, ob eine entsprechende Stelle frei ist, erhält man sofort die Antwort mit ja oder nein. Dann kommt es nicht zu nutzlosen Reisen.

Bürgermeister **Jähne**-Potsdam: Abweichend von den beiden letzten Herren Rednern möchte ich meinerseits mich den Ausführungen des Herrn Stadtrat Flesch anschließen. Ich halte es einstweilen noch nicht für zeitgemäß, die Centralisation mit Erfolg anzustreben. In Potsdam besteht ein Arbeitsnachweis. Wenn dessen Thätigkeit nach außen ausgedehnt wird, so werden Arbeitskräfte in die Stadt gezogen, die man nachher nicht wieder los wird. Auch an uns ist von der Behörde das Ersuchen gerichtet worden, wir mögen dafür sorgen, daß nicht durch zugezogene Leute die ansässigen und verheirateten Arbeiter brotlos gemacht werden. Den Herren, welche eine Centralisation anstreben, würde ich dankbar sein, wenn sie vorher das ganze Gebiet mit einem System von Arbeitsnachweisstellen überziehen, und dazu können allerdings die Staatsregierungen und Verwaltungsbehörden wertvolle Anregung geben. Der Herr Vorredner hat den Zustand in solchen Städten, in die ein Zuzug von außen geleitet, den sie nicht wieder los werden, auch die Geldausgaben, die daraus erwachsen, ganz zutreffend berührt. Wir wollen nichts thun, was die Leute vom Lande in die Stadt zieht. Haben wir die Leute in der Stadt, so schaffen wir sie nicht wieder auf das Land hinaus. Bekanntlich ist auf dem Lande eine Fülle von Arbeit, und in der Stadt ein Arbeiterüberschuß. Aus diesem Grunde möchte ich bitten, von einer Resolution zu Gunsten großer umfassender Landesverbände in dem gegenwärtigen Stadium abzusehen.

Assessor **Naumann**-Hamburg: Dem Herrn Vorredner trete ich darin bei, daß es nicht im Interesse der Städte liegt, Arbeitslose aus der Umgegend heranzuziehen, ich ziehe indes aus diesem Satze eine der seinigen gerade entgegengesetzte Schlußfolgerung. Ich erstrebe die Centralisation, um die Arbeitslosen von den großen Centren des wirtschaftlichen Verkehrs, an denen fast regelmäßig ein Ueberangebot von

Arbeitskräften besteht, fern zu halten. Ein Arbeitsnachweis, der täglich feststellt und so oft als möglich bekannt macht: es waren mehr Arbeiter vorhanden, als beschäftigt werden konnten, kann doch nicht den Erfolg haben, Leute von auswärts heranzuziehen; er wird ihnen im Gegenteil eine Warnung sein und dazu dienen, den Zuzug zur Stadt in den durch das wirtschaftliche Bedürfnis gegebenen Grenzen zu halten, um so mehr, wenn er grundsätzlich die Ortsangehörigen vor den Zuziehenden bevorzugt. — Angehörige der großen Städte nach auswärts, insbesondere in landwirtschaftliche Arbeit, zu bringen, ist wie die bisherige Erfahrung der meisten Arbeitsnachweise größerer Städte und auch des von mir vertretenen zeigt, außerordentlich schwierig — aus verschiedenen Gründen, die ich hier nicht erörtern will. Aber viel wichtiger, als einen künstlichen Abfluß nach dem Lande zu erzeugen, ist es, den natürlichen aber das erforderliche Maß weit übersteigenden Zufluß vom Lande nach der Stadt einzudämmen. Das wird am besten geschehen, wenn die Arbeitsuchenden, ohne erst die große Stadt selbst aufsuchen zu müssen, schon in ihrem Heimatsort oder in der Nähe, sich über Angebot und Nachfrage im wirtschaftlichen Centrum unterrichten können. Ein Netz von Arbeitsnachweisen, um die wirtschaftlichen, nicht die politischen Mittelpunkte des Landes gruppirt, wird so mit der Zeit einen wohlthätig regulierenden Einfluß auf die Bewegung der Bevölkerung gewinnen und, ohne die Freizügigkeit aufzuheben, zu einem Korrektiv ihrer Wirksamkeit werden.

Beigeordneter **Lehwald**-Duisburg: Ich möchte mir nur ein kurzes Wort gestatten und zwar hinsichtlich der Bedenken, die von mehreren Vorrednern gegen die Centralisation des Arbeitsnachweises vorgebracht worden sind. Ich glaube nämlich, daß diese Bedenken sich zerstreuen werden, falls der Vorbehalt gemacht wird, daß die einzelnen lokalen Nachweise trotz der Centralisation für sich völlig selbständig bleiben, daß ihnen also kein Zwang zur Mitteilung der offenen Stellen und überschüssigen Arbeitskräfte an die Centrale auferlegt werde, sondern vollständig überlassen bleibe, ob sie im einzelnen Fall anmelden oder nicht. Bei dem Düsseldorfer Verbande beispielsweise ist ein solcher Vorbehalt ausdrücklich gemacht worden. Allerdings muß dabei an die Verwalter der einzelnen Stellen die Anforderung gestellt werden, daß sie einigermaßen übersehen, ob sie offene Stellen in den nächsten Tagen aus ihrem eigenen Bezirk besetzen bezw. unbeschäftigte Leute in ihrem eigenen Bezirk unterbringen können oder nicht. Nur im letzteren Falle dürfen sie der Centrale melden. Meine Ansicht geht dahin, daß nach Schaffung einer Centrale die einzelnen Anstalten mit erhöhtem Erfolg weiter wirken können, wenn sie diese Unterscheidung treffen, und daß sich deshalb unter dieser Voraussetzung die Centralisation des Arbeitsnachweises sehr empfehlen würde.

Pastor **Mörchen**-Bielefeld macht darauf aufmerksam, daß den Bedenken des Herrn Stadtrat Flesch sich sehr leicht entsprechen ließe, wenn man in der Resolution statt Landesverbände einfach Verbände sage; damit werde die Zustimmung auch denen ermöglicht, welche die Verbände in kleinen Kreisen vorziehen. (Allseitige Zustimmung.)

Das Schlußwort namens der Referenten erhält

Stadtschultheiß Dr. **Hartenstein**-Ludwigsburg (Stuttgart): Die Diskussion hat sich im Unterschied von den Referenten mehr mit der prinzipiellen Frage beschäftigt, ob überhaupt Landesverbände zu begründen sind. Ehe ich diese Frage behandle, habe ich zunächst die einzelnen Anfragen zu beantworten. Die bei uns in Stuttgart eingehenden Vakanzenlisten werden ohne Prüfung unsererseits auf die gemeinsame Liste übertragen. Zu untersuchen, ob wir vielleicht eine solche Vakanz selbst berücksichtigen können, dazu fehlt es bei der Arbeit schon an Zeit. Die Liste kommt dann schon am nächsten Morgen in die meisten Orte, also sobald überhaupt der Dienst in den einzelnen Arbeitsämtern wieder beginnt. Veraltet sind sie also da wohl noch nicht. Wir benutzen auch, wenn wir Zweifel haben, ob eine auswärtige Stelle noch frei ist, das Telephon, ehe wir einen Arbeiter nach auswärts gehen lassen. Allein oft kann das betr. Arbeitsamt die Anfrage nicht beantworten, weil der Arbeitgeber kein Telephon besitzt, eine rasche Anfrage bei ihm also unmöglich ist. Nach der Verfügung des Ministers sollen solche Nachfragen, die das einzelne Amt voraussichtlich am gleichen oder folgenden Tag selbst erledigen kann, nicht in die Liste aufgenommen werden, damit ist dem Verwalter des Amts eine gewisse Freiheit gelassen und wir in Stuttgart geben die Zahl unserer offenen Stellen meist nicht vollständig an, schon deshalb, weil die Arbeitgeber, wenn sie dringende Arbeit haben, häufig eine viel höhere Zahl von Arbeitern aufgeben, als sie wirklich brauchen. Es wird wesentlich vom Geschick des Verwalters abhängen, hier das Richtige herauszufinden. Im ganzen haben wir nicht den Eindruck, daß die Zahl der Arbeitslosen in Stuttgart durch unsere Einrichtung vermehrt worden ist. Der Zug in die großen Städte besteht ja ohnehin allgemein, auch ohne Centralisation. Eine genaue Ermittlung der Zahl der Arbeitslosen giebt es ja nicht; aber wir können doch aus der Vergleichung unserer Monatsberichte nachweisen, daß die Zahl der Arbeitsuchenden im Verhältnis zu den offenen Stellen in keiner Weise zugenommen, sondern eher abgenommen hat.

Ich glaube also, das Ergebnis unserer Erörterungen läßt sich dahin zusammenfassen, daß die Bedenken gegen die Centralisation zum größten Teil widerlegt, und daß der Rest nicht stark genug ist, um den Gründen, welche dafür sprechen, Stich zu halten. Während die Gründe gegen die Centralisation mehr theoretischer Art sind, sprechen die praktischen Gründe, und namentlich die thatsächlich bereits gemachten Erfahrungen, ganz entschieden für die Begründung von Arbeitsnachweis-Verbänden. Wenn Sie sich im Sinne der vorliegenden Resolution aussprechen, so werden Sie der Verbreitung und Verbesserung der Arbeitsnachweise in Deutschland einen wertvollen Dienst erweisen.

Vorsitzender: Bevor wir zur Abstimmung treten, bringe ich noch einmal die Resolution mit der kleinen, offenbar auf allen Seiten gebilligten Abänderung zur Verlesung:

1. Die in Karlsruhe am 13. September 1897 versammelte erste deutsche Arbeitsnachweis-Konferenz nimmt von den ihr erstatteten Referaten über bestehende und geplante Verbände der Arbeitsnachweis-Verwaltungen in Baden, Württemberg, Reg.-Bezirk Düsseldorf und Bayern Kenntnis. Sie bezeichnet es als dringend wünschenswert, daß ähnliche Verbände in allen Gegenden Deutschlands begründet werden, und daß namentlich die Reichs-, Staats- und Bezirksregierungen der Frage eingehende Aufmerksamkeit zuwenden.
2. Die Versammlung beauftragt ihr Präsidium, diesen Beschluß in der ihm geeignet erscheinenden Form zur Kenntnis der genannten Behörden zu bringen.

Ich bitte nunmehr die Herren, welche für die Resolution sind, die Hand zu erheben. (Geschieht.) Dies ist die Mehrheit.

Rufe: Gegenprobe.

Es wird die Gegenprobe gewünscht. Ich bitte also jetzt die Herren, welche gegen die Resolution sind, die Hand zu erheben. (Geschieht.) Die Resolution ist mit allen gegen 5 Stimmen angenommen.

II.

Die Verbindung städtischer Arbeitsnachweise mit ihrer näheren Umgebung.

Der Vorsitzende giebt der Versammlung Kenntnis davon, daß ein Schreiben des Postdirektors Becher in Colmar
sowie ferner ein Schreiben des Geheimen Regierungsrat v. Massow (Centralvorstand deutscher Arbeiterkolonien) in Potsdam, betreffend Verpflegungsstationen eingegangen ist, letzteres mit dem Wunsche, daß dasselbe dem Protokoll einverleibt werden möge.[1]) Er überläßt der Versammlung etwaige weitere Antragstellung.

Gewerbelehrer **Heinrich Müller**-Konstanz: Es gehört zu den feststehenden Erscheinungen, daß überall da, wo man sich mit der Regelung des Arbeitsmarktes eingehender befaßt, auch die Frage behandelt wird, auf welche Weise es möglich sei, auch den auf dem flachen Lande lebenden Arbeitgebern diejenigen Vorteile zuzuwenden, welche ein geordneter Arbeitsnachweis mit sich bringt. Auf verschiedene Weise hat man die Lösung dieser Frage versucht, wovon vielleicht die eigentümlichste die in Luxemburg bestehende Einrichtung ist, wonach die Landbriefträger für die Verbreitung der Stellenanzeigen Sorge zu tragen haben. Auf den ersten Blick erscheint es wohl als das Allernatürlichste, daß eben die Centralanstalt eines Bezirkes in den größeren Orten ihres Wirkungs-

[1]) Vgl. Beigaben No. VI.

gebietes Filialen errichtet, die in ähnlicher Weise wie die Mutteranstalt arbeiten und mit dieser in beständigem regen Wechselverkehr bleiben sollen. Dieser Gedanke spricht sich auch beispielsweise aus in den Thesen, die auf dem nassauischen Städtetag in Oberlahnstein am 20. Juni d. J. aufgestellt wurden, und in den Grundsätzen, welche eine am 12. Januar d. J. in Darmstadt stattgehabte Versammlung von Vertretern einer Reihe von Arbeitsnachweis-Anstalten angenommen hat. In beiden Fällen wird die Errichtung kleinerer Sammelstellen auf dem flachen Lande als dringend notwendig erachtet; gleichzeitig wird aber als ziemlich selbstverständlich hinzugefügt, daß die Schaffung dieser Filialen Sache der Gemeinden sei. Soviel mir bis jetzt bekannt geworden ist, hat man bei uns in Baden mit solchen neugegründeten Zweiganstalten keine besonders guten Erfahrungen gemacht, worüber vielleicht die Herren Vertreter aus Freiburg uns einige Mitteilungen machen können.

Es dürfte darum nicht uninteressant sein, darauf hinzuweisen, daß wir in Konstanz einen etwas anderen Weg eingeschlagen haben, um dem vorhin angedeuteten Ziele näher zu kommen. In den oberbadischen Kreisen bestehen ähnlich wie in manchen anderen Bezirken Deutschlands, insbesondere Norddeutschlands, in allen größeren Landorten sog. Natural-verpflegungs-Stationen, die seitens der Kreisbehörden eingerichtet wurden, um den auf der Wanderschaft befindlichen Handwerksburschen, sofern sie den festgesetzten, ziemlich strengen Bedingungen entsprechen, eine angemessene Verpflegung zu teil werden zu lassen. Vielfach besteht noch gegen solche Stationen ein tiefgewurzeltes Mißtrauen, das in dem oft geäußerten Vorwurf sich ausspricht, die genannten Anstalten würden das berufsmäßige Stromertum unterstützen, während sie, wie die Praxis lehrt, bei richtiger Leitung und strenger Einhaltung der Bestimmungen thatsächlich wohlthätig wirken und der Landstreicherei entgegenarbeiten; denn in einer Reihe statutengemäß normierter Fälle wird die Aufnahme verweigert und der betr. Wanderer der Armenbehörde oder der Polizei überwiesen. Diese Naturalverpflegungs-Stationen sollten sich nun von jeher auch mit der Arbeitsvermittlung befassen. Es lag daher der Gedanke nahe, dieselben im Einvernehmen mit der Kreisbehörde zu Filialen unserer Centralanstalt einzurichten. Ich gestehe ganz offen, daß ich mich aus mancherlei theoretischen Gründen anfangs sträubte, diesen Schritt mitzuthun. Allein die Theorie ist in vielen Fällen bekanntlich grau und wird durch die Praxis umgestoßen. Für uns lag eben die Sache so: Ein Bedürfnis nach Filialen war unstreitig vorhanden; nicht vorhanden waren aber diejenigen reichlichen Geldmittel, die zur Errichtung und Dotierung gut funktionierender Nebenstellen nötig gewesen wären; nicht vorhanden waren ferner günstige Resultate, welche andere Arbeitsnachweis-Anstalten mit ihren Filialen erzielt hatten und welche uns zur Errichtung ähnlicher Zweigstellen hätten animieren können. In den Verpflegungsstationen boten sich uns aber Filialen dar, die zum mindesten von dem größten Teil der reisenden Wanderer auch wirklich aufgesucht werden und die uns außerdem nicht viel Geld kosteten. So haben wir denn diesen Versuch gemacht und dürfen ihn heute als durchaus gelungen bezeichnen; denn die Ziffer der durch unsere 13 Filialen vermittelten Arbeitsstellen ist im fortwährenden Steigen begriffen, während andererseits die Inanspruchnahme der Naturalverpflegung selbst, eben größtenteils infolge der Einweisung in offene Stellen, abnimmt. Im Anfang wollte die Sache nicht so recht in Fluß kommen. Wie überall, so hängt eben auch hier sehr viel, beinahe alles von der Person des Verwalters ab. Die meisten derselben waren der damit verbundenen Schreiberei durchaus abhold, zumal ihnen für diese Mehrleistung an persönlicher Arbeit anfänglich keine pekuniäre Entschädigung in Aussicht gestellt werden konnte. Vielfach waren es sogar die Ortsvorsteher selbst, die das Bedürfnis nach Errichtung dieser Arbeitsnachweisstellen direkt in Abrede stellten, weil sie nichts davon verstanden. Heute funktionieren unsere Filialen aber durchweg sehr gut, insbesondere seit eine kleine Entschädigung für die erhöhte Mühewaltung seitens der Centralanstalt gewährt wird, die wir auf eine normale Höhe allerdings erst dann bringen können, wenn uns einmal reichlichere Mittel, vielleicht in Form eines höheren Staatszuschusses, zu Gebote stehen. Die Einrichtung dieser Art von Filialen hatte zudem für die Centralanstalt selbst die einen namhaften Einnahmeausfall bedingende Folge, daß wir zur völligen Gebührenfreiheit auch für die Arbeitgeber übergehen mußten, denn statutengemäß sind die Verpflegungsstationen zur unentgeltlichen Arbeitsvermittlung verpflichtet, und es wäre daher widersinnig gewesen, wenn die Centralanstalt weiterhin Gebühren erhoben hätte. Bei uns werden nur noch bei Zuweisung häuslicher Dienstboten von Dienstherrschaften mäßige Gebühren erhoben, weil dieselben fast ausnahmslos ihren Bedarf bei der Centralanstalt decken.

Was nun den eigentlichen Verkehr dieser Letzteren mit ihren Nebenstellen betrifft, so wickelt er sich derart ab, daß je nach Bedürfnis, mindestens aber alle 8 Tage das Verzeichnis der bei uns angemeldeten offenen Stellen an die Filialen verschickt und dort in dem von den durchreisenden Wanderern benützten Raum aufgehängt wird, während umgekehrt die Stationen uns diejenigen Stellen namhaft machen, welche von ihnen selbst nicht besetzt werden können. Die sich daran anknüpfenden Mitteilungen über die erfolgte Einweisung in die Arbeitsstelle u. dergl. erfolgen mit Hilfe gedruckter Formulare, deren Beschaffenheit aus der von uns aufgelegten Sammlung ersichtlich ist.

Verweigert ein Wanderer ohne triftige Gründe die Annahme von Arbeit, so erhält er nicht nur keine Naturalverpflegung, sondern wird außerdem der Polizei als der Landstreicherei verdächtig gemeldet, die je nach Umständen strafend einschreitet. Ich bin mir wohl bewußt, daß vom rein theoretischen Standpunkt aus hierin eine indirekte Beschränkung der persönlichen Freizügigkeit erblickt werden kann, und doch halte ich diese Maßregel als die einzig wirksame und zur Zeit anwendbare, mit der dem Stromertum entgegengearbeitet werden kann. Uebrigens bemerke ich dabei, daß in der freien Schweiz, wo einzelne Kantone im Einvernehmen mit uns in ähnlicher Weise, aber auf gesetzgeberischem Wege, in neuerer Zeit die Verpflegungsstationen mit dem Arbeitsnachweis betraut haben, daß in dieser freien Schweiz gegen die reisenden Handwerksburschen bei weitem nicht so rücksichtsvoll verfahren wird, wie in unserm angeblich viel reaktionäreren Deutschland. Dafür herrscht aber dort nach dieser Richtung hin mustergültige Ordnung.

Ich komme zum Schluß und würde mich freuen, wenn meine kurzen Ausführungen die Veranlassung wären, daß in anderen Teilen unseres Vaterlandes ähnliche Versuche gemacht würden. Ich wünschte in diesem Fall gleich guten Erfolg, wie wir ihn bei unsern Filialen verzeichnen können, die in den ersten 6 Monaten d. J. rund 1200 Arbeitsstellen mit Arbeitskräften versorgten.

Korreferent Pastor **Mörchen**-Bielefeld: Die Ausführungen des verehrten Herrn aus Konstanz sind Wasser auf meine Mühle. Sie beweisen aus der Erfahrung, daß es für jeden Arbeitsnachweis sehr förderlich ist, wenn er sich mit denjenigen Stellen in Verbindung setzt, an welchen sich Arbeitslose und Arbeitsuchende ganz vorzugsweise in großer Zahl zusammen finden. Das sind die Herbergen zur Heimat und die Verpflegungsstationen. — Wenn vor einigen Jahren J. Corvey gegen die Verbindung des Arbeitsnachweises mit Herbergen geschrieben hat, so hatte er dabei nur jene schlechten Privatherbergen im Auge, welche die Notlage der Arbeitslosen in ihrem eigenen gewinnsüchtigen Interesse ausbeuten, indem sie ihnen nur dann, und erst dann Stellen verschaffen, wenn sie eine gehörige Zeche gemacht, vielleicht ihr letztes verzehrt, vielleicht eine Schuld bei dem Wirt angelegt haben, wofür dann dieser Abzahlungen aus dem Arbeitslohne beansprucht. Corvey hat ganz recht mit der Forderung, daß ein derartiger Mißbrauch ausgerottet werden muß. Ganz anders liegt aber die Sache bei unseren gemeinnützigen Vereinsherbergen „Zur Heimat“ und bei den besseren Verpflegungsstationen, die wir auch „Wander-Arbeitsstätten“ nennen. Die Herbergen zur Heimat, jetzt 460 in Deutschland mit annähernd 20 000 Betten, haben von Anfang an und nun schon 40 Jahre hindurch in uneigennützigster Weise den Arbeitsnachweis gepflegt, für Arbeiter und Arbeitgeber unentgeltlich. Im vorigen Jahre haben sie über 98 000 Stellenbesetzungen vermittelt. Thatsächlich ist die Zahl noch höher; denn häufig holen sich Handwerksmeister und andere Arbeitgeber aus den Herbergsfremdenzimmern, die als natürliche „Arbeitsbörsen“ dienen, Arbeiter, ohne daß der Fall vom Herbergshausvater vermittelt und vermerkt wird. Bei vielen kleineren Herbergen, mindestens 100, wird überhaupt über den Arbeitsnachweis keine Liste geführt; die Hausväter haben sonst genug zu thun, kennen die Meister persönlich und dienen ihnen gerne, indem sie ihnen geeignete Leute zuschicken. — In den seit 10—15 Jahren erlassenen Verwaltungs- und Betriebsvorschriften der Verpflegungsstations-Verbände spielt der Arbeitsnachweis eine Hauptrolle, so in Westfalen, Hessen-Nassau, Brandenburg, Sachsen-Anhalt, Hannover. Der Herr Oberpräsident der Provinz Brandenburg hat schon vor 10 Jahren die Einrichtung einer Arbeitsnachweisstelle in jeder Gemeinde, als Hilfsstellen für die benachbarten

Stations-Arbeitsnachweise, empfohlen. -- Nun liegt es auf der Hand, daß im Kreise der Herbergen zur Heimat und Verpflegungsstationen eine Menge von praktischen Erfahrungen in diesem Gebiet gesammelt ist. Wir sind sehr erfreut über die Fortschritte Süddeutschlands in der Regelung des Arbeitsnachweises und suchen davon zu lernen, meinen aber, daß es für die gute Sache im ganzen und für die Förderung des Arbeitsnachweises in Norddeutschland von besonderer Wichtigkeit ist, ein Zusammenwirken mit den Herbergen und Stationen allgemein ins Auge zu fassen. Beide Teile haben Vorteil davon. Vom Standpunkt des Arbeitsnachweises aus hat Herr Stadtrat Dr. Flesch in Frankfurt a. Main seiner Zeit darauf hingewiesen, wie vorteilhaft es für denselben wäre, mittellose Arbeitsuchende durch Vermittlung der Verpflegungsstationen nach auswärtigen Arbeitsstellen hin zu befördern. In Konstanz hat, wie wir hörten, der A.-N. für weibliches Personal erst von da an volle Kraft gewonnen, als man eine Herberge für arbeitslose Mädchen damit verband. Die in den meisten großen, auch kleineren Städten bestehenden christlichen Mädchenherbergen („Marthaheime" u. s. w.) sind stets auch Arbeitsvermittlungsstellen und wirken als solche sehr gut; ihre Leiterinnen, ob „Schwestern" oder aus freiem Stande, sind Vertrauenspersonen für Mädchen und Herrschaften, verdienen und rechtfertigen das Vertrauen. — In Bielefeld beabsichtigen wir, sobald als möglich mit unserm A.-N. eine weibliche Vermittlungsstelle, und diese mit unserm Marthaheim zu verbinden. Die Frau unsres Verwalters wird dann die Leitung dieses Zweiges übernehmen, wie in Konstanz.

Nach unserer Auffassung sind die Verpflegungsstationen weder Polizei- noch Armenanstalten, sondern praktisch-soziale Wohlfahrtseinrichtungen für die vielen Arbeitslosen, die sogleich mit dem Eintritt ihrer Arbeitslosigkeit oder bald nachher Brot und Obdach verlieren und thatsächlich genötigt sind, vermittelst der Wanderschaft Arbeit zu suchen. Man hat sie nicht mit Unrecht die „wandernde Arbeitsreserve" genannt Es befinden sich viele schwache, minder leistungsfähige und zum Teil heruntergekommene Elemente darunter. Sie aus diesem Grunde bei der Regelung der Arbeitsnachweise unberücksichtigt zu lassen, wäre eine durch nichts gerechtfertigte Härte und Kurzsichtigkeit. Gerade um ihretwillen ist es nötig, daß bei den Verpflegungsstationen der Arbeitsnachweis in den Vordergrund gestellt und als leitender Gesichtspunkt für die Anlage und den Betrieb der Stationen zur Geltung gebracht wird. Denn das Wandern Mittelloser ist ohne jede Frage nur insoweit wirtschaftlich und sittlich berechtigt, als es den Zweck verfolgt, Arbeit zu finden. — Dadurch ist ja nicht ausgeschlossen, daß bei der Besetzung offener Arbeitsstellen, sonst gleiche Qualifikation der Arbeitsuchenden vorausgesetzt, Einheimische vor Wandernden, Verheiratete vor Unverheirateten bevorzugt werden. — Ferner wird man sehr wohl an größeren Orten, wo besondere Räumlichkeiten für den Arbeitsnachweis nötig sind, bei Verbindung desselben mit einer Herberge zur Heimat es so einrichten können, daß getrennte Warteräume für einheimische Arbeitsuchende, für Arbeitgeber und für wandernde Arbeiter eingerichtet werden, alle in unmittelbarer, räumlicher Verbindung mit dem Arbeitsnachweis-Bureau. So machen wir es in Bielefeld bei unserem demnächst ins Leben tretenden, mit der dortigen Herberge verbundenen Haupt-Arbeitsnachweis für den Regierungsbezirk Minden und das Fürstentum Lippe-Detmold. — Das Herbergs-Fremdenzimmer ist der von selbst gegebene Warteraum für wandernde Arbeiter, das bessere Gastzimmer der Aufenthaltsraum für Arbeitgeber (ohne Trinkzwang!); daran anstoßend richten wir in Bielefeld die Schreibstube für den Verwalter des Arbeitsnachweises ein, und an diese auf der andern Seite anstoßend den Melde- und Warteraum für einheimische Arbeitsuchende. Zu jedem der 3 Aufenthaltsräume führt ein besonderer Eingang direkt von der Straße. Auf dem Hofe befindet sich die geräumige Holzarbeitsstätte der Verpflegungsstation; Verwalter der letzteren ist der Herbergshausvater.

Auf die Form des Nachweises: ob vereinsmäßig oder kommunal oder durch Kommunalverbände, lege ich an sich kein großes Gewicht, verspreche mir aber nichts gutes von einer bureaukratisch-formalistischen Verwaltung. Da wir die vorhandenen gewerbsmäßigen Stellenvermittler gewiß nicht gewaltsam kalt stellen können, so müssen wir uns doch fragen, wie wir im freien Wettbewerb sie mehr und mehr zurückdrängen und durch gemeinnützige Einrichtungen ersetzen können. Der starke Sporn der gewerbsmäßigen Stellenvermittlung besteht in dem Trieb des Gewinnes, des persönlichen Gelderwerbs für die Vermittler. Daraus entwickeln sich die geschäftlichen Eigenschaften der Umsicht, Findigkeit, Gefälligkeit, durch welche diese Vermittler ihre Kundschaft gewinnen und festhalten. Was haben wir bei den gemeinnützigen Nachweisen an die Stelle des Geldgewinnes zu setzen? Ich wüßte nichts anderes, als daß wir zur Verwaltung der Nachweise Menschen, persönliche Kräfte heranziehen, bei denen der Trieb der Nächstenliebe: ihren arbeitsbedürftigen Mitmenschen zu Arbeit und Brot zu verhelfen, stark genug ist, um den Sporn des eigenen Geldgewinnes zu ersetzen, und die selbstverständlich außerdem die nötige persönliche und technische Begabung und Arbeitsfreudigkeit besitzen. Nach meiner Ansicht kommt für das Gedeihen jedes größeren Einzelnachweises, und erst recht für das Gedeihen jedes centralisierten Nachweises alles darauf an, daß wir die richtigen Verwalter anstellen. Der Hausvater einer Vereinsherberge ist sehr wohl im Stande, einen kleinen Arbeitsnachweis nebenbei zu verwalten. Infolge der vom preußischen Minister für Handel und Gewerbe vor 2 Jahren erlassenen Verfügung, betreffend Einrichtung von Arbeitsnachweisestellen, haben schon mehrere Städte und Kreise Herbergen zur Heimat hiermit beauftragt. An anderen, größeren Herbergsorten hat man besondere Verwalter angestellt, aber so, daß sie Hand in Hand mit der Herberge arbeiten und nötigenfalls durch das Herbergspersonal vertreten werden, so z. B. in Mülhausen im Elsaß. In Görlitz befindet sich die Arbeitsnachweisstelle in der sehr gut eingerichteten und mit Korporationsrechten ausgestatteten Verpflegungsstation, und diese steht mit der Herberge zur Heimat in telephonischer Verbindung.

Die Fürsorge für Arbeitsuchende in Form der Verpflegungsstationen hat in Norddeutschland seit 15 Jahren die weitesten Kreise: private, kommunale und staatliche — ergriffen; man hat riesige Opfer an Arbeit und Geld darauf verwendet, jährlich ein bis anderthalb Millionen Mark (die Ersparnis an sonst weggeworfenen Privatgaben aller Art, wie sie vielfach nur zur Förderung der Arbeitsscheu und Völlerei sonst gegeben zu werden pflegten, beläuft sich mindestens auf das zehnfache!). Nachdem vor 2 Jahren ein, die Grundlagen der Naturalverpflegung mittelloser Wanderer regelnder Gesetzesvorschlag der preußischen Staatsregierung von der Mehrheit des preußischen Abgeordnetenhauses abgelehnt worden ist, ist eine Stockung eingetreten, und sind zahlreiche Stationen eingegangen. Das Abgeordnetenhaus hat damals beschlossen, die Staatsregierung aufzufordern, bei abermaliger Vorlegung eines derartigen Gesetzentwurfes den Arbeitsnachweis mehr zu betonen. Dieser Aufforderung wird voraussichtlich entsprochen werden. Wenn aber erst auf Grund des Gesetzes öffentliche Mittel für Regelung des Arbeitsnachweises aufgewendet werden, so ist es ganz gewiß nicht zulässig, von der Benutzung dieser Einrichtungen die einheimischen Arbeitsuchenden auszuschließen! — Zur Zeit ist also die geplante Reform der Verpflegungsstationen für uns in Norddeutschland der Punkt, bei welchem wir einsetzen müssen, um auch zu einer besseren Regelung der Arbeitsnachweise im allgemeinen zu gelangen, und es würde mich freuen, wenn die gegenwärtige Versammlung uns darin unterstützte durch Annahme etwa des folgenden Antrages:

> Es liegt im Interesse der weiteren Organisation des unentgeltlichen Arbeitsnachweises, den Arbeitsnachweis mit Verpflegungsstationen zu verbinden und daher letztere thunlichst zu fördern.

Ich lege kein Gewicht darauf, daß der Antrag gerade in dieser Form angenommen werde. Worauf es mir ankommt, das ist: die Fürsorge für die wandernden Arbeitsuchenden nicht außer Acht zu lassen und die Regelung des Arbeitsnachweises mit einer Reform der Verpflegungsstationen zu verbinden. Die Art und Weise der Verbindung zwischen gemeinnützigen Arbeitsnachweisen mit Vereinsherbergen und Verpflegungsstationen kann ja verschieden sein, das hängt von örtlichen und persönlichen Verhältnissen ab. Aber unnatürlich, zweckwidrig und nach beiden Seiten schädlich würde es sein, wenn man die gemeinnützige Fürsorge für wandernde Arbeitsuchende von der für einheimische ganz getrennt halten wollte.

Debatte.

Beigeordneter Dr. **Kayser**-Worms: Einer Verbindung des Arbeitsnachweises mit den Verpflegungsstationen stehen bedeutende Schwierigkeiten entgegen, die vorzugsweise in den gänzlich verschiedenen

Grundlagen der beiden Einrichtungen wurzeln. Der Arbeitsnachweis ist eine Verkehrsanstalt, welche nur mit vollkommen freiwilligen Entschlüssen aller Beteiligten zu rechnen hat, während die Verpflegungsstationen in der Mitte zwischen polizeilichen und armenpflegerischen Einrichtungen stehen. Außerdem hat der Arbeitsnachweis nicht viel Hilfe von den Verpflegungsstationen zu erhoffen; richtig ist nur das Umgekehrte, daß die Ergebnisse des Arbeitsnachweises auf der Verpflegungsstation kaum entbehrt werden können. — In Worms wurde, nachdem die geringe Arbeitslust der Mehrheit der Stationsgäste genügend festgestellt war, versuchsweise die Einrichtung getroffen, daß der Arbeitsnachweis allabendlich die in der Stadt oder allernächsten Umgebung offenen Arbeitsstellen unter Benennung des Arbeitgebers der Verpflegungsstation mitteilt. Weiter sollte man im Interesse beider Teile nicht gehen. Eine organische Verbindung zwischen Verpflegungsstation und Arbeitsnachweis ist eine Unmöglichkeit.

Bürgermeister Dr. **Thoma**-Freiburg. Der Herr Referent hat speziell auch auf die Freiburger Verhältnisse hingewiesen, weshalb ich glaube, zu diesem Punkte das Wort ergreifen zu sollen. Es war mir sehr interessant zu hören, wie die sogenannten Filialen im Kreise Konstanz gewirkt und wie sie sich entwickelt, ferner welche Resultate sie gebracht haben. Wir im Kreise Freiburg sind nämlich im Jahre 1892 auf ähnliche Weise vorgegangen und haben nach dem Muster der Arbeitsnachweis-Anstalt Karlsruhe Filialen ins Leben gerufen, von deren Ergebnissen ich jedoch nicht sehr befriedigt worden bin. Ich bin daher zu einem ganz entgegengesetzten Schlusse gekommen: die Filialen, wie sie von Freiburg, Karlsruhe und anderen Anstalten ins Leben gerufen worden sind, sind im allgemeinen ohne Nutzen für die Hauptanstalt. Die Freiburger Filialen sind heute alle bis auf zwei eingegangen. Ich muß allerdings beifügen, daß der Kreis Konstanz ausnahmsweise Verpflegungsstationen im Lande Baden hat und diese als sogenannte Filialen benutzt, während die übrigen Kreise ohne Verpflegungsstationen sind und selbständige Arbeitsnachweis-Filialen — gegründet haben. Mein Urteil über die vom Herrn Referenten empfohlenen Filialen kann aus diesem Grunde auch kein umfassendes und völlig zutreffendes sein, weil möglich ist, daß die Verpflegungsstationen sich vielleicht doch besser bewährt haben, als ich annehme. Ich möchte dies jedoch bezweifeln, trotz der heute gehörten Resultate. In Freiburg hatte man sich seiner Zeit angelegen sein lassen, in allen kleineren Städten des Kreises tüchtige Personen als Filialverwalter oder Vertrauensmänner aufzustellen, von denen ich annehmen darf, daß sie sich redlich Mühe gegeben haben, allein die Ergebnisse waren verschwindend klein. Nur zwei Filialen sind bis heute stehen geblieben. Der Herr Referent hat von etwa 1200 Vermittelungen gesprochen, worunter sich meines Wissens gegen 800 direkte Vermittelungen der Konstanzer Anstalt befinden, so daß auf die 10—12 Verpflegungsstationen rund 400 fallen. Die Freiburger Anstalt hatte im letzten

Betriebsjahre 2400 direkte Vermittelungen auf das Land, wozu noch 300 Vermittelungen der beiden Filialen kommen, zusammen also 2700 Vermittelungen für die Landorte außerhalb der Stadt Freiburg.

Ich will nicht in Abrede stellen, daß auch die persönliche Tüchtigkeit des Filialverwalters sehr in Betracht kommt, allein die Mißerfolge der Filialen, wie ich sie beobachtet habe, führen sich auf die Natur der Verhältnisse zurück. Nimmt man beispielsweise eine Stadt von 2- bis 3000 Einwohnern an, so läßt sich überall bei der Arbeitsvermittelung folgendes beobachten. Wenn die Arbeiter dort ihre Arbeitsstelle wechseln, aber in derselben Stadt verbleiben wollen, dann bedürfen sie wohl kaum der Vermittelung durch eine Anstalt. Denn wenn von den wenigen vorhandenen Stellen eine frei wird, so erfährt es in kürzester Zeit jeder Interessent, der dann in der Lage ist, persönlich zu unterhandeln. Für den Fall allein, daß ein solcher Arbeiter eine Stelle nach auswärts sucht, oder daß ein Arbeitgeber Arbeitskräfte von auswärts zu beziehen wünscht, ist die Thätigkeit des Arbeitsnachweises am Platze. Bei dieser Gelegenheit hat sich aber gezeigt, daß die Inanspruchnahme der Filiale viel kostspieliger und zeitraubender ist, als die direkte Inanspruchnahme der Hauptanstalt, wo überhaupt der Arbeitsmarkt ein größerer und die Auswahl daher eine bessere ist. Trotz dem Bestehen von Filialen hat es sich daher bei uns so gemacht, daß z. B. der Arbeitgeber, der einen Arbeiter sucht, mittels Postkarte der Hauptanstalt sein Bedürfnis mitteilt unter näherer Darlegung seiner Wünsche. Die Anstalt giebt sofort die Antwort, seinem Verlangen könne entsprochen werden, der Arbeiter werde alsbald eintreffen, womit das ganze Geschäft erledigt ist. Auf diese Weise ist allen Teilen mehr gedient, als wenn sich noch die Thätigkeit der Filialen dazwischen schiebt, die in den weitaus meisten Fällen doch keine Arbeitskräfte zur Verfügung haben und sich daher erst auf die Bestellung hin von der Hauptanstalt solche überweisen lassen müssen.

In der neuesten Zeit ist der direkte Verkehr noch besser und leichter geworden durch die weitverzweigten Telephoneinrichtungen. Der gewünschte Arbeiter wird durch Vermittelung der Anstalt an das Telephon gerufen, er und der Arbeitgeber besprechen sich und schließen sofort den Arbeitsvertrag ab. Die Telephongebühr ist 25 Pfg. bei Entfernungen bis zu 50 Kilometer. Auf diese Weise beziehen zahlreiche Arbeitgeber aus dem Kreise Villingen, z. B. Stadt Villingen, Treiberg, Schönwald rc., wo gerade die Konstanzer Filialen eingerichtet sind, ihre Arbeitskräfte von der Anstalt Freiburg. Der Verkehr mit uns aus jener Landesgegend ist ein sehr lebhafter.

Es ist von einem der Vorredner, Herrn Pastor Mörchen-Bielefeld, behauptet worden, unsere Hausfrauen seien nur sehr schwer von den Gesindevermieterinnen abzugewöhnen. Ich muß das Gegenteil konstatieren. Unsere Hausfrauen in Freiburg haben sich sehr leicht an die Benutzung der städtischen Arbeitsnachweis-Anstalt gewöhnt, die jetzt den weitaus größten Teil der Dienstbotenvermittelung in Händen hat. Voraussetzung dabei ist, daß auch das entsprechende weibliche Dienstpersonal bei der Anstalt zur Verwendung kommt. Die Resolution des Herrn Referenten ist für uns in Freiburg eigentlich gegenstandslos, weil wir keine Verpflegungsstationen haben und solche, soweit ich die Meinung der maßgebenden Kreise kenne, auch in absehbarer Zeit nicht bekommen werden. Das Gleiche wird überall da der Fall sein, wo die Einrichtung von Verpflegungsstationen fehlt.

Ich möchte aber doch den von dem Herrn Vorredner gegen die Verbindung der Verpflegungsstationen mit den Arbeitsnachweis-Anstalten geäußerten Bedenken beipflichten. Sowohl die Arbeiter als auch die Arbeitgeber stehen einer solchen Verbindung nicht sehr sympathisch gegenüber. Wir haben einen ähnlichen Versuch mit dem Verein gegen Haus- und Straßenbettel gemacht, jedoch ohne günstige Resultate zu erzielen.

Landrat **Beckhaus**-Hofgeismar: Arbeitsnachweis und Verpflegungsstationen sind verwandt und bestimmt, sich einander zu ergänzen. Ist dem bemittelten Arbeiter eine entfernte Arbeitsstelle nachgewiesen, so kann er sie vermittelst der Eisenbahn leicht erreichen. Ein unbemittelter, des Geldes entblößter Arbeiter ist dagegen auf den Fußmarsch und damit auf die Verpflegungsstationen angewiesen, deren Aufgabe ja gerade darin besteht, unbemittelte arbeitsuchende Wanderer Arbeitsstätten zuzuführen. Andererseits ist auch für die Verpflegungsstationen eine Verbindung mit einer Arbeitsnachweisstelle unentbehrlich. Die Verpflegungsstationen gewähren Verpflegung nur denjenigen Arbeitern, welche arbeitswillig, d. h. bereit sind, in ihr Fach schlagende offene Arbeitsstellen anzunehmen. Pflicht der Hausväter (Stationsvorsteher) ist es, zwischen Arbeitswilligen und Faulenzern streng zu sichten, eine ausreichende Sichtung aber ist nur möglich, wenn der Hausvater in der Lage ist, den die Stationsverpflegung beanspruchenden Wanderern möglichst am Orte der Station selbst Arbeit zu bieten. Für die Stationen ist daher der naturgemäße Arbeitsvermittler der Hausvater, bezw. derjenige, welcher über die Aufnahme in die Station zu entscheiden hat. Aus diesem praktischen Bedürfnisse heraus sind in dem großen Verbandsgebiete der Verpflegungsstationen im Großherzogtum Hessen und in der preußischen Provinz Hessen-Nassau die meisten Verpflegungsstationen mit Arbeitsnachweisen, wenngleich einfachster Art, versehen worden. Hier melden die Handwerksmeister und auch ländliche Arbeitgeber mündlich oder schriftlich ihren Bedarf an Arbeitern an, die offenen Stellen werden an eine Tafel oder in ein Buch geschrieben und die eintreffenden Arbeiter sofort bei ihrer Ankunft befragt, ob sie bereit seien, die angemeldeten ihrer bisherigen Beschäftigung entsprechenden Arbeitsstellen anzunehmen. Erfolgt eine unbegründete Weigerung, so erweist der Mann sich als arbeitsscheu und wird von der Station abgewiesen. Erklärt dagegen der Arbeiter sich zur Annahme der Stelle bereit, so übernimmt der Hausvater bezw. Stationshalter möglichst noch am Abend der Ankunft des Wanderers die Vermittelung und sorgt dafür, daß der Arbeiter sogleich am nächsten

Morgen seine Stelle antreten könne. Dieses Vorgehen hat auch den großen Vorteil, daß dem allgemeinen ungesunden Drängen der Arbeiter in die großen Städte vorgebeugt und wenigstens die unbemittelten wandernden Arbeiter gezwungen werden, auch in kleineren Orten zum mindesten so lange Arbeit zu nehmen, bis sie so viel erspart, daß sie zum Weiterkommen der öffentlichen Unterstützung nicht mehr bedürfen.

Die Verbindung von Arbeitsnachweis und Verpflegungsstation ist aber nicht dahin aufzufassen, daß etwa die gesamte Arbeitsvermittelung in die Station gelegt werden solle. Dies ist lediglich Zweckmäßigkeitsfrage und verschieden in den verschiedenen Orten. In Landgemeinden und kleineren Städten, wo zwar Stationen, aber infolge Fehlens nennenswerther Industrie erhebliche Stellennachfrage nicht vorhanden ist, wird allerdings die Arbeitsvermittelung wohl ausschließlich der Verpflegungsstation bezw. Herberge zur Heimat zu überweisen sein, während an größeren Arbeitsplätzen sich vielleicht die Einrichtung eines selbstständigen Arbeitsnachweis-Bureaus mehr empfehlen wird. Aber auch dieses Arbeitsnachweis-Bureau muß stets Fühlung mit der Station behalten, und zwar in der Weise, daß ein Verzeichnis der offenen Stellen täglich der Station mitgeteilt und von dieser wiederum dem Arbeitsnachweis-Bureau Anzeige erstattet wird, sobald Arbeiter in die offenen Stellen gewiesen sind

Bei dieser Sachlage würde es mir das Richtige scheinen, wenn die Versammlung dem Antrage des Herrn Pastor Mörchen gegenüber sich freundlich stellt und wenigstens dem Gedanken nach — der Wortlaut bedürfte allerdings noch weiterer Redaktion — denselben annimmt.

Konsul, Generalsekretär **Schwindt**-Karlsruhe: Es handelt sich um die Erfahrungen, welche mit Filialen gemacht worden sind. Wir — Karlsruhe — waren die Ersten, die auf dem Plan waren und haben in weiterer Umgebung von Karlsruhe (Offenburg) solche Filialen gegründet, wir waren in jeder Beziehung sehr vorsichtig; wir haben uns nicht mit jeder Person eingelassen, sondern haben die Großherzoglichen Bezirksämter angegangen, uns die geeigneten Personen in Vorschlag zu bringen. Es waren durchaus angesehene Persönlichkeiten, die auch mit viel Liebe und Güte dafür eingetreten sind, aber doch haben wir die Erfahrung gemacht, daß diese Filialen totgeboren waren. Obgleich die Bedingungen da waren, etwas leisten zu können, waren die Erfolge gering — mit einer Ausnahme, nämlich von Kehl; hier waren sie besser. In den anderen Filialen wurden keine Erfolge erzielt und die Erfahrung hat gezeigt, daß diese Anstalten nicht lebensfähig sind. Es mag das vielleicht an anderen Orten anders sein. In Karlsruhe waren die Erfahrungen entschieden ungünstig. Was nun die Verpflegung der Arbeitnehmenden betrifft, so möchte ich Ihnen mitteilen, welche Einrichtung in Karlsruhe getroffen ist, welche sich als praktisch gezeigt hat. Von 5 Uhr (abends) ab wird denjenigen, welche vorgesprochen haben und keine Arbeit bekommen konnten, Anweisung zur Verpflegung gegeben. Es ist das ein Zettel, worin quittiert ist, daß für den Betreffenden keine Arbeit vorhanden war. Dieser Zettel wird auf dem Rathaus präsentiert. Wenn uns nun aber Personen kommen, bei denen wir in der Lage sind, Arbeit nachzuweisen, welche erklären die Arbeit nicht anzunehmen, so ist bei uns eingeführt, daß diesen keine Unterstützung gewährt wird. Dadurch haben wir erreicht, daß mit nur wenigen Ausnahmen kein Mißbrauch stattfindet, und wir sind mit dem Erfolg sehr zufrieden. Namentlich aber haben wir erreicht, daß die gewerbsmäßigen Stromer von uns nach und nach ganz weggeblieben sind Die von uns getroffene Einrichtung ist einfach und läßt sich leicht durchführen. Diejenigen, welche hier sich melden und keine Arbeit bekommen können, bekommen Unterstützung, wenn aber Arbeit nachgewiesen wird, und sie nehmen sie nicht an, dann werden sie von uns der Polizei überwiesen.

Eine ganz auffallende Erscheinung hat sich in den letzten Jahren hier gezeigt, nämlich, daß die Abneigung von hier auf das Land in Arbeit zu gehen, von Jahr zu Jahr zunimmt. Wir bekommen so viele Anzeigen, daß Arbeiter gesucht werden, und wenn wir ihnen sagen: Sie können in Eßlingen, oder Bühl, oder Gernsbach Arbeit finden, so wollen dieselben solche nicht annehmen. Wir kennen kein Mittel, uns dagegen zu wehren, man muß es ihnen überlassen, ob sie hier bleiben wollen.

Die Filialen sind sehr empfohlen worden, aber, meine Herren, ich habe einigermaßen Bedenken dagegen.

Bürgermeister **Jähne**-Potsdam: Darf ich mir gestatten, meine Herren, eigene Erfahrungen vorzubringen, die ich mit dieser Einrichtung gemacht habe. Wir haben eine sehr erhebliche Station und sind nahezu im weiten Umkreis die Einzigen. Wir erfreuen uns eines sehr großen Zuspruchs und geben jährlich fast über 6000 M. für die Station aus. Einer der Herrn Vorredner hat angeführt, daß in der Provinz Brandenburg schon seit Jahren ein Arbeitsnachweis für jede Gemeinde angeordnet sei. Bei uns ist ein solcher auch wirklich eingerichtet und durchgeführt. Er fungiert, was Sie nach den Zahlen beurteilen können, sehr gut. Ich muß aber die Erfolglosigkeit, wie sie der Herr aus Worms betont hat, durchaus bestätigen. Formell melden sich ja viele, formell wird auch vielen Arbeit nachgewiesen; indes, wenn man nachforscht, so bleiben die Arbeiter wohl einen Tag, gehen aber dann wieder fort. Ich halte das Institut für überlebt. Es ist bestimmt, man soll die ankommenden Leute nur wenn sie arbeiten wollen, bezw. wenn sie die angebotene Arbeit annehmen, unterstützen. Wenn ich recht verstehe, so geht die Absicht nicht sowohl dahin, daß solche Verbindungen blos weiter bestehen, sondern daß auch die frühere Gewährung von Arbeit in das Programm aufgenommen wird. Das heißt meines Erachtens, das Recht der Arbeiter auf Arbeit wird proklamiert und den Gemeinden diese Last aufgelegt. Bei uns in Norddeutschland nehmen die Stationen ab. Warum? Weil die Leute nicht Arbeit nachgewiesen bekommen. Es ist ja immer was zu thun, Erdarbeit, Straßenreinigung, dagegen in den kleinen Städten wissen sie überhaupt die Leute nicht zu beschäftigen, und da sie die Leute unterstützen müssen, so haben sie allmählich eingesehen, daß sie Stromer hereinziehen, und die Verpflegungsstationen fallen lassen.

Vom Standpunkt der Stationen sollte man das größere Gewicht nicht auf den Nachweis legen, sondern auf die Erweiterung der Kolonien, wo die Leute, die wirklich arbeiten wollen und in nützlicher Weise beschäftigt werden, und zwar wenn möglich auf lange Dauer Aber der bloße Nachweis von Arbeit, die im günstigsten Falle nur eine vorübergehende Beschäftigung ist, ist ohne jeden praktischen Wert.

Pastor Dr. v. **Koblinski**-Düsseldorf (jetzt in Eisleben): Die Größe unserer heutigen Versammlung sehe ich als eine Bürgschaft dafür an, daß wir keinen einseitigen Beschluß fassen, und als einen solchen würde ich es ansehen, wenn wir den Antrag Mörchen ablehnten und uns gegen die Naturalverpflegungs-Stationen aussprächen. Sie sind unter Umständen jedenfalls geeignet, als Filialen für den centralisierten Arbeitsnachweis zu dienen. Daran macht mich nicht irre, wenn uns hier zwar blos von Freiburg und Oberbaden berichtet ist, daß sich die Naturalverpflegungs-Stationen als solche bewähren, aber bei weitem nicht in demselben Maße wie in Konstanz. Solche Unterschiede hängen manchmal mit besonderen lokalen Verhältnissen zusammen, die man nicht gleich zu Prinzipien machen darf. Ich meine, wir müssen alles benutzen, was uns zu Filialen verhelfen kann; schon deshalb, um die großen Centren vor einer Ueberhäufung mit arbeitsuchenden Elementen zu bewahren. Diese Gefahr wurde ja bei der Erörterung der ersten Frage unsrer heutigen Tagesordnung geltend gemacht. Und insofern, also um Filialen zu haben, können uns die Naturalverpflegungs-Stationen die besten Dienste leisten. Was speziell unsere Düsseldorfer Central-Arbeitsnachweisestelle anlangt, so ist dieselbe — und sie nicht allein — aus einer Naturalverpflegungs-Station hervorgewachsen. Wir sorgten in Düsseldorf zuerst für die ankommenden mittellosen Arbeiter durch Gewährung leichter Handarbeit an Ort und Stelle, wofür wir dann Obdach und Nahrung boten, und erst später erweiterten wir unsern Verein zu einem Arbeitsnachweis für alle gelernten und ungelernten Arbeiter, ohne daß wir darum die erste Einrichtung — Arbeit an Ort und Stelle selbst und Verpflegung — aufhoben. Im Gegenteil, wir brauchen nach wie vor beides: Arbeitsnachweis und Beschäftigung für nicht engagierte Arbeitskräfte. In den Naturalverpflegungs-Stationen ist ja schon die örtliche Beschäftigung und Verpflegung der Arbeitsuchenden vorhanden; ich will nicht sagen, daß jede Naturalverpflegungs-Station sich zu einem erheblichen Arbeitsnachweis ausbilden kann, aber sehr häufig wird dies bei ihr der Fall sein können, und aus dieser Sachlage ergiebt sich, daß wir die Organisation des Arbeitsnachweises nicht besser fördern können, als zunächst durch wohlwollende Förderung der Naturalverpflegungs-Stationen. Daher empfehle ich die Annahme des Antrages Mörchen.

Privatdozent Dr. **Jastrow**-Berlin: Den Anfangsworten des

Herrn Vorredners möchte ich mich vollständig anschließen. Gewiß würde dem Charakter dieser Versammlung eine einseitige Kundgebung nicht entsprechen. Die einfache Ablehnung des Antrages Mörchen wäre eine solche Einseitigkeit, seine Annahme aber wäre es ebenfalls. Ich glaube, der Charakter der Versammlung würde am besten gewahrt, wenn jetzt, nachdem eine Aussprache erfolgt ist, der Antrag von dem Herrn Antragsteller selbst zurückgezogen würde. Die Stimmung der Versammlung geht offenbar dahin, den Antrag abzulehnen. Das verhältnismäßig günstigste Ergebnis könnte Herr Pastor Mörchen dadurch erreichen, daß er auf die Abstimmung verzichtet.

Vorsitzender: Die bisherige Verhandlung hat einen komplizierten Charakter angenommen. Sie zerfällt in mehrere Fragen, zwischen denen wir genau unterscheiden müssen; erstens in die Frage, ob die Arbeitsnachweise Filialen errichten sollen. Davon gänzlich verschieden ist die zweite Frage, ob man Naturalverpflegungs-Stationen errichten solle. Und wenn man selbst die letztere Frage als bejaht ansehen wollte, so ist immer noch von beiden verschieden die dritte Frage, ob dann gerade die Verpflegungsstationen auch die Filialen bilden sollen. Diese drei Fragen sollte man doch sehr genau auseinanderhalten. Uebrigens möchte ich darauf aufmerksam machen, daß es heute keineswegs unsere Aufgabe sein kann, über Wert und Unwert der Verpflegungsstationen uns schlüssig zu machen. Dagegen meine ich, daß dem, von den Anhängern der Verpflegungsstationen befürchteten, negativen Ergebnis vielleicht auch durch einen Kompromißantrag vorzubeugen wäre. Soeben wird folgender **Antrag Jastrow** eingereicht:

> Die Versammlung wolle beschließen: „die Konferenz nimmt von den beiderseitig geäußerten Ansichten Kenntnis, nimmt aber von einer diesbezüglichen Beschlußfassung Abstand."

Schlußwort des Referenten, Gewerbelehrers **Heinrich Müller**-Konstanz: Die Ausführungen des Herrn Dr. Thoma-Freiburg haben mich und wohl auch die Mehrzahl der hier Anwesenden eigentümlich berührt, weil er die Erfolge, welche die Konstanzer Anstalt mit den Filialen erzielte, in Zweifel gezogen hat. Ich kann hier nur wiederholen, daß hierin günstige Resultate vorliegen und daß sie in keiner Weise bezweifelt werden können. Wenn Herr Thoma sodann sagt, die 2 Filialen der Freiburger Anstalt haben so und soviele Stellen vermittelt, so ist diese Zahl ohne Zweifel das Ergebnis eines Jahres, während die von mir angegebene Zahl das Ergebnis der ersten 6 Monate dieses Jahres darstellt. Wenn Herr Thoma weiter ausführt, daß Freiburg von vielen Arbeitgebern des Schwarzwaldes um Zuweisung von Arbeitskräften angegangen werde, und auch viele Stellen thatsächlich besetze, so gebe ich das gerne zu, um so größer sind eben dann die Erfolge im Kreis Konstanz.

Ich wiederhole, daß wir mit unseren Filialen sehr gute Erfahrungen gemacht haben und daß wir das Zusammenarbeiten mit solchen nur empfehlen können.

Ich schließe mich dem Antrage des Herrn Dr. Jastrow an, der dahin geht, daß der Kongreß die gehörten Berichte zur Kenntnis nehme.

Schlußwort des Korreferenten Pastor **Mörchen**=Bielefeld: Wenn mein Nachbar zur Linken gesagt hat, die Arbeitsnachweis=Anstalten könnten den Verpflegungsstationen nützen, aber nicht umgekehrt, so sage ich das gerade Gegenteil. Ich habe diesen Antrag gestellt, weil ich mir für die Sache des Arbeitsnachweises eine sehr große Förderung durch die Verbindung mit einer Neugestaltung der Verpflegungsstationen verspreche. Fragt man vom praktischen Standpunkt aus, welche Mittel unsere Bestrebungen in Fluß bringen können, so muß man sagen, daß für ein Gebiet von 30—40 Millionen Einwohnern — Preußen und Norddeutschland — die Frage des Arbeitsnachweises gerade jetzt an dem Ende angefaßt werden muß, an welchem die preußische Landesgesetzgebung soeben stecken geblieben ist, als ihr die Reform der Verpflegungsstationen vorlag. Das Gesetz scheiterte wesentlich daran, daß der Arbeitsnachweis nicht genügend darin betont war. Eine solche Anregung würde auch in Berlin gern angenommen werden. Die Einwendungen gegen meinen Antrag haben mir den Beweis geliefert, daß ich nicht richtig verstanden worden bin. Ich will durchaus nicht das Recht auf Arbeit im gesetzlichen Sinne proklamiert wissen, ich möchte aber das sittliche Recht auf Arbeit für den ernsthaft Arbeitsuchenden anerkannt wissen und für jeden Bürger die sittliche Pflicht statuieren, zu einer derartigen sozialen Wohlfahrtseinrichtung mitzuwirken. Das ist ein großer Unterschied. Mein Herr Nachbar zur Linken hat von dem Kompromiß zwischen Polizei und Wohlthätigkeit in den Verpflegungsstationen gesprochen. Nach meinem Begriff ist die Verpflegungsstation eine gemeinnützige und wohlthätige, aber keine Almosenanstalt und auch keine Polizeianstalt, kein Toleranzhaus für Arbeitsunlustige, sondern eine Hilfe für Arbeitsuchende. — Ich weiß, daß unsere Auffassung in Süddeutschland wenig bekannt ist. Aber das ändert an der Sache nichts. Es sind keine Polizeianstalten, es sind Wohlthätigkeitseinrichtungen, aber von solchem Charakter, daß auch der ehrliebendste arbeitsuchende Wanderer durchaus kein Bedenken zu tragen braucht, darin um Arbeit nachzusuchen.

Aus allen diesen Gründen glaube ich der Versammlung in erster Linie meinen Antrag empfehlen zu sollen. Falls derselbe keine Annahme findet, würde ich event. auch dem Antrag Jastrow zustimmen.

(Zur thatsächlichen Berichtigung) Bürgermeister Dr. **Thoma**=Freiburg: Der Herr Referent hat in seinem Schlußworte gemeint, ich hätte mich ungünstig über die Konstanzer Filialen — die eigentlich gar keine Filialen, sondern Verpflegungsstationen mit Vermittelungsthätigkeit sind — ausgesprochen. Das ist ein Mißverständnis; ich habe mich auf Grund meiner eigenen schlimmen Erfahrungen gegen die Errichtung von selbständigen Filialen ausgesprochen, bezüglich der Verwendung der Verpflegungsstationen dagegen bemerkt, daß ich ein ab=

schließendes Urteil nicht habe. Eine gewisse losere Verbindung mit Verpflegungsstationen, Vereinen gegen Haus- und Straßenbettel oder ähnlichen Anstalten halte ich schon für wünschenswert, doch muß sich die Art der einzurichtenden Beziehungen den örtlichen Verhältnissen anpassen. Wenn beide nicht Hand in Hand, sondern getrennt vorgehen, so würde ich dies für ein Uebel halten, das zu vermeiden wäre. Denn derartige Anstalten können meines Erachtens nicht in einen ausgesprochenen Gegensatz, als Konkurrenzanstalten, zu einander treten.

Pastor **Mörchen**-Bielefeld: Ich ziehe meinen Antrag zu Gunsten des Antrages Jastrow zurück.

Antrag Jastrow:

Die Versammlung wolle beschließen: „die Konferenz nimmt von den beiderseitig geäußerten Ansichten Kenntnis, nimmt aber von einer diesbezüglichen Beschlußfassung Abstand"

wird einstimmig **angenommen.**

III.

Die innere Einrichtung und der Bureaudienst der Arbeitsnachweise.

a) Größere Anstalten: München.

Inspektor **Hartmann**-München: Das Arbeitsamt München ist eine städtische Wohlfahrtseinrichtung. Der gesamte Kostenaufwand wird von der Stadt München getragen. Der Magistrat führt die Oberaufsicht, zur unmittelbaren Aufsicht wurde eine Kommission von 7 Mitgliedern gewählt; drei von diesen Kommissionsmitgliedern gehören dem Arbeitgeberstande an, drei sind Arbeiter. Der Vorsitzende der Kommission ist gleichzeitig auch Vorsitzender des Gewerbegerichtes München. Dem Vorstande des Arbeitsamtes, der den Titel „Inspektor" führt, ist die Leitung und Geschäftsführung übertragen, und sind ihm zur Erledigung des Dienstes drei Gehilfen für die männliche Abteilung, sowie eine Leiterin und zwei Gehilfinnen für die weibliche Abteilung unterstellt, ferner ein Amtsdiener, der auch für Aufrechthaltung der Ordnung in den Warteräumen zu sorgen hat.

Das Arbeitsamt, das in einem städtischen Gebäude auf der Kohleninsel — Zweibrückenstraße 20 I — untergebracht wurde, besteht aus einer männlichen und einer weiblichen Abteilung; jede Abteilung hat für sich getrennte Lokalitäten und eigene Telephoneinrichtung. Die Amtsräume der männlichen Abteilung bestehen aus zwei Bureaux und vier Warteräumen, jene der weiblichen Abteilung aus zwei Bureaux und zwei Warteräumen, ferner ist ein Registraturzimmer vorhanden. Das größere Bureau der männlichen Abteilung ist durch einen großen Schalter mit Drahtgitteraufsatz so abgeteilt, daß ein abgeschlossener Raum gebildet wird, in dem die Arbeitgeber ihre Aufträge erteilen können, ohne von den Arbeitsuchenden gesehen oder gehört zu werden.

Der den Arbeitern reservierte Raum hat 4 Schalter, 1 Schalter zur Vormerkung, 2 zur Vermittelung und 1 Schalter zur Auskunfterteilung. Die Arbeitsuchenden haben zum Bureau einen eigenen Ein- und Ausgang. Von den 4 Warteräumen der männlichen Abteilung sind 2 für ungelernte Arbeiter, 1 für Handwerker und 1 als Reserve für besonders starken Andrang bestimmt. Die weibliche Abteilung fertigt im kleineren Bureau die Arbeitgeber ab, im größeren die Arbeitsuchenden. Diese Abteilung hält einen Warteraum für Privatpersonal, einen für Wirtschaftspersonal und Taglöhnerinnen offen. Die Einteilung der Arbeitsräume ist aus der Planskizze, die unserem Geschäftsberichte am Schlusse beigefügt ist, zu ersehen. — Durch ein elektrisches Läutwerk wird der auf dem Korridor sich aufhaltende Amtsdiener ins Bureau gerufen; ein weiteres Läutwerk führt in die Warteräume der männlichen Abteilung und dient zur Regelung des Eintrittes der Arbeitsuchenden. Auf ein gegebenes Glockenzeichen dürfen immer nur 5 Mann ins Bureau eintreten.

Das Arbeitsamt vermittelt Arbeit und Stellen jeder Art für männliches und weibliches Personal, für alle Gewerbearten, für ungelernte Arbeiter, auch für Handelsangestellte, Lehrlinge und Lehrmädchen, und zwar erfolgt die Vermittelung für beide Teile völlig kostenlos. Im abgelaufenen Jahre hat das Amt über 25 000 Stellen besetzt. Die Stadtgemeinde München trägt, wie bereits erwähnt, sämtliche Kosten; dieselben betrugen im Jahre 1896 12 574,23 M. (exl. 2000 M. Mietsanschlag).

Ich wende mich nunmehr der Beschreibung des eigentlichen inneren Dienstes zu. Die Gesuche der Arbeitgeber um Zuweisung von Arbeitern, wie auch die Gesuche der letzteren werden in Listen[1]) nach verschiedenen Berufsarten registriert, und zwar werden bei der männlichen Abteilung die Berufsarten in 32 Klassen, bei der weiblichen Abteilung in 10 Klassen eingeteilt und dementsprechend je 32 resp. je 10 Listen geführt. Zur äußeren Kenntlichkeit sind die Listen der Arbeitgeber in blaue, jene der Arbeitnehmer in rote Umschläge geheftet. Zur schnelleren Orientierung über die Zugehörigkeit der einzelnen Berufsarten zu den erwähnten 32 bezw. 10 Klassen dient den Beamten ein alphabetisches Verzeichnis in weitgehendster Spezialisierung mit Angabe der betr. Klassennummern. Die Einteilung der Berufsarten wurde seiner Zeit im wesentlichen den in München bestehenden Ortskrankenkassen angepaßt, und zwar umfassen:

bei der männlichen Abtheilung:

Kl. 1 mit 5 die Arbeiter der Holz- und Lederindustrie,
Kl. 6 mit 10 die Arbeiter der Metallindustrie,
Kl. 11 das kaufmännische Personal,
Kl. 12 mit 13 das Bewirtungs- und Beherbergungspersonal,
Kl. 14 mit 16 die Arbeiter der graph. Gewerbe und Papierindustrie,

[1]) Beigabe II B, Nr. 1.

Kl. 17 mit 20 die Arbeiter der Nahrungs- und Genußmittelindustrie,
Kl. 21 mit 24 die Arbeiter der Bekleidungs-, Textil- u. Reinigungsind.,
Kl. 25 mit 28 die Arbeiter des Baugewerbes,
Kl. 29 die Arbeiter im Transport- und Handelsgewerbe,
Kl. 30 die Arbeiter sonstiger Gewerbe,
Kl. 31 ungelernte Arbeiter,
Kl. 32 Lehrlinge aller Art.

Für die weibliche Abteilung bestehen 10 Klassen, auf die sich folgende Berufe verteilen:

Kl. 1 sämtliches Privatpersonal von der Erzieherin und Stütze bis zur Köchin und zum Hausmädchen,
Kl. 2 mit 5 gewerbliche Arbeiterinnen,
Kl. 6 ungelernte Arbeiterinnen,
Kl. 7 mit 8 Wirthschaftspersonal,
Kl. 9 kaufmännisches Personal,
Kl. 10 Lehrmädchen jeder Art.

Ein großes Regal dient zur Aufnahme der Listen, der Anmeldeformulare wie auch der Zuweisungskarten. Für jede Klasse sind entsprechende Fächer vorgesehen. — Die einzelnen Listen werden für das Jahr fortlaufend nummeriert, in den Vormerkungslisten der Arbeitgeber wird jede angemeldete Stelle, d. h. jeder einzelne Auftrag für sich nummeriert, um genau feststellen zu können, wie viele Arbeitskräfte dieser oder jener Branche gewünscht werden.

Man könnte auf Grund des soeben Gesagten zur Ansicht gelangen, als ob der Geschäftsgang, wie er gegenwärtig sich abwickelt, viel zu umständlich, mit viel Schreibwerk belastet wäre. Dieses ist jedoch keineswegs der Fall, ganz im Gegenteil bewirkt vielmehr die Führung einer so großen Anzahl von Listen erst die notwendige Uebersicht über die einzelnen Arbeitsangebote und Nachfragen der verschiedenen Berufsarten und erleichtert nicht nur die Vermittelung selbst in erheblichem Maße, sondern ist auch geradezu eine Vorbedingung für die rasche Anfertigung der monatlichen Statistik.

In welcher Weise erfolgt nun die Ausfüllung der Listen? Im Voraus will ich erwähnen, daß die Abwicklung des Dienstes keine schablonenhafte sein kann, denn jede Branche hat ihre Eigentümlichkeiten und jeder Arbeitsuchende muß nach seiner Eigenart behandelt werden. Jene Arbeitgeber und Dienstherrschaften, die Arbeitskräfte benötigen, geben ihre Aufträge dem Amte mündlich, schriftlich, telephonisch oder auch telegraphisch. Für schriftliche Anmeldung wird beim Amte gratis ein eigenes Anmeldeformular [1]) abgegeben. Die angemeldeten Stellen werden in die entsprechende Vormerkungsliste eingetragen. Finden sich die Arbeitgeber persönlich beim Amte ein und sind gerade Arbeiter der gewünschten Branche in den Warteräumen anwesend, so werden die letzteren auf Verlangen in das

[1]) Beigabe II B, Nr. 2.

Bureau der Arbeitgeber eingelassen, woselbst dann die Arbeitgeber persönlich ihre Auswahl treffen können. — Die Arbeitsuchenden begeben sich, wenn sie beim Amte erscheinen, in die Warteräume, woselbst sie ihre Anmeldezettel[1]) ausfüllen. Mit den ausgefüllten Anmeldezetteln treten sie dann auf das Glockenzeichen ins Bureau ein und zuerst an den Vormerkungsschalter. Nachdem der betr. Beamte die richtige Ausfüllung des Formulars kontrolliert hat, wird das Gesuch in die betr. Liste eingeschrieben und dem Arbeitsuchenden ein Vormerkzettel[2]) ausgehändigt, auf dem Name, Klasse und Nummer des Vorgemerkten notiert ist; ferner wird mit einem Tagesstempel das Datum beigesetzt, um bei späterer Zuweisung bei gleicher Qualifikation thunlichst die Reihenfolge der Anmeldung berücksichtigen zu können. Die Anmeldung der des Schreibens unkundigen Personen wird direkt in die Listen eingetragen. Erhält der Arbeitsuchende nur auf kurze Dauer eine Arbeit, so wird er bei späterem Erscheinen neuerdings wieder vorgemerkt. Es kann auf diese Weise vorkommen, daß ein Arbeiter mehrmals im Monat als stellenlos aufgeführt ist. Durchreisende Handwerksgehilfen werden nur dann in den Listen vorgemerkt, wenn ihnen sofort Arbeit zugewiesen werden kann, auch wenn die Zuweisung resultatlos verlaufen sollte.

Jede offene Stelle wird in der männlichen Abteilung sofort in den Warteräumen ausgerufen, oder an einer hierzu bestimmten Tafel angeschlagen. Die vorgemerkten Arbeitsuchenden begeben sich nach Erhalt des Vormerkzettels mit diesem an den Vermittlungsschalter und erkundigen sich, ob die offene Stelle ihrer Branche für sie passend sei. Der Schalterbeamte giebt die zu besetzende Stelle mit Angabe der gewünschten Eigenschaften, ohne selbstverständlich den Namen des Arbeitgebers zu nennen, bekannt und prüft erforderlichenfalls die Papiere des Vorgemerkten. Bei der Auswahl kommt es vor allem darauf an, den speziellen Wünschen des Arbeitgebers gerecht zu werden. Diese Wünsche erstrecken sich bald auf die Leistungsfähigkeit (ob jüngere oder selbständige Arbeiter), bald auf das Alter, den Familienstand, bald auf sonstige persönliche Eigenschaften. Ferner muß das Amt bestrebt sein, möglichst zu gewünschter Zeit — d. i. in den meisten Fällen sofort — dem Arbeitgeber die nötigen Arbeitskräfte zuzuweisen. Bei jeder Zuweisung muß sich der abfertigende Schalterbeamte sowohl in die Lage des Arbeitgebers als auch des Arbeitnehmers zu versetzen suchen, um eine richtige Vermittlung zustande bringen zu können; beispielsweise hat die Entfernung der Wohnung des Arbeitsuchenden von der Arbeitsstätte schon manche Vermittlung unmöglich gemacht. — Scheint der Arbeiter für den gemeldeten Posten passend, so wird er zu dem Arbeitgeber gesandt, bei dem er sich durch eine vom Amte ausgefüllte Zuweisungskarte[3]) legitimieren muß. Diese Karte, welche als Postkarte

---

[1]) Nr. 3.
[2]) Nr. 4.
[3]) Nr. 5.

benutzt werden kann und auch in den meisten Fällen benutzt wird, ist bei der männlichen Abteilung von gelbem, bei der weiblichen Abteilung von hellrotem Karton. In jüngster Zeit wurde die in Gebrauch stehende Zuweisungs-Postkarte mit neuem Aufdruck versehen, da die früher geführte Karte von seiten der Arbeitgeber zumeist nicht richtig ausgefüllt wurde. Bei der jetzt benutzten Karte sind vom Arbeitgeber die 3 folgenden Fragen zu beantworten: 1. Haben Sie den Ueberbringer eingestellt? 2. Wünschen Sie weitere Zuweisung? 3. Wenn die Stelle bereits besetzt, durch wen? Dieser Text hat sich in der kurzen Zeit seiner Anwendung bereits sehr gut bewährt, wie tägliche Beispiele beweisen. Bei Aushändigung der Zuweisungs-Postkarte wird dem Arbeiter der Vormerkzettel abgenommen und in einem eigens für diesen Zweck hergestelltem Regal mit 32 Fächern — den 32 Kl. entsprechend — aufbewahrt.

Meldet sich der Arbeitsuchende beim Arbeitgeber, so prüft letzterer, ob der Arbeiter für sein Geschäft paßt, und bestätigt dem Arbeiter auf der Zuweisungskarte die erfolgte Einstellung oder Nichteinstellung. Ist die Stelle bereits besetzt, so wird beigesetzt: durch wen? Diese Fragestellung wurde durch die Wahrnehmung veranlaßt, daß in zahlreichen Fällen eine indirekte Besetzung durch das Amt stattfindet, obgleich derjenige Arbeiter, welchem das Arbeitsamt formell die Arbeit nachgewiesen hat, die Stelle nicht erlangte. Ich will nur ein Beispiel hier anführen: Es ist schon wiederholt bei starkem Geschäftsandrang vorgekommen, daß ein mit der Zuweisungskarte versehener Arbeiter einige Kameraden seiner Branche zum Arbeitgeber mitnahm. Dieser im Glauben, sämtliche Leute seien vom Arbeitsamte zur Vorstellung beauftragt, nimmt sie auf, und die später direkt vom Amte gesandten finden dann die Arbeit bereits vergeben. Es werden daher nunmehr die Arbeitgeber ausdrücklich darauf hingewiesen[1]), daß die vom Amte gesandten Leute sich durch Zuweisungskarten zu legitimieren haben. Häufig erfuhren wir erst später, daß auf diese Weise Leute eingestellt wurden, während inzwischen der betr. Auftrag als „zurückgezogen" abgestrichen wurde. — Es kann im Uebrigen wohl kein Zweifel darüber bestehen, daß in den Listen nur jene Stellen als „besetzt" aufgeführt werden dürfen, worüber Einstellungsnachweis vorliegt, entweder schriftlich, mündlich oder telephonisch; denn eine bloße Zuweisung kann unmöglich als „Einstellung" gelten. — Bei der Nichteinstellung giebt in den meisten Fällen der Arbeitgeber die Karte dem Arbeitsuchenden unterschrieben zurück. Letzterer hat vom Arbeitsamte den Auftrag erhalten, umgehend, längstens kommenden Tages, die Karte dem Amte zurückzubringen. — Erscheint nach Absendung des einen Arbeiters ein für die offene Stelle besser qualifizierter Arbeiter, so wird auch dieser noch an die betr. Stelle gewiesen. Es wird ihm aber ausdrücklich bemerkt, daß bereits ein Arbeiter hingeschickt sei, und ihm wird freigestellt, ob er den Weg

[1]) Formular: s. Beigabe II B, Nr. 6.

machen will oder nicht, da möglicherweise die Stelle schon besetzt sein kann.

Kommt der Arbeitsuchende mit der vom Arbeitgeber unterschriebenen Karte zum Amte zurück, so wird ihm der Vormerkzettel im Falle der Nichteinstellung wieder ausgehändigt, andernfalls vernichtet. Sämtliche Zuweisungskarten, die durch die Post zurückkommen, wie auch jene, die von dem Arbeitsuchenden zurückgebracht werden, müssen, soweit thunlich, sofort wieder verbucht werden, damit nicht ein weiterer Arbeiter an eine bereits besetzte Stelle abgeschickt wird.

Wenn der Arbeitsuchende zum Arbeitgeber gesandt wird, so werden in den Vormerkungslisten die betr. Nummern gegenseitig notiert. Kommt nun die Zuweisungs-Postkarte mit dem Vermerk „eingestellt" zurück, so werden die entsprechenden Vorträge in der Arbeitgeber- und Arbeitnehmerliste mit Blaustift gestrichen, im Falle der Nichteinstellung werden nur die Nummern der beiden Vormerkungslisten mit Bleistift durchgestrichen. War die Stelle bereits besetzt, wird das Gesuch als „zurückgezogen" behandelt, und es erfolgt Streichung des Vortrages mit Grünstift. — Ist das Amt jedoch nicht in der Lage, die verlangten Arbeitskräfte in der gewünschten Zeit zuweisen zu können, so wird der Eintrag durch Rotstift als „Fristablauf" gekennzeichnet. Die Anwendung verschiedenfarbiger Stifte erleichtert die Anfertigung der Monatsstatistik.

Für die beim Amte gestellten Gesuche der Arbeitgeber und Arbeitsuchenden ist nach § 8 der Geschäftsordnung eine 14 tägige Vormerkungsfrist festgesetzt. Von Anfang Februar 1896 wurde diese Vormerkungsfrist auf 1—2 Monate ausgedehnt; es wird nun ein Gesuch erst dann mit „Fristablauf" bezeichnet, wenn dessen Erledigung weder im laufenden noch im nachfolgenden Monat möglich ist. Die 14 tägige Frist erwies sich besonders in Monaten mit großem Arbeitsmangel viel zu kurz, in der weiblichen Abteilung schon um dessentwillen, weil dort der Bedarf an Arbeitskräften schon 4—6 Wochen vor dem Einstellungstermine angemeldet wird.

Um das Verbuchen der Listen praktisch zu veranschaulichen, habe ich einige Beispiele aus der männlichen Abteilung in Listen notiert und lege sie zu allgemeiner Einsichtnahme hier vor[1]).

Obwohl weitaus der größte Teil der Zuweisungskarten ordnungsgemäß ans Amt zurückgelangt, so kommen doch auch Fälle vor, wo dies unterlassen wird, teils aus Schuld der Arbeitgeber, teils der Arbeiter, sodaß dem Amte kein Resultat bekannt wird. In solchen Fällen wird gewöhnlich ein 2. event. auch 3. Arbeiter an die Stelle gesandt, der dann den Bescheid bringt, ob Besetzung der Stelle erfolgte bezw. wer eingestellt wurde.

Es wird beim Amte streng darauf gesehen, daß die Zuweisungskarten unterschrieben zurückkommen, da ja nur hierdurch der Beweis als erbracht angesehen wird, daß der Arbeiter wirklich an der Arbeits-

[1]) s. Beigabe II B, Nr. 1.

stelle vorsprach. Vergißt ein Arbeiter, die Karte vom Meister unterzeichnen zu lassen, so wird er nochmals hingesandt, um dies nachzuholen. In derartigen — ich muß ausdrücklich betonen — seltenen Fällen ist es schon manchmal vorgekommen, daß der betr. Arbeiter die Karte wieder an sich nahm und dann vom Amte wegblieb, oder die Karte selbst unterschrieb, auch wohl von einem anderen Arbeiter unterschreiben ließ. Wird ein Arbeiter einer solchen Handlungsweise überführt, dann wird er von der Arbeitsvermittlung zeitlich ausgeschlossen, was durch Anschlag in den Räumen des Arbeitsamtes den Arbeitern im voraus angedroht ist[1]).

Was den Dienst bei der weiblichen Abteilung betrifft, so weicht derselbe, besonders inbetreff der Vermittlung des Privat- und Wirtschaftspersonales, wesentlich von dem der männlichen Abteilung ab. Bei Vorlage des Anmeldezettels müssen Dienstbuch und Altersversicherungskarte mit vorgezeigt werden. Auf dem Anmeldezettel macht die Leiterin der weiblichen Abteilung sich stenographische Notizen über Aussehen und Benehmen des Dienstmädchens, ferner Auszüge aus dem Dienstbuche bezgl. der bisher gehabten Dienste, der Dauer derselben, der erhaltenen Zeugnisse, damit beim Durchsehen der Vormerkzettel sie imstande ist, ein ungefähres Urteil über die Leistungsfähigkeit der Dienstsuchenden zu geben. Da die Dienstmädchen, solange sie in Stelle sind, höchstens dreimal das Amt aufsuchen dürfen — manche Dienstherrschaften wollen sich nicht einmal an diesen Ortsgebrauch halten — so werden ihnen jeweils 3—4 geeignet erscheinende Stellen aufgeschrieben, damit sie bei passender Gelegenheit sich vorstellen können und nicht immer den weiten Weg zum Arbeitsamte zurücklegen müssen. In vielen Fällen lassen sich die Frauen auf Grund der beim Amt erhaltenen Aufschlüsse die Adressen der noch in Stelle befindlichen Mädchen geben, um persönlich zu ihnen zu gehen; stellenlose Mädchen werden von manchen Frauen nicht gerne genommen, da man annimmt, daß bei dem thatsächlich bestehenden Mangel an guten Dienstmädchen kein brauchbares Mädchen stellenlos sein könne. Die Erfahrung des Amtes läßt diese Annahme allerdings als falsch erscheinen. Ist es ja doch begreiflich, daß ein Dienstmädchen, das längere Zeit an einer Stelle war, beim Wechsel dieser Stelle einmal einige Tage ausruhen möchte, um ihre Sachen zu ordnen oder in die Heimat zu gehen wünscht, wie auch häufig der Wechsel von Dienstplätzen nicht auf ein Verschulden der Dienstboten allein zurückzuführen ist.

Das bisher über die Vermittlungsthätigkeit Gesagte bezieht sich nur auf die lokale Vermittlung. Der interlokale Verkehr, d. i. die Zuweisung von Arbeitsuchenden an auswärtige Stellen, zeigt einige Abweichungen. Jeder Arbeisuchende, der beabsichtigt, auswärts eine Stelle anzunehmen, wird beim Uebergeben der Zuweisungskarte gefragt, ob er zu Fuß oder per Bahn seinen Bestimmungsort erreichen will. Der Arbeitgeber erhält dann sofort per Karte[2]) entsprechende Mitteilung

---

[1]) s. die Hausordnung: Beigabe II B, Nr. 2.
[2]) Nr. 7.

und wird ersucht, dem Amte Bescheid zu geben, ob der zugewiesene Arbeiter eingestellt wurde, oder ob weitere Arbeiter gewünscht werden. Reisevorschuß wurde bisher nur aus Privatmitteln des Inspektors gegeben und von den betr. Arbeitern pünktlich wieder rückvergütet.

Vom Arbeitsuchenden wird persönliche Anmeldung beim Amte verlangt[1]), Ausnahme machen nur auswärts wohnende, die sich schriftlich melden und diese Anmeldung per Post senden können. Der Arbeitsuchende erhält auch nur in ganz seltenen Fällen schriftliche Nachricht[2]), daß ihm Arbeit nachgewiesen werden könne, damit er sich daran gewöhnt, persönlich zu erscheinen; denn es ist unbedingt notwendig, mündlich mit ihm zu verhandeln und seine Papiere zu prüfen. Jeder Arbeitsuchende, der um Arbeit nachfragte, dem aber eine passende Stelle nicht nachgewiesen werden konnte, erhält auf Verlangen eine diesbezügliche Bescheinigung[3]) ausgestellt, um der Polizei oder der Armenbehörde gegenüber den Beweis führen zu können, daß er um Arbeit bemüht war.

Obwohl dem Arbeitsamte stets in den Warteräumen eine große Anzahl von Arbeitsuchenden zur Auswahl zur Verfügung steht, ist es doch nicht immer möglich, alle angemeldeten Stellen in der gewünschten Zeit, d. i. meist sofort, zu besetzen, da oft von den Anwesenden keiner den gestellten Anforderungen des Arbeitgebers entspricht. Das Amt hat daher zur Beiziehung auch anderer Kräfte die Einrichtung getroffen, daß die täglich unbesetzt bleibenden Stellen im Zentrum der Stadt am alten Rathause — Thal 1 — in einem eigens hierfür bestimmten Aushängekästchen mit der Ueberschrift: „Städt. Arbeitsamt München, offene Stellen" veröffentlicht werden und dadurch zur Kenntnis der Interessenten gelangen. Dieser Anschlag hat sich nach den bisherigen Erfahrungen sehr gut bewährt und ist vorerst die einzige Publizierung offener Stellen, die vom Amte ausgeht. Zeitweise werden Plakate, die auf das Arbeitsamt verweisen, an den Plakatsäulen angebracht, wie solche auch in den Trambahnwägen und in den meisten Gastlokalen sich befinden. Mit Inseraten wurde bisher kein Versuch gemacht.

Das Telephon leistet dem Amte ausgezeichnete Dienste; diejenigen Arbeitgeber, die an das Telephonnetz angeschlossen sind, benutzen fast ausschließlich dasselbe. Für das Amt ist das Telephon unentbehrlich geworden.

Zur Fertigung der allmonatlichen Statistik führen wir ein eigenes Formular[4]) mit den 32 Klassen der männlichen und den 10 Klassen der weiblichen Abteilung, ferner eines[5]), in dem diese in 12 Gruppen der männlichen resp. 6 der weiblichen Abteilung zusammengezogen

---

[1]) Nr. Formular: s. Beigabe II B, Nr. 8.
[2]) Nr. 9.
[3]) Nr. 10.
[4]) Nr. 11.
[5]) Nr. 12.

werden. Am letzten Geschäftstage eines jeden Monats werden die einzelnen Listen abgeschlossen und das Resultat zusammengezählt; tägliche Notizen über Aufträge und Einstellungen werden nicht gemacht. Ende jeder Woche, woselbst die Frequenz bekanntlich etwas nachläßt, werden die Listen revidiert und allenfallsige Anfragen den Arbeitgebern über Einstellung- oder Nichteinstellung der zugewiesenen Arbeiter zugeschickt.

Um einer Zentralisation vorzuarbeiten und der Statistik resp. den monatlichen Veröffentlichungen in Dr. Jastrow's monatlich erscheinendem „Arbeitsmarkt" richtigen Wert zu verleihen, wäre es sehr zu wünschen, wenn die Listen und statistischen Mitteilungen nach einem einheitlichen Schema — soweit es die Größe der Anstalt und die örtlichen Verhältnisse als zweckmäßig erscheinen lassen — gleichmäßig im ganzen Deutschen Reiche geführt würden, es ließe sich dann ersehen, an welchem Orte Mangel an Arbeitern einer bestimmten Branche ist und wo solche überzählig sind.

Noch einen Punkt von allgemeiner Bedeutung möchte ich zum Schlusse an dieser Stelle erwähnen. Im abgelaufenen Jahre führte eine Firma Beschwerde, des Inhaltes, es würden ihr keine Arbeiter seitens des Amtes zugewiesen. Diese Beschwerde gab der Kommission des Arbeitsamtes Veranlassung, festzustellen, daß es nicht Sache des Amtes sein könne, ausnahmslos allen Arbeit zu vermitteln. So wenig wie das Amt einem Arbeiter, der das Vertrauen verscherzte, der das Amt zu unerlaubten Zwecken mißbrauchen will, seine Dienste leihen wird, so wenig muß und darf dasselbe einem Arbeitgeber, der notorisch seine Pflicht als Arbeitgeber nicht erfüllt, dessen Betrieb in sittlicher Beziehung nachgewiesenermaßen ernstliche Gefahren bietet, die Arbeitsuchenden, die nichts von allem dem ahnen, zuführen. Eine gewisse Auswahl muß hier stets zulässig sein, mag das Statut dies anordnen oder nicht; denn das Arbeitsamt soll im Interesse des Gemeinwohles wirken.

Ich bin bemüht gewesen, mich meiner Aufgabe in einiger Ausführlichkeit zu erledigen. Denn für die allmähliche Vervollkommnung der Arbeitsnachweise wird es von ausschlaggebender Bedeutung sein, daß die einzelnen Nachweis-Verwaltungen über ihre Einrichtungen und Erfahrungen bis ins einzelne hinein in Gedankenaustausch treten.

Verwalter **Wehrstedt**-Quedlinburg: Ich habe die Aufgabe übernommen, den täglichen Dienst und die Einrichtungen eines kleinen Arbeitsnachweises zu schildern, und ich werde dies an der Hand der Verhältnisse, wie sie sich während des nun zweijährigen Bestehens der Städtischen Arbeitsnachweisestelle in Quedlinburg gestaltet haben, versuchen.

Im Magistrat unserer Stadt war schon vor dem bekannten Erlaß des Preußischen Herrn Ministers für Handel und Gewerbe vom September 1894 die Frage der Errichtung eines städtischen Arbeitsnachweises erwogen, aber wieder fallen gelassen worden, weil in den benachbarten Städten des Regierungsbezirks keine derartigen Institute bestanden und man sich von einer vereinzelt arbeitenden Nachweisstelle keine guten Erfolge versprach.

Als der erwähnte Erlaß erschien, glaubte man sich zu der Erwartung berechtigt, daß eine Reihe von Städten wie Halberstadt, Aschersleben und Oschersleben nun der Anregung Folge geben würden und daß durch ein Handinhandarbeiten mit denselben eine größere Gewähr für den erwünschten Erfolg geboten wäre.

Die Einrichtung wurde daher beschlossen und gerade jetzt vor 2 Jahren, am 15. September 1895, zur Ausführung gebracht. Ich will dabei aber gleich einschalten, daß die Hoffnung hinsichtlich der genannten Städte sich nicht verwirklicht hat!

Man war sich an leitender Stelle von vornherein darüber klar, daß eine rein bureaukratisch gehandhabte **Meldestelle** nichts leisten würde und entschloß sich deshalb, den neuen Arbeitsnachweis mit der Verpflegungsstation, die mit dem städtischen Armenhause vereinigt ist, zu verbinden.

Das Ganze hatte zunächst das Aussehen eines schüchternen Versuches, der, wenn er fehlschlug, keine großen Opfer gekostet hätte, denn die Aufwendungen für Formulare, Bücher ꝛc. betrugen nur ungefähr 50 M.; um so größer war aber inzwischen unsere Hoffnung auf das Gelingen des Werkes geworden!

Das Schreibwerk und die Formulare betreffend, so ließen wir uns im allgemeinen diejenigen von der Arbeitsnachweisstelle Eßlingen als Vorlage dienen, mit einigen durch die Verhältnisse gebotenen Vereinfachungen. Wir tragen die Gesuche sowohl wie die Angebote zunächst auf Arbeitgeber- bezw. Arbeitnehmerkarten, welche sich durch die Farbe voneinander unterscheiden.

Dies Verfahren hatte zunächst den Zweck, daß, wenn Meldungen oder Bestellungen in meiner Abwesenheit eingingen, einer meiner Familienangehörigen diese Karten ausfüllen kann, aber ich bediene mich derselben jetzt in allen Fällen, und übertrage sie dann, wenn ich Zeit habe, meistens abends, in meine Bücher, die ich dadurch vor ungenauen Eintragungen schütze. Diese Karten haben auch noch einen anderen Zweck: wir geben den Arbeitnehmern, die wir einem Arbeitgeber zuweisen, einen Arbeitsschein mit, nach auswärts in Postkartenform.

Der Arbeitgeber streicht das Nichtzutreffende durch und schickt uns den Schein bezw. die Postkarte zurück, die ich dann mit der dazu gehörigen Arbeitgeber- und Arbeitnehmerkarte zusammenhefte, so daß ich einen Belag darüber habe, daß die Stelle besetzt und der Arbeitsuchende eingestellt ist.

Um unser Unternehmen möglichst bekannt zu machen, erließen wir außer der öffentlichen Bekanntmachung durch die einheimischen und benachbarten Blätter ein hektographirtes Anschreiben an die größeren Arbeitgeber und fügten eine Anzahl Anmeldescheine mit dem Ersuchen bei, davon bei Bedarf Gebrauch zu machen.

Ferner brachten wir in den benachbarten Herbergen zur Heimat, Verpflegungsstationen, Gasthöfen ꝛc. Plakate mit dem Hinweis auf unsere Nachweisstelle zum Aushang; ebenso Tafeln an den Thoren der Stadt mit unserer Adresse.

Die Bücher, nämlich:

1. Ein Tagebuch A für Arbeitgeber,
2. Ein Tagebuch B für Arbeitnehmer, sowie
3. Eine statistische Uebersicht.

Sind alle drei aus dem Verlag von W. Bertelsmann in Gadderbaum und werden meines Wissens auch von den Mitgliedern des Deutschen Herbergsvereins verwendet; einige Rubriken für Gebühren und Reisevorschüsse sind ja überflüssig, aber nicht weiter störend; als ein Mangel ist in dem Schema für den statistischen Nachweis das Fehlen einer Spalte zu bezeichnen, welche erkennen läßt, wieviel Arbeitskräfte der betr. Arbeitgeber angefordert hat. — Für kleine Arbeitsnachweise ist es jedenfalls billiger, Bücher nach vorhandenem Schema zu beziehen, als sie besonders drucken zu lassen.

Unsere Arbeitsnachweisstelle hat gemäß der ihr vom Magistrat ertheilten Geschäftsanweisung die Aufgabe, zwischen Arbeitgebern und Arbeitnehmern — sowohl gewerblichen als landwirtschaftlichen Arbeitern, Handwerksgehilfen und männlichen Dienstboten — Arbeit zu vermitteln; sie kann sich zu diesem Zwecke mit anderen ähnlichen Veranstaltungen in Verbindung setzen. Sie steht unter der Leitung und Aufsicht des Magistrates. Die Arbeitsvermittlung erfolgt unentgeltlich. Weiter sind in der Geschäftsanweisung die Dienststunden festgesetzt, doch werden dieselben von uns nicht eingehalten, sondern unser Arbeitsraum ist zu jeder Tageszeit offen und die Anordnung getroffen, daß die Arbeitgeber ihre Gesuche auch auf dem Meldeamte im Rathause anbringen können, von wo sie sogleich telephonisch an die Arbeitsnachweisstelle weitergegeben werden.

Ich habe dabei zu bemerken, daß sich die einheitliche Leitung bei uns vorzüglich bewährt hat. Der Magistrats-Dezernent für den Arbeitsnachweis, Herr Stadtrat Brauns, der die Begründung angeregt hat, besorgt die über den gewöhnlichen Tagesdienst hinausgehenden schriftlichen Arbeiten, Korrespondenzen ꝛc.; der eigentliche innere Dienst liegt mir als Nebenamt ob.

Wir haben im ersten Geschäftsjahr monatlich durchschnittlich 38 Einstellungen vermittelt (das erste Geschäftsjahr umfaßte 6½ Monate), im zweiten Geschäftsjahr durchschnittlich 74 im Monat, in den abgelaufenen 5 Monaten des dritten Geschäftsjahres aber durchschnittlich 126! — Wenn ich dagegen halte, daß in Nordhausen, wo die Verhältnisse mindestens nicht ungünstiger liegen, als bei uns, der städtische Arbeitsnachweis, den ein 5köpfiger Vorstand leitet, im ganzen Jahre 7 Einstellungen vermittelt sind, so spricht das nicht für eine so komplizierte Organisation, — wenigstens nicht für kleine Verhältnisse.

Wie ich eingangs schon erwähnte, ging unsere Hoffnung auf Errichtung städtischer Nachweise in den Nachbarstädten nicht in

Erfüllung; wir suchten daher Verbindung mit einer Reihe von Herbergen zur Heimat und Verpflegungsstationen; einige dieser Verbindungen sind eingeschlagen und haben zu einem regen gegenseitigen Austausch geführt.

Auch mit der einzigen selbständigen Nachweisstelle in unserer Gegend, mit derjenigen des Vereins für Volkswohl in Halle unterhalten wir gute Beziehungen.

Einen wesentlichen Teil unserer Erfolge schreiben wir der uns durch die Presse zu teil gewordenen Unterstützung zu: außer den beiden Quedlinburger Blättern nehmen 6 auswärtige Zeitungen, und zwar in Halberstadt, Aschersleben, Oschersleben, Blankenburg und Thale unsere wöchentlichen Notizen über den Arbeitsmarkt unentgeltlich auf; wir sind dadurch in die günstige Lage versetzt, unser Angebot und Nachfrage wöchentlich einmal in einem ziemlich großen Umkreis bekannt zu geben.

Ebenso hat sich bei uns die Verbindung mit der Verpflegungsstation in hohem Grade zweckdienlich erwiesen:

Unsere Station wird jährlich von rund 3500 Wandergästen aufgesucht; daß sich darunter eine große Anzahl Leute befinden, die überhaupt nicht arbeiten wollen, ist sicher; die Zahl derer aber, die das Bummeln überhaupt, oder doch wenigstens für einige Zeit satt haben, ist nicht so gering, wie man vielfach annimmt und diese Leute findet man bei einiger Uebung und etwas Scharfblick bald heraus!

Nun könnte man einwenden: die arbeitswilligen Leute würden auch ohne eure Nachweisstelle Arbeit bekommen haben! — Das ist aber nicht ohne weiteres zutreffend, denn teilweise wollen diese Leute doch zur Arbeit animiert werden; dann müssen die Wandergäste in der Verpflegungsstation 6 Stunden als Gegenleistung für Nachtlager und Beköstigung arbeiten, und daher haben sie, zumal an den kurzen Wintertagen, gar keine Zeit, Umschau nach Arbeit zu halten, sondern sie müssen sich tummeln, um vor Eintritt der Dunkelheit bis zur nächsten Verpflegungsstation zu kommen!

So haben sich denn unter den im vorigen Geschäftsjahr durch uns eingestellten 893 Arbeitnehmern 458 Wandergäste unserer Verpflegungsstation befunden. Nicht wenige davon zeigten sich für die ihnen durch uns vermittelte Arbeitsgelegenheit aufrichtig dankbar und sind noch heute in ihren Stellungen.

Das Mißtrauen, welches die Handwerksmeister den Wandergästen in einem gewissen Punkte entgegenstellten, haben wir nach Möglichkeit dadurch beseitigt, daß wir denen, die Arbeit annehmen, ein Bad und Reinigung ihrer Habseligkeiten vom Ungeziefer unentgeltlich gewährten!

Leider hebt jetzt bei uns eine Kreisverwaltung nach der andern die Verpflegungsstationen auf; ich glaube, man würde die letzteren viel günstiger beurteilen, wenn sie sich energisch und systematisch der Arbeitsvermittlung angenommen hätten! Diese müßte ihnen geradezu zur Pflicht gemacht und ihre Thätigkeit nach der Richtung hin überwacht werden. — Zum Schluß möchte ich noch erwähnen, daß wir bis jetzt nicht versucht haben, uns mit den schon bestehenden Innungsnachweisen zu vereinigen, sondern wir waren bis jetzt nur bestrebt, die Lücke auszufüllen, welche diese zum teil sehr einseitigen Nachweise offen ließen.

Ich bin mit meinem Bericht zu Ende. Nach den gemachten Erfahrungen kann ich die Ueberzeugung aussprechen, daß man überall da ruhig an die Begründung einer Art Nachweis herantreten kann, wo man ein paar gemeinnützig denkende Leute zur Verfügung hat, die mit den örtlichen Verhältnissen vertraut und bereit sind, die thatsächlich vorhandene Lücke auszufüllen. Der Erfolg wird ihrer Arbeit nicht fehlen!

Debatte.

Buchbinder Arbeitnehmerbeisitzer **Jöhler**-Stuttgart: Da der Arbeitsnachweis eine Veranstaltung für die Arbeiter sein soll, so ist notwendig, daß bei seiner Einrichtung auch die Arbeiter beteiligt sind; sonst werden ihm die Arbeiter immer mit Mißtrauen gegenüberstehen. Ich spreche von diesem Mißtrauen nicht etwa in Bezug auf den Stuttgarter Arbeitsnachweis, der vielmehr das volle Vertrauen auch der organisierten Arbeiterschaft Stuttgarts genießt. Wir haben wiederholt Gelegenheit gehabt, dies anzuerkennen. In Stuttgart steht das Arbeitsamt unter Leitung einer Kommission, welche aus beiden Teilen, also Arbeitgebern und Arbeitnehmern, der Beisitzer des Gewerbegerichtes, und dessen Vorsitzenden gebildet ist. Dies ist, wie wir aus dem Vortrage der Herren Referenten ersehen haben, auch in München und vielen anderen Orten der Fall. In dem Referat, welches sich mit Quedlinburg beschäftigt, war davon nicht die Rede. Und so giebt es noch viele Orte in Deutschland, in denen die Gemeinde glaubt, einen Arbeitsnachweis errichten zu können, ohne zur Verwaltung die Arbeiter heranzuziehen. Ein solcher Arbeitsnachweis wird niemals imstande sein, sich das Vertrauen der Arbeiter zu erwerben. Einen ganz besonderen Wert legen wir Arbeiter darauf, daß seitens der Büreaubeamten die Arbeitsuchenden anständig, höflich und aufmerksam behandelt werden.

Wir haben stellenweise die löbliche Einrichtung, daß das Auflegen eines Beschwerdebuches angeordnet ist, worin sowohl den Arbeitnehmern wie Arbeitgebern Gelegenheit gegeben ist, ihre Beschwerden einzutragen. Schon dadurch, daß die Gelegenheit geboten ist, werden die Beamten sich bemühen, keine Veranlassung zu unliebsamen Dingen zu geben.

Ich habe hier nur das eine im Auge, daß dafür gesorgt werde, den Arbeitern die größtmöglichste Vertretung zu verstatten. Dies haben wir in Stuttgart. Dort ist den Arbeitern in jeder Weise die Möglichkeit gesichert, sich ausgiebig auszusprechen, und was bei uns möglich ist, kann auch wo anders sein.

Dr. **Martens**-Hamburg: Mit dem größten Interesse habe ich die Ausführungen der Herren Referenten über die Einrichtungen in den schon bestehenden Arbeitsnachweisen verfolgt, ganz besonders wohl auch deswegen, weil ich hier als Vertreter des Arbeitgeberverbandes Hamburg-Altona erschienen bin, des Verbandes, der durch sein festes und zweckentsprechendes Verhalten in dem großen Hamburger Hafenarbeiter-Streik wohl über ganz Deutschland bekannt sein dürfte, dieses Verbandes, der jetzt darauf und daran ist, in den einzelnen zu ihm gehörigen Vereinen Arbeitsnachweise errichten zu helfen. Wenn ich deshalb für so manchen in die Praxis übersetzbaren Fingerzeig meinen Dank den Herrn Referenten auszusprechen gerne Gelegenheit nehme, so kann ich es doch nicht unterlassen, auf zwei Punkte hinzuweisen, bei denen ich auf einem abweichenden Standpunkt zu verharren mich gezwungen sehe.

Der erste, von geringerer Bedeutung, bezieht sich auf die Statistik der Arbeitsnachweise. In dieser werden fast überall den Stellengesuchen die Stellenvermittlungen gegenüber gestellt und je nach der großen oder kleinen Anzahl von Stellenvermittlungen die Leistungen der Arbeitsnachweise taxiert. Nach meiner Meinung ist das ein falsch markierender Wertmesser für diese Leistungen. Am besten beweist dies ein Beispiel. Ein Arbeitsnachweis, vielleicht ein solcher für Hafenarbeiter, vermittelt in einer gegebenen Zeit 1000 Arbeitsstellen; ein zweiter, z. B. ein Nachweis für Arbeiter der Eisenindustrie, vermittelt in derselben Zeit nur 300. Diese durch No. 2 angestellten Leute verbleiben aber in ihren Stellungen Wochen, Monate, selbst Jahre. Ist da nicht die Leistung bei der Verschaffung der Arbeitsgelegenheit für die 300 Leute eine viel größere als die bei der Placierung der 1000 Arbeiter? Das liegt wohl auf der Hand.

Zweitens muß es aber unbedingt betont werden, daß es endlich nötig wird, bei den Einrichtungen der Arbeitsnachweise das Interesse der Arbeitgeber mehr ins Auge zu fassen. Der Arbeitgeber? könnte man mir entgegnen, diese stehen ja ohnedies schon so glänzend da, daß ihre Interessen wahrzunehmen wahrlich nicht nötig ist. Ja, ohne Zweifel, wenn das mit dem Glänzenddastehen nur wahr wäre. Leider ist dem aber nicht so. Ich bin jahrelang in engem Verkehr mit den Männern der Praxis gewesen, diesseits und jenseits des Ozeans, in den rheinisch-westfälischen Industriebezirken und in den Hafenstädten, in denen Handel und Schiffahrt die ausschlaggebenden Faktoren bilden; überall habe ich die Ueberzeugung gewonnen, daß das Unternehmertum, welchem wir das wirtschaftliche Aufblühen Deutschlands und die Steigerung der Arbeitsgelegenheit zu verdanken haben, heute Gefahr läuft, zwischen zwei Mühlsteinen zermalmt zu werden: zwischen der überhandnehmenden Konkurrenz und dem Ansturm der straff organisierten und von der Sozialdemokratie weidlich versetzten Arbeiterschaft. Unter solchen Umständen wäre es eine arge Benachteiligung der Arbeitgeber und ein Infragestellen ihrer in den Betrieben unumgänglich notwendigen Autorität, wenn die Unternehmer ihr Fundamentalrecht, ihre Arbeit selbst zu vergeben, aufgeben sollten. Der Selbsterhaltungstrieb gebietet also den Unternehmern, sich in Vereinen zusammenzuschließen und in diesen sich von selbst ergebenden Gruppen zweckmäßig aufgezogene Arbeitsnachweise mit der Endabsicht zu errichten, daß später große Arbeitgeberverbände Centralen für den Arbeitsnachweis schaffen. Diese Centralen müßten sowohl die Verbindung unter den einzelnen Nachweisen herstellen, als die notwendige Statistik liefern und eine allgemeine Uebersicht über den Arbeitsmarkt ermöglichen. Nur so eingerichtete und verwaltete Arbeitsnachweise werden dauernde sozialreformatorische und volkswirtschaftliche Erfolge erzielen, wobei es andererseits natürlich erwünscht ist, daß auch die Arbeitnehmer in Beschwerdekommissionen 2c. zu Worte kommen. Die Ausschlaggebenden jedoch müssen die Arbeitgeber sein.

Assessor Dr. **Naumann**-Hamburg: Trotz der vorgerückten Stunde möchte ich versuchen, Ihre Aufmerksamkeit einer Angelegenheit zuzulenken, die mir von großer Wichtigkeit erscheint und die mit dem zur Erörterung stehenden Punkte der Tagesordnung nahe zusammenhängt, da sie sich auf die Geschäftsführung des Arbeitsnachweises bezieht.

Es ist vielfach hervorgehoben worden, daß ein Hauptvorteil des öffentlichen Arbeitsnachweises darin bestehe, die Lage des Arbeitsmarktes — das Verhältnis von Angebot und Nachfrage — für die Interessenten erkennbar zu machen. Die meisten Arbeitsnachweise glauben nun, ein zutreffendes Bild dieses Marktes zu geben, wenn sie die Zahlen der in einem bestimmten Zeitraum — gewöhnlich einem Monat — eingelaufenen Arbeitsgesuche und Stellenangebote bekannt machen. Ist in dem einen Monat das Verhältnis dieser beiden Zahlen ein anderes geworden, so glaubt man, der Arbeitsmarkt habe sich geändert. Das ist aber ein Irrtum, wie ich an einem Beispiel nachweisen werde.

Denken Sie sich, in zwei verschiedenen Monaten verzeichne ein Arbeitsnachweis beide Mal 1000 Arbeitsgesuche und 500 Stellenangebote. Sie werden sagen: in beiden Monaten lag der Arbeitsmarkt gleich. In Wirklichkeit war es aber folgendermaßen. Im ersten Monat meldeten sich am 1. Tage 1000 Arbeitsuchende. Diese blieben den ganzen Monat hindurch stellenlos und erst am letzten Tage gingen 500 Stellenangebote ein, wodurch die Hälfte der Arbeitsuchenden untergebracht werden konnte. Im zweiten Monat wurden am 1. Tage 500 offene Stellen gemeldet, es war aber kein Arbeiter da und es stellte sich auch den ganzen Monat hindurch keiner ein. Erst am letzten Tage kamen 1000 Arbeitsuchende an, von denen die Hälfte Plätze fand. Offenbar war im ersten Falle ein enormes Ueberangebot von Arbeitskräften, im zweiten ein empfindlicher Arbeitermangel, in der Monatsstatistik erscheinen aber beide gleich. Wären im ersten Falle am letzten Tage anstatt tausend etwa nur 600 Arbeitsuchende erschienen, so würde der erste Monat in der Statistik für die Arbeitsuchenden wesentlich günstiger erscheinen als die zweite, während er in Wirklichkeit viel ungünstiger war.

Ein richtiges Bild des Arbeitsmarktes läßt sich immer nur für einen bestimmten Tag geben, indem man Arbeitsgesuche und Vakanzen dieses Tages einander gegenübergestellt. Von der Entwicklung des Arbeitsmarktes im Laufe eines Monats gewinnt man ein Bild, wenn man diese Gegenüberstellung täglich wiederholt und daraus Durchschnittszahlen entnimmt oder wenn man einzelne bestimmte Tage herausgreift und für sie Angebot und Nachfrage zählt.

Um das zu ermöglichen, ist allerdings eine etwas andere Buchführung erforderlich, als sie von den meisten Nachweisen jetzt geführt wird. Man muß die unerledigten Arbeitsgesuche und die unerledigten Stellenangebote täglich aufs neue zählen. Beim Arbeitsnachweis der Patriotischen Gesellschaft geschieht dies und die Arbeitsuchenden müssen sich deshalb, bis sie eine Stelle gefunden haben, täglich aufs neue melden. Will man die Bilanz des Arbeitsmarktes nur einmal wöchentlich haben, so genügt auch, wenn diejenigen, deren Gesuche in Kraft bleiben sollen, sich an einem bestimmten Wochentage aufs neue melden müssen.

Im Interesse einer brauchbaren Statistik — wie sie ja von Herrn Dr. Jastrow erstrebt wird — empfehle ich allen Arbeitsnachweisen die Buchführung und Zählmethode der von mir vertretenen Anstalt.

Stadtrat Dr. **Flesch**-Frankfurt a. M.: Ich habe mich lediglich zum Worte gemeldet, um auszusprechen, wie wir alle, die wir uns längere Zeit mit der Frage des Arbeitsnachweises beschäftigt haben, erstaunt und befremdet sind über Aeußerungen, wie sie der vorletzte Herr Redner gethan hat. Dieselben haben für diese Versammlung höchstens den Reiz der Neuheit; sie weichen von allem ab, was maßgebend war für die Berufung der Konferenz, und von allem, was heute Morgen hier besprochen worden ist. Der Arbeitsnachweis muß unparteiisch verwaltet werden. Ungerechten Forderungen, welche von Arbeiterseite gestellt werden (und daß auch dies vorkommt, weiß ich aus eigener Erfahrung), kann nicht nachgegeben werden; aber ebensowenig darf der Nachweis einseitig von den Arbeitgebern beherrscht, und zur Herrschaft über die Arbeiter gebraucht werden. In diesem Punkte besteht, wie ich wohl annehmen kann, Einstimmigkeit unter uns allen, und von diesem Standpunkte aus glaube ich im Namen der Anwesenden sprechen zu können, wenn ich die gehörten Aeußerungen mit aller Entschiedenheit zurückweise.

Sekretär **Bardorf**-Wien: Ich hatte mich nur zum Worte gemeldet, um dem Widerspruch gegen die einseitigen Ausführungen des Herrn Dr. Martens-Hamburg Ausdruck zu geben. Herr Stadtrat Flesch hat dies in so vortrefflicher Weise, und so ganz in unser aller Sinne gethan, daß ich auf das Wort verzichten kann.

Vorsitzender: Ein Antrag zu diesem Gegenstande der Tagesordnung liegt nicht vor. Die Tagesordnung der Plenarversammlung ist damit erschöpft. Nach den angenommenen Bestimmungen über die Geschäftsordnung bleibt uns nur noch übrig: das Résumé über das Ergebnis unserer Verhandlungen. Hierzu erteile ich Herrn Dr. Jastrow das Wort.

Résumé über die Plenarversammlung.

Privatdozent Dr. **Jastrow**-Berlin: Von den drei Gegenständen, zu deren Besprechung wir uns hier zusammengefunden haben, war der letzte, über den wir soeben verhandelt haben, beschreibender Natur. Es sollte von der Art, wie ein Arbeitsnachweis verwaltet wird, ein möglichst anschauliches Bild gegeben werden, und zwar, um den verschiedenen Ansprüchen gerecht zu werden, in doppelter Art: von einem größeren und einem kleineren Arbeitsnachweise. Wenn wir dabei den Zweck verfolgten, nicht bloß den bestehenden Arbeitsnachweisen Material für ihre Verbesserung und beständige Vervollkommnung zu geben, sondern auch solchen Gemeinden, in denen noch keine Arbeitsnachweise bestehen, zu zeigen, wie ein solcher auf praktische Art eingerichtet werden kann, so wird kein Zweifel darüber bestehen, daß dieser Zweck durch die uns erstatteten Referate in hohem Maße erreicht worden ist. Mit diesem Punkte der Tagesordnung steht in besonders naher Verbindung die kleine Ausstellung am jenseitigen Ende unseres Versammlungsraumes, welche zum erstenmal einen annähernd vollständigen Ueberblick über die Statuten, Geschäfts- und Hausordnungen, Jahresberichte u. s. w. fast aller allgemeinen Arbeitsnachweise im Deutschen Reiche, sowie auch mancher außerhalb des Reiches (Wien, Brünn, Bern) gewährt. Manche der Arbeitsnachweis-Anstalten haben sich nicht bloß mit der Ausstellung der vorhandenen Drucksachen begnügt, sondern auch umfangreiche Darstellungen der bisherigen Ergebnisse eigens für diesen Zweck angefertigt. So haben wir namentlich von der Freiburger Anstalt große statistische Tabellen mit Rückblicken auf die letzten Jahre erhalten, die hoffentlich zur Nacheiferung angeregt haben. Die Ausstellung giebt zum erstenmal Gelegenheit zu vergleichenden Studien über den inneren Geschäftsbetrieb der einzelnen Anstalten.[1])

Das Ergebnis unserer Beratungen über die beiden ersten Punkte der Tagesordnung wird sich mit größerer Klarheit zeigen, wenn wir die beiden Punkte nicht getrennt, sondern zusammen ins Auge fassen. Es hat sich manche Meinungsverschiedenheit gezeigt; so in Punkt 2 über die Stellung des Arbeitsnachweises zu den Verpflegungsstationen, und in Punkt 1 über die Zeitgemäßheit großer Landesverbände. Aber diejenigen, welche dagegen waren, die Verpflegungsstationen in der Nähe eines Arbeitsnachweises zu Filialen zu machen, waren doch nicht dagegen, solche Filialen in der Nähe eines Arbeitsnachweises überhaupt zu errichten. Und die Bedenken gegen die Zeitgemäßheit großer Landesverbände, die von einigen Teilnehmern geäußert wurden, richteten sich doch nur dagegen, in diesem Stadium einen allzu großen Bezirk für den Verband zu nehmen, aber nicht gegen die Verbindung von Arbeitsnachweisen in kleineren Bezirken; ja gerade von dieser Seite her wurde die Notwendigkeit einer engen Verbindung der Arbeitsnachweise mit ihrer Nachbarschaft ganz

[1]) Vgl. unten Beigaben I—IV.

besonders entschieden betont. So können wir sagen, daß die Verhandlungen über die beiden ersten Punkte das gemeinsame Ergebnis zu Tage gefördert haben: daß eine Verbindung der Arbeitsnachweise untereinander in irgend welcher Form sich als ein unabweisbares Bedürfnis herausgestellt hat. Es hat sich aber auch an der Hand praktischer Erfahrungen, die uns von den Herren Referenten vorgetragen wurden, gezeigt, daß dieses Bedürfnis in der That befriedigt werden kann. Die Mitteilungen über die Landesverbände, die in Baden, Württemberg, Reg.-Bez. Düsseldorf, Pfalz bereits bestehen und im rechtsrheinischen Bayern sich in Vorbereitung befinden, haben uns von diesen neuen Schöpfungen auf dem Gebiete des deutschen Verwaltungslebens ein zusammenhängendes Bild entworfen, wie es bisher nicht zugänglich war.

Wie fast in allen Angelegenheiten, die mit der gewerblichen Arbeiterfrage zusammenhängen, hat es sich auch in der unsrigen gezeigt, daß es für die gegenwärtige Generation in erster Linie nicht sowohl darauf ankommt, neue Mittel zur Verbesserung zu ersinnen, als die schon vorhandenen an der Hand der Erfahrungen kennen zu lernen und sachgemäß anzuwenden. An dem einen Orte besteht die eine, an dem andern eine andere gute Einrichtung. Es kommt nur darauf an, herauszubekommen, welches die Orte sind, an denen es zu lernen giebt. — Mit einem ungeheuren Aufwande von Mitteln statten wir Expeditionen aus, welche die Einrichtungen wilder Völker im innern Afrika kennen lernen sollen. Unendlich viel weniger Kosten und Sorgfalt werden darauf verwendet, unsere eigenen Einrichtungen kennen zu lernen, deren Kenntnis uns doch am Ende noch wertvoller ist. Eine solche Entdeckungsreise war unsere Konferenz; und mit reichen Reiseergebnissen beladen, kehren wir in die Heimat zurück.

Meine Herren! Die Konferenz, welche heute in diesen Räumen getagt hat, war zwar die erste, welche sich ausschließlich dem Arbeitsnachweis gewidmet hat. Aber sie war nicht die erste, die überhaupt zur Beratung von Arbeitsnachweis-Fragen einberufen war. Im Oktober 1893 wurde vom Freien deutschen Hochstift in Frankfurt a. Main ein Kongreß für Fragen der Arbeitslosigkeit und der Arbeitsvermittelung veranstaltet. Dem damaligen Kongreß gebührt ohne Zweifel das Verdienst, zum erstenmal die Aufmerksamkeit weiter Kreise auf diese Frage gelenkt zu haben. Aber welcher Unterschied zwischen der Art, wie diese Frage damals, und wie sie heute, nach dem Ablauf von nur 4 Jahren, behandelt wird. Damals stand im Vordergrunde das Problem der Arbeitslosigkeit; nur als eine Art Notmittel im Kampfe gegen eine hereinbrechende Landeskalamität vermochte der Arbeitsnachweis das Interesse zu fesseln. In unsern heutigen Verhandlungen hat die Arbeitslosigkeit als Landeskalamität keinerlei Rolle gespielt; sie ist nicht einmal erwähnt worden. Nach der Auffassung der Verwaltungsmänner, die sich dem Arbeitsnachweis widmen, kann der letztere wohl auch manches zur Verminderung einer epidemischen Arbeitslosigkeit leisten. Seine Hauptaufgabe aber liegt nicht in den Zeiten der Gefahr, sondern gerade in den Zeiten der Ruhe: der Arbeitsnachweis ist Gegenstand regulärer Verwaltung geworden. So aber haben sich alle großen Fortschritte in der Geschichte der öffentlichen Verwaltung vollzogen. Wie man von dem unvollkommenen Schutz der Landesgrenzen durch hastige Anwerbung von Söldnerheeren zu dauernden militärischen Einrichtungen, wie man von den plötzlichen außerordentlichen Landesauflagen zu einem System regelmäßiger Steuern fortschritt, so muß auch, gegenüber dem großen Problem eines Austausches von Angebot und Nachfrage auf dem Arbeitsmarkte, von den stoßweisen Maßregeln bei hereinbrechendem Notstande der Fortschritt zu ordnungsmäßiger täglicher Verwaltung des Arbeitsnachweises gemacht werden. Daß dieser Fortschritt in großen Teilen Deutschlands bereits gemacht ist, das haben unsre Verhandlungen gelehrt. Wenn der Arbeitsnachweis in der Litteratur bereits ein selbständiger Gegenstand der Verwaltungswissenschaft geworden ist, so ist er auch in der Praxis im Begriff, ein Bestandteil jeder regelrecht und modern organisierten Verwaltung zu werden. Das, meine Herren, haben die Verhandlungen des heutigen Vormittags an Beispielen aus den verschiedensten Teilen Deutschlands gelehrt, und das mag in dieser Plenarversammlung wohl der wertvollste Teil unserer Ergebnisse sein.

Schluß 1¾ Uhr.

Gruppenversammlungen.

(Nachmittags-Sitzung.)

Eröffnung 4¼ Uhr.

II. Vorsitzender, Privatdozent Dr. **Jastrow**-Berlin: Da der erste Herr Vorsitzende am Nachmittag verhindert ist, unsere Verhandlungen zu leiten, so habe ich den Vorsitz übernommen. Es ist heute Vormittag der dringende Wunsch ausgesprochen worden, die Gruppenversammlungen so zu legen, daß sie möglichst wenig miteinander kollidieren. Es ist keine Zeit gewesen, eine förmliche Konstituierung der Gruppen vorzunehmen. Jenem Wunsche wird daher am besten entsprochen, wenn wir sämtliche Gegenstände, die für Gruppenversammlungen in Aussicht genommen sind, hintereinander behandeln. Dabei werden wir die Vermittelung weiblicher Dienstboten allerdings ausfallen lassen, da es nicht möglich gewesen ist, hierfür einen Referenten oder eine Referentin zu finden. Andererseits aber wird nach Erledigung der Tagesordnung Jedem, der weitere Gegenstände zur Sprache zu bringen wünscht, hierzu Gelegenheit gegeben werden. Wenn sich kein Widerspruch aus Ihrer Mitte erhebt, so nehme ihr Ihr Einverständnis an.

Die Herren Regierungsassessor Boehm-Altkirch und Druckereibesitzer Schwarz-Halle bitte ich, das Schriftführeramt zu übernehmen. Die Herren waren so gütig, die Annahme bereits zu erklären.

Heute Vormittag ist beschlossen worden, „die Streik-Klausel in den Statuten öffentlicher Arbeitsnachweise" als ersten Gegenstand der Nachmittagssitzung zu verhandeln. Es war nicht möglich, dem von Stuttgart aus geäußerten Wunsche zu entsprechen und den Gegenstand in die Plenarberatungen einzuziehen. Da wir aber selbst ein Interesse daran haben, daß in dieser wichtigen Frage jeder Standpunkt, der sich zur Geltung bringen will, auch ausgiebig zur Aussprache gelangt, mache ich Ihnen den Vorschlag, neben dem Referenten Herrn Stadtrat Flesch-Frankfurt a. M. den Antragsteller von heute Vormittag, Herrn Arbeitnehmer-Beisitzer Jöhler-Stuttgart zum Korreferenten zu bestellen. Es würde dies im wesentlichen nur die Wirkung haben, daß ihm statt der

Sprechzeit von 5 Minuten die von 10 Minuten zur Verfügung steht, und daß er nach Schluß der Debatte noch einmal zum Worte gelangt. — — — Es erhebt sich kein Widerspruch; ich nehme Ihr Einverständnis an. — — — Herr Jöhler ist zur Annahme des Korreferats bereit.

I.

Die Streik-Klausel in den Statuten öffentlicher Arbeitsnachweise.

Referent Stadtrat Dr. Flesch-Frankfurt a. M.: Die Frage, wie sich ein öffentlicher Arbeitsnachweis im Falle eines Streiks zu verhalten habe, ist mir sofort entgegen getreten, als ich mich im Jahre 1889 mit der Errichtung eines öffentlichen Arbeitsnachweises in Frankfurt a. M. beschäftigte. Ich war damals angeregt durch die Verhandlungen, die 1888 in Brüssel unter Bürgermeister Buls geführt waren, aber kein Resultat ergeben hatten, weil die Arbeiter gerade die Sperrung des Arbeitsnachweises im Falle eines Streiks als Vorbedingung ihrer Mitwirkung bezeichnet hatten, während die Arbeitgeber ebenso entschieden verlangten, daß das Bureau seine Thätigkeit unverändert fortsetzen müsse. Als wir daher im November 1889 in Frankfurt a. M. in Unterhandlung mit den Arbeitern eintraten, bezeichneten wir diesen Punkt sofort als einen offenen, da prinzipiell das Verlangen der Arbeiter, daß der Arbeitsnachweis sie in ihren Lohnkämpfen nicht beeinträchtigen dürfe, nicht ungerechtfertigt schien. Die Verhandlungen blieben zunächst resultatlos und wurden erst einige Jahre später unter dem Einfluß der 1893 vom Hochstift in Frankfurt a. M. einberufenen sozialen Konferenz über Arbeitslosigkeit und Arbeitsvermittlung bei uns wie in anderen Städten wieder aufgenommen. Seitdem haben sich nun eine größere Anzahl Arbeitsnachweise gebildet, deren Statuten uns heute in der mit der Konferenz verbundenen Drucksachen-Ausstellung vorliegen. Ich habe dieselben vorher durchgesehen und mich dabei überzeugt, wie verschiedenartig die Angelegenheit in den Statuten der einzelnen Nachweise geordnet ist. In einigen wenigen, so z. B. in Stuttgart und Ulm, wird ganz direkt vorgeschrieben, daß der Arbeitsnachweis im Falle eines Streiks ungehindert weiter zu gehen habe, also dem erwähnten Verlangen der Arbeiter direkt entgegen gehandelt werden solle. Gleichwohl haben Sie gehört,[1]) daß man gerade in Stuttgart auf Seiten der Arbeiter mit dem dort bestehenden städtischen Arbeitsnachweis durchaus zufrieden ist. Eine Reihe Statuten, wohl die Mehrzahl, erwähnt die Frage überhaupt nicht; wieder andere, z. B. Aachen und Köln, schreiben unbedingt vor, daß der Arbeitsnachweis im Falle eines Streiks seine Thätigkeit einzustellen habe; andere, so Mainz, München, Straßburg, Trier u. s. w.

---

[1]) Vergl. oben S. 54.

machen die Einstellung oder Weiterführung im Falle eines Streiks in irgend einer Beziehung von dem Angehen des Gewerbegerichts seitens der Streitteile abhängig. Bei uns in Frankfurt war ursprünglich vorgesehen, daß im Falle eines Streiks die aus Mitgliedern des Gewerbegerichts gebildete Verwaltungskommission über Einstellung des Arbeitsnachweises beschließen könne. Nachträglich haben der Bezirks-ausschuß und der Provinzialausschuß diese Bestimmung als für die öffentliche Sicherheit höchst gefährlich gestrichen, so daß auch wir keinerlei Vorschriften über die Sache haben und jedenfalls verhindert sind, einfach wegen des Bestehens eines Streiks unsere Thätigkeit einem Arbeitgeber zu verweigern.

Nun stehe ich zwar nach wie vor auf dem Standpunkt, daß in der Theorie die Arbeiter Recht haben, wenn sie die Einstellung verlangen. Wenn ein Arbeitgeber, dessen Arbeiter im Streik sind, andere Arbeiter leicht erhalten kann, wird er zweifellos im Widerstand gestärkt; und wenn ihm die Arbeitsvermittelungs-Stelle die nötigen Arbeitskräfte liefert, so nimmt sie thatsächlich zu seinen Gunsten Partei. In der Praxis aber ist, wie sich nunmehr gezeigt hat, die Bestimmung ziemlich wertlos und gleichgültig, was nicht nur durch die günstige Gesinnung der Stuttgarter Arbeiter gegen ihren Arbeitsnachweis, der statutengemäß sich um keinen Streik kümmern darf, bewiesen wird, sondern auch durch eine ruhige Betrachtung der Verhältnisse, wie sie thatsächlich liegen. Der städtische Arbeitsnachweis nützt dem Arbeitgeber, der einen oder mehrere Arbeiter sucht, er erspart ihm die Annoncen, das Honorar für den Stellenvermittler, die lästige Umschau der Arbeitslosen in seiner Werkstatt u. s. w.; er nützt ebenso dem Arbeitnehmer, der rascher, billiger und ohne Abhängigkeit von einem Vermittler die offenen Stellen erfährt. Er wird aber für den Arbeitgeber unnötig, sowie die Thatsache, daß bei ihm offene Stellen vorhanden sind, in anderer Art genügend bekannt ist. Gerade dies ist aber bei jedem größeren Streik der Fall. Entsteht ein solcher, so wird dies in allen Zeitungen bekannt gemacht. Jeder in der Stadt und außerhalb der Stadt weiß es. Der Arbeitgeber, dem sämtliche Arbeiter ausgeblieben sind, sei er ein Großfabrikant, der für sich allein tausende von Arbeitern beschäftigt, oder einer von mehreren Kleinindustriellen, wenn der Streik einen großen Industriezweig umfaßt, braucht nichts zu thun, als den Erfolg dieser ohne sein Zuthun erfolgenden Bekanntmachung abzuwarten oder im schlimmsten Falle einem Agenten den Auftrag zu geben, eine kleine Annonce zu erlassen, damit alle Arbeiter, die etwa geneigt sind, die freien Plätze anzunehmen, sich nach dem betr. Fabrikorte hinwenden. Giebt es also solche Arbeiter, so erhält er die Arbeitskräfte ohne die Vermittelungsstellen; giebt es keine, so kann ihm auch die Arbeitsvermittelungs-Stelle nicht helfen, selbst wenn sie wollte. Der Erfolg oder Nichterfolg eines Streiks kann hiernach, wenigstens solange neben den städt. Arbeitsnachweisen noch alle jene anderen viel kräftigeren Formen der Bekanntgabe freier Arbeitsplätze bestehen, nie von dem Verhalten der ersteren abhängig sein.

Folgt etwa hieraus, daß die Arbeitsvermittelungs-Stellen sich um die Existenz eines Streiks überhaupt nicht kümmern sollen? Daß also das Stuttgarter Statut gewissermaßen der Ausdruck desjenigen ist, was sich auch aus allgemeinen Gesichtspunkten empfiehlt und rechtfertigte? Gewiß nicht. Ein Streik ist vielmehr unter allen Umständen eine für das betr. Arbeitsverhältniß wichtige Thatsache. Ein Arbeiter wird eine Stelle möglicher Weise nicht annehmen, wenn sie durch einen Streik frei geworden ist, und wird sie sofort wieder verlassen, wenn er sie in Unkenntnis der Thatsache angenommen hat. Die Arbeitsvermittelungs-Stelle, welche bestrebt sein muß, daß die Arbeitsverhältnisse, die sie vermittelt, dauernd sind, hat aber die Verpflichtung, die Parteien auf diejenigen Punkte, welche hierauf möglicher Weise von Einfluß sind, im Voraus aufmerksam zu machen. Sie wird also nur richtig handeln, wenn sie dem Arbeiter, der nach einer Stelle fragt, mitteilt, daß der ihm nachgewiesene Platz in Folge eines Streiks erledigt ward, ebenso wie sie dem Arbeitgeber etwa mitzuteilen haben wird, daß der letzte Arbeitsplatz des Arbeiters, den sie nachweist, in einer Fabrik war, welche ihre Arbeiter ausgesperrt hat. Will der Fabrikant den Arbeiter annehmen, obwohl er dadurch seinen Kollegen im Kampf mit seinen Arbeitern schädigt, so wird ihm die Mitteilung gleichgültig sein; will er dies nicht, so wird er den Arbeiter entlassen, sowie er davon erfährt, auch wenn es ihm die Arbeitsnachweis-Stelle verschwiegen hätte.

Es geht ja überhaupt nicht an, den Satz aufzustellen, daß die Arbeitsvermittelung sich gar nicht um die Arbeitsbedingungen zu kümmern hat und einfach automatisch auf Nachfragen die ihr bekannten freien Arbeitsplätze anzugeben hat. Wer dies fordert, braucht nur an den Fall zu denken, daß ein Arbeitgeber, der ein sittlich anstößiges Gewerbe betreibt oder ein notorisch ungesundes Handwerk ausübt, Arbeiter verlangt! Es ist also das von mir bezüglich der Streiks empfohlene Verhalten kein anderes, als das, was die Verwaltung einer Arbeitsnachweisstelle ohnehin bezüglich aller sonst für die Dauer oder die Auflösung des Arbeitsverhältnisses wichtigen Umstände zu beobachten hat.

Ich komme also zu dem Resultate, daß die viel erörterte Frage in ihrer Wichtigkeit überschätzt wird; diese Ueberschätzung war möglich, solange es an praktischer Erfahrung fehlte und solange die Thätigkeit der Arbeitsnachweisstellen lediglich theoretisch abgeschätzt und theoretisch beurteilt ward. In dem heutigen Stadium unserer Kenntnis und Erfahrung auf diesem Verwaltungsgebiete steht es anders; heutzutage muß jeder Unbefangene, dem es ernst um die Sache ist und der nicht etwa lediglich den städt. Arbeitsnachweisstellen Schwierigkeiten bereiten und die Arbeiter gegen sie aufhetzen will, zugestehen, daß die Streikklausel ohne praktische Bedeutung ist, weil die Arbeitsnachweisstellen, selbst wenn sie es wollen, gar nicht in der Lage wären, über das Gelingen oder Mißlingen von Streiks zu entscheiden. *Der Schutz der Arbeiter in ihren Lohnkämpfen besteht nicht in dem Feiern der Arbeitsvermittelung, sondern in der Kräftigung ihrer*

Organisationen, die rechtlich ebenso außerhalb des öffentlichen Arbeitsnachweises stehen, wie die Organisationen der Arbeitgeber keinen rechtlichen Einfluß auf den Gang der Arbeitsvermittelung haben dürfen.

Korreferent Buchbinder **Jöhler**-Stuttgart (Vertreter der Arbeitnehmer-Beisitzer des Gewerbegerichts und der vereinigten Gewerkschaften): Seiner Zeit, wo wir in Stuttgart in die Agitation behufs Errichtung eines städtischen Arbeitsamtes traten, war für uns die nächste Aufgabe: die unentgeltliche Vermittelung der Arbeit und zweitens die Einstellung der Vermittelung im Falle eines Streiks. Wir mußten das um so mehr beachten, als wir uns damit im vollen Einverständnis mit der organisierten Arbeiterschaft der anderen deutschen Städte befanden; denn es wird bekannt sein, daß auf unseren Gewerkschaftskongressen dieser Gegenstand des Oefteren erörtert wurde. Man hat sich da gesagt, wenn bei einem Streik vom Vermittelungsamt noch Arbeit vermittelt wird, so leistet das Amt Streikbrecherdienste, und das müsse verhütet werden. Nun scheint mir nach den Ausführungen des Herrn Referenten, daß man einen Kompromißvorschlag in Anregung bringen will; man meint, daß diese Streik-Klausel keine Gefahr habe. Wir sind nach den gemachten Erfahrungen nicht mehr so sehr versessen darauf. Nichtsdestoweniger können wir diesen Punkt doch nicht gänzlich fallen lassen. Denn wenn ich auch Herrn Flesch vollständig recht gebe, daß ein Streik niemals geheim bleibt, so sollte aber doch den Leuten auf dem Arbeitsamt gesagt werden: Sehen Sie mal, da wird gestreikt. Nun haben wir in Stuttgart in der That seiner Zeit den Fall erlebt, daß bei einem partiellen Streik in einer Maschinenfabrik die Arbeitgeber sich dagegen auflehnten, daß man die Arbeiter darauf aufmerksam machte. Wir waren mit dem Vorsitzenden des Arbeitsamts der Meinung, daß das Recht dazu dem Bureauvorsteher zuerkannt werden müsse. Mein persönlicher Standpunkt ist der, daß bei Ausbruch eines Streiks von Seiten des Gewerbegerichtes und von Seiten der Herren Beamten und der einflußreicheren Gewerbetreibenden alle Mittel aufgeboten werden müssen, um eine Anrufung des Einigungsamtes herbeizuführen — bekanntlich müssen beide Teile damit einverstanden sein — und daß in solchem Fall sofort durch den Vorsitzenden des Arbeitsamtes eine Sitzung der Kommission der Arbeitgeber und Arbeitnehmer einberufen wird und man sich da bespricht.

Dieses ist es, was ich vom Standpunkte der Arbeiterschaft zu sagen hätte. Es gilt dies namentlich den Herren Vorsitzenden der Arbeitsämter, die ja zumeist auch Vorsitzende der Gewerbegerichte sind. Das darf man doch wohl mindestens verlangen, daß man unsern Bestrebungen Aufmerksamkeit schenkt, daß man die Forderungen der Arbeiter — und ich darf ja wohl sagen, daß die deutsche Arbeiterschaft geschult genug ist und nicht unberechtigte Forderungen stellt, — also daß man diese Forderungen im Kreise der Beamten genau erwägt, daß man ihren berechtigten Kern anerkennt und die Hand dazu bietet, daß diese

Forderungen, soweit man sie billigt, nicht bloß theoretisch anerkannt, sondern auch wirklich durchgeführt werden. Alle die Herren Beamten, wie sie hier sind, ein jeder strebt nach Besserung; so macht es eben auch der Arbeiter, der ja seine Arbeitskraft verkauft; und daß er eben auch die beste Bezahlung dafür verlangt, ist selbstverständlich. Sie werden mit mir darin einig sein, daß auf die Kürzung der Arbeitszeit hingearbeitet werden muß, und daß alle, oder wenigstens solche Streiks, die zur Erreichung solcher Ziele notwendig sind, auch nach der Anschauung von Ihnen als berechtigt anerkannt werden müssen. In Beamtenkreisen ist die Arbeitszeit selten länger als eine achtstündige. Wenn nun der Arbeiter seinerseits auf geringere Arbeitszeit hinarbeitet, so sollte man ihm das als sein gutes Recht gelten lassen, und das Arbeitsamt als solches soll nach keiner Seite — weder für Arbeitgeber noch für Arbeitnehmer — Partei ergreifen.

Ich bin also dafür, bei Streiks die Vermittelung von Arbeit fortzusetzen, aber daß jeder Arbeitsuchende auf den Streik aufmerksam gemacht wird.

Gewerbegerichts-Vorsitzer Dr. **Blendermann**-Bremen: In Bremen hat vor längerer Zeit das gesamte Gewerbegericht mehrere Sitzungen abgehalten, in denen ein dem Senat eingereichtes Statut für eine zu errichtende Arbeitsnachweis-Anstalt beschlossen ist. Darin ist für den Fall eines Streiks nichts bestimmt. Ich bin der Meinung, daß sich die Beisitzer der Ansicht angeschlossen haben, daß die Anstalt die Fortsetzung ihrer Thätigkeit von einem Streik nicht abhängig zu machen hat. Ihre Beamten haben auf Grund genauer Listen jedem Arbeitsuchenden etwaige offene Stellen und jedem Arbeitgeber diejenigen Arbeiter zu bezeichnen, die sich für seinen Geschäftszweig gemeldet haben. Würde die Anstalt im Falle eines Streiks oder einer Aussperrung ihre Thätigkeit einstellen, so würde dies den Anschein erwecken, als ob sie für den einen oder anderen Teil Partei ergriffe. Sie muß aber völlig unparteiisch jeder Zeit ihres Amtes walten. Dies thut sie freilich nur dann, wenn sie stets jedem Arbeitgeber und Arbeiter, der sich an sie wendet, wahrheitsgetreue und vollständige Auskunft giebt, und es dem Arbeitgeber überläßt, ob er die ihm bezeichneten Arbeiter einstellen und ebenso dem Arbeiter, ob er die ihm angewiesene Arbeit annehmen will. Ich habe die lebhafte Hoffnung, daß es bald gelingen wird, auf diese Grundsätze hin in Bremen eine Arbeitsnachweis-Anstalt ins Leben zu rufen.

Arbeitnehmer-Beisitzer **Dominé**-Frankfurt a. M.: Wenn ich zu dieser Frage das Wort nehme, so muß ich konstatieren, daß ich im allgemeinen mit den Ausführungen des Herrn Stadtrat Dr. Flesch einverstanden bin. Daß eine Arbeitsvermittelungsstelle sich absolut nicht um Streik zu kümmern habe, ist ein unhaltbarer Standpunkt. Ich glaube, ebensowenig wie eine Arbeitsvermittelungsstelle Arbeit vermittelt bei Dienstboten, da wo die Sittlichkeit gefährdet ist, sie sich also nicht als Kuppler hergiebt, ebenso muß man ihr die Pflicht zugestehen, daß sie die Arbeiter darauf aufmerksam macht, da und da wird gestreikt. Ebenso wo der Arbeiter notorisch ausgebeutet wird. Wenn ein Arbeitgeber alle 8 oder 14 Tage neue Arbeiter hat, so fällt das doch der Vermittelungsstelle auf und es ist ihre Pflicht, nachzuforschen, warum er alle naselang neue Arbeiter sucht. Stellt sich bei der Untersuchung heraus, daß dies auf schlechte Bezahlung oder auf schlechter Behandlungsweise beruht, dann sollte die Vermittelungsstelle ihre Thätigkeit einstellen und konstatieren: bezahlst du nicht, dann hast du auch kein Recht auf Arbeiter. Wo notorische Ausbeutung vorliegt, da müßten die Beamten nicht allein das Recht, sondern auch die Pflicht haben, die Arbeiter darauf aufmerksam zu machen: da können Sie zwar arbeiten; aber nur unter den und den Bedingungen. Wenn dies geschieht, dann wird ein solches Arbeitsamt auch wieder bei den Arbeitern Zutrauen finden, wenn sie auch augenblicklich abseits stehen. Dann werden sie sagen: da geht es gerecht zu, und wir unterstützen es in unserem eigenen Interesse. Den Beamten muß es zur Pflicht gemacht werden, den Arbeitern mitzuteilen: aus den und den Gründen ist ein Streik ausgebrochen, und es muß den Arbeitern das Recht eingeräumt werden, daß sie sich in den Vermittelungsräumen aufhalten dürfen, um eventuell bei Arbeitswilligen aufklärend zu wirken.

Stadtrat **Pohl**-Königsberg i. Pr.: Ich teile die Ansicht des Herrn Dr. Blendermann, daß der Arbeitsnachweis am besten thäte, ohne Rücksicht auf Streik oder Aussperrung in seiner Thätigkeit fortzufahren. Vor allem aber muß ich mich dagegen aussprechen, daß der Arbeitsnachweis in jedem einzelnen Falle prüfe, ob er seine Thätigkeit fortsetzen wolle, und die Fortsetzung davon abhängig mache, ob die Arbeitseinstellung oder die Aussperrung gerechtfertigt sei oder nicht. Hier käme er unter Umständen in die Lage, über einen Schiedsspruch des gewerbegerichtlichen Einigungsamtes zu Gericht zu sitzen und zu demselben in Widerspruch zu treten; sei es, daß das Einigungsamt die Forderungen der Arbeiter als begründet oder als unbegründet erklärt habe. Dieses muß unter allen Umständen vermieden werden, um die Autorität des Einigungsamtes nicht zu untergraben, und schon aus dem Grunde ist es für das Arbeitsamt zu raten, sich weder um Aussperrung noch um Streik zu kümmern, sondern ruhig fortzuarbeiten.

Korreferent Buchbinder **Jöhler**-Stuttgart (Schlußwort): Nach der Aufklärung, wie sie uns hier durch Herrn Dr. Flesch und durch die Diskussion gegeben wurde, glaube ich, können wir, die Vertreter der Arbeiter, den Standpunkt einnehmen, daß die Streik-Klausel in den Statuten überflüssig erscheint, und daß ein Hinweis auf den Streik durch die Beamten genügt. Wenn der Arbeiter Streikbrecherdienst leistet, so wird er es thun, ob das Arbeitsamt Arbeit vermittelt oder nicht. Nach dieser Aussprache, die unter allen Umständen nothwendig war, glauben wir uns mit unseren Mandatgebern einig zu fühlen, und wir werden auch den hier eingenommenen Standpunkt nach außen vertreten.

Referent Stadtrat Dr. **Flesch**-Frankfurt a. M. (Schlußwort): Ich kann zunächst meine Freude darüber aussprechen, daß zwischen dem Herrn Korreferenten und mir in so weitgehendem Maße Uebereinstimmung besteht. Ich betrachte dies als ein sehr wichtiges, vielleicht als das wichtigste Ergebnis der Beratungen dieser Konferenz. Bisher stellte gerade die Streik-Klausel den Punkt dar, an welchem die prinzipiellen Streitigkeiten zwischen Arbeitern und Arbeitgebern anknüpften, welche so oft die Entstehung öffentlicher Arbeitsvermittelungsstellen hinderten oder erschwerten, oder wenigstens von Anfang an Mißtrauen und Mißstimmung zwischen den Arbeitern und den städtischen Verwaltungen hervorgerufen haben. Es ist hoch erfreulich, wenn jetzt die Meinung sich Geltung verschafft, daß dieser Punkt nicht des Streites wert ist und daß diese Schwierigkeit der Errichtung kommunaler Arbeitsnachweise nicht entgegenstehen darf, die unter allen Umständen einen Fortschritt gegen die blos gewerblichen, die in der Hand der Arbeitgeber allein befindlichen und die gemeinnützigen oder wohlthätigen Arbeitsnachweise darstellen, mag man immerhin über die Frage der künftigen Entwickelung derselben verschiedener Ansicht sein.

Bei der Freude über diese Uebereinstimmung fürchte ich allerdings, daß es zu sanguinisch wäre, die Worte des Korreferenten so aufzufassen, als ob die Arbeiter im Allgemeinen so dächten wie er. Wenigstens wenn er nach Frankfurt käme, würde er von den dortigen Wortführern der Arbeiter in Presse und Versammlung mit dieser Ansicht bös abgewandelt werden. Dort wurde in dem Gewerkschaftskartell, das allerdings durchaus abhängig von der dortigen sozialdemokratischen Partei ist, die Nichtbeschickung dieser Konferenz noch vor ganz Kurzem mit den Statuten unseres Arbeitsnachweises und dem Fehlen der Streik-Klausel motiviert und unser, meinen vorherigen Ausführungen streng entsprechendes, Verhalten aufs heftigste als Verletzung der Arbeiterinteressen gebrandmarkt, natürlich ohne daß man auch nur im Mindesten versuchte, diese Angriffe zu motivieren. Ich bin also leider in der Lage, die Behauptung des Herrn Korreferenten, daß die deutsche Arbeiterschaft geschult genug sei, um keine falschen Anforderungen zu stellen, wenigstens für unsere Stadt und in dieser Sache bestreiten zu müssen, freue mich aber lebhaft der Uebereinstimmung mit den vom Herrn Korreferenten vertretenen Stuttgarter Arbeitern.

Im Uebrigen bieten die Aeußerungen auch der anderen Herren Redner mir wenig Anlaß zur Entgegnung. Lediglich einen Punkt möchte ich berühren. Ich glaube nicht, wie Herr Kollege Blendermann, daß die Arbeitervermittelungsstelle sich einfach auf die Mitteilung der freien Arbeitsplätze an die Arbeiter beschränken kann. Ich habe bereits die Beispiele angeführt, daß sie an notorisch unsittlich betriebene Gewerbe keine Arbeiter vermitteln darf. Sie dürfte es aber auch nicht, wenn ihr Eingreifen aus anderen Gründen die öffentliche Ordnung gefährden könnte, z. B. wenn sie in einer Zeit der Erregung, der nationalen Gegensätze italienische Arbeiter nach Frankreich, czechische Arbeiter nach Deutschland entsenden wollte, und etwas ähnliches kann sehr wohl — sogar auch abgesehen von der meines Erachtens bestehenden Pflicht zur Mitteilung über das Vorhandensein eines Streiks — bei Arbeitseinstellungen vorkommen. Aber selbst, wenn man auch von derartigen Dingen absieht, so ist doch in der täglichen Praxis des Arbeitsnachweises die Mitteilung über Löhne, Arbeitsbedingungen u. s. w. gar nicht zu vermeiden. Wir haben heute Morgen gesehen, daß insbesondere der ländliche Arbeitsnachweis derselben gar nicht entbehren kann, weil eben niemand sich nach einer auswärtigen Arbeitsstelle umsehen wird, wenn er nicht weiß, was ihm dort geboten wird. Allerdings müssen die Arbeitsnachweise, wenn sie nach den Lohnbedingungen fragen, sich auch dagegen decken können, daß nicht seitens der Arbeitgeber, wie es z. B. in der kurzen Praxis des Frankfurter Arbeitsnachweises gelegentlich beobachtet ist, schlechtere Arbeitsbedingungen bewilligt werden, als der Vermittelungsstelle mitgeteilt war. Wenn uns erklärt wird, es könne bis zu 3 M. verdient werden, und der Arbeiter, der im Vertrauen hierauf eine auswärtige Stelle angenommen hat, bekommt dann nur 2 M., so ist dies geradezu für den guten Ruf der Vermittelungsstelle gefährlich. Doch führt dies vom eigentlichen Thema ab. In der Hauptsache freue ich mich nochmals, konstatieren zu können, daß die Ansicht, die ich auf Grund der Praxis mir über die praktische Bedeutung der so viel umstrittenen Streik-Klausel gebildet habe, auch von seiten der hier vertretenen Arbeiter gebilligt wird, was zur Hoffnung berechtigt, daß das gesamte Streitobjekt bald verschwinden wird.

II.

Mißbräuchliche Benutzung der Arbeitsnachweise zur Erlangung von Bescheinigungen gegen Arbeitsscheu; Nichtantritt trotz endgültiger Annahme der Stelle.

Referent Sekretär **Siegel**-Eßlingen: Zwei Gegenstände aus meiner Praxis als Geschäftsführer eines Arbeitsnachweises möchte ich kurz besprechen.

Der erste Punkt betrifft die Frage: Was kann geschehen, daß Arbeitsscheue den Arbeitsnachweis nicht mißbrauchen? Ein Mißbrauch ist nämlich insofern leicht möglich, als sich Arbeitsscheue oft Gewißheit darüber verschaffen, daß Leute für irgend eine Branche nicht gesucht werden und in dieser Zuversicht, meist sogar ohne Papiere, den Beamten um Bescheinigung über Nachfrage nach Arbeit angehen. Der Beamte stellt die Bescheinigung aus, denn er kann sich nicht damit befassen, das Begehren auf seine Berechtigung hin förmlich zu untersuchen. Es sind mir von der Polizeiverwaltung Fälle bezeichnet worden, welche das Arbeitsamt geeignet erscheinen ließen, die Landstreicherei zu fördern (die Polizei dadurch außer Stande setzte einzuschreiten), eben weil notorischen Stromern die gewünschte Bescheinigung verabreicht worden war. Ich würde vorschlagen, daß die Geschäftsführer des Arbeitsnachweises die erbetene Bescheinigung in solchen Fällen verweigern, wo es sich augenscheinlich um Stromer handelt; ganz verhüten lassen sich die Fälle nicht, in denen Mißbrauch geübt wird, aber die durch Befolgung meines Vorschlages hervorgerufene Unsicherheit der Arbeitsscheuen würde doch ihre Früchte tragen.

Der zweite Punkt betrifft den Nichtantritt der nachgesuchten und erhaltenen Stelle, trotz endgültiger Annahme. Von Arbeitgebern ist mir schon öfter darüber geklagt worden, daß die Arbeitnehmer, namentlich zugereiste, die Stelle häufig nicht antreten und daß ihnen keine wirksamen Mittel in die Hand gegeben seien, dies zu verhüten; eine Entschädigungsklage gegen solche Zugereiste habe keinen Wert, die Zurückbehaltung der Legitimationspapiere sei nicht statthaft, zum mindesten gewagt, oft auch wertlos. Ich sage mir, die Arbeitsämter werden von sich aus wohl den Nichtantritt der Stelle nicht verhindern können, man wird sich eben darauf beschränken müssen, die Leute auf die Folgen des Nichteintritts aufmerksam zu machen. Für andere Vorschläge wäre ich dankbar.

Verwalter **Eckert**-Freiburg i. B.: Wir dürfen jedenfalls dem Herrn Kollegen von Eßlingen dankbar sein für die Anregung, die er gegeben hat. Es ist ein sehr mißlicher Standpunkt, den wir als Geschäftsführer in solchem Falle einnehmen, wo die Stellen vermittelt sind und die Arbeiter den Eintritt unterlassen. Allein ein Mittel, diesen Uebelstand zu beseitigen, haben die Anstalten nicht an der Hand. Es ist richtiger, hier wie in andern Fällen unseres bürgerlichen Lebens, die Verfolgung von Wortbrüchigen denjenigen zu überlassen, die dadurch benachteiligt werden. Insbesondere wäre entschieden davon abzuraten, daß die Anstalten hierwegen die Hülfe der Polizei in Anspruch nehmen; man müsse bedenken, daß dadurch die Arbeiter mißtrauisch gemacht würden und die Gefahr entstehe, daß auch solide Arbeiter betroffen werden könnten. Wir wollen nicht übersehen, daß die Gründe für das in Rede stehende Verhalten der Arbeiter verschiedener Art sein können. Man würde fehlgehen, hierbei stets den Hang zur Vagabondage als ausschlaggebend anzusehen.

Ebenso würde ich es für bedenklich halten, Arbeiter, die einige Wochen zu wandern genötigt gewesen sind, im zutreffenden Falle von der Ausstellung einer Bescheinigung über erfolglose Inanspruchnahme der Arbeitsnachweis-Anstalt auszuschließen oder auch nur dem Verwalter in dieser Beziehung das Recht der Entscheidung zu geben, den Nachsuchenden von der Willkür einer einzelnen Person abhängig zu machen. Es giebt viele Arbeiter, die trotz wochenlangen Wanderns ihren sittlichen Halt nicht verloren haben und mit solchen Arbeitern hat man — wie ich aus wiederholt gesuchten Informationen zu versichern in der Lage zu sein glaube — oftmals recht gute Erfahrungen gemacht, die bei allenfalls zu ergreifenden abstoßenden Maßnahmen sicherlich ausbleiben dürften. Unsere Anstalten müssen sich hüten, Mittel zu ergreifen, die geeignet sind, die Entwickelung des Arbeitsnachweises zu beeinträchtigen.

III.
Der Verkehr der öffentlichen Arbeitsnachweise mit den am Orte befindlichen Fachnachweisen.

Assessor Dr. **Naumann**-Hamburg: Als heute Vormittag Herr Pastor Mörchen die Verbindung zwischen Verpflegungsstationen und Arbeitsnachweisen zur Sprache brachte, hatte ich das Gefühl, daß sich hier zum ersten male zwei Bewegungen berührten, die, obgleich sie ähnlichen Zielen zustreben, bisher neben einander gegangen sind, ohne viel von einander zu wissen. — Wenn diese erste Berührung auch nicht sofort zu einer Verständigung führen wird, so hoffe ich doch, daß sie nutzbringend sein werde, daß man sich mehr kennen lernen und schließlich zusammen arbeiten wird. Ich glaube, das geht in Deutschland vielfach so, es bestehen parallele Strömungen, aber sie haben keine Berührung.

Auch auf dem Gebiete des Arbeitsnachweises ist das noch mehr der Fall, als bisher auf unserer Konferenz in Erscheinung getreten ist. Wir, meine Herren, vertreten in der überwiegenden Mehrzahl nur e i n e Gruppe von Arbeitsnachweisen. Die meisten hier vertretenen Nachweise sind kommunal oder werden mit Unterstützung der Kommune von Vereinen betrieben. Eigentümlich ist diesen Nachweisen zumeist, daß sie sich auf alle Gruppen von Arbeit erstrecken, ferner daß sie besondere Tendenzen nicht verfolgen, daß vielmehr die Arbeitsvermittelung ihr einziges Ziel ist.

Daneben aber bestehen andere Gruppen, die zum Teil älter sind als unsere. Ich erinnere an die konfessionellen Nachweise, die stellenweise große Bedeutung haben, ferner an die Nachweise von Arbeitgeber- und Arbeitnehmerverbänden. Diese letzteren beiden Gruppen, von denen ich in der Hauptsache reden will, stehen in einem gewissen Gegensatz zu den anderen Nachweisen, man kann sie als parteiische den anderen, den unparteiischen, gegenüberstellen. — Nachweise der Arbeitgeber oder Arbeitnehmer verfolgen fast stets den Nebenzweck, eine Waffe im wirtschaftlichen Kampfe zu gewähren, sie wollen nicht schlechthin vermitteln, sondern sie sollen der einen Partei ein Uebergewicht über die andere verschaffen.

In neuester Zeit erschienene Publikationen, insbesondere das Buch des Freiherrn von Reitzenstein und die Arbeit des Regierungsrat Evert haben gezeigt, daß die Bedeutung der Facharbeitsnachweise in Deutschland noch eine sehr große ist und derjenigen der unparteiischen Nachweise nicht nachsteht.

Man mag das von manchen Seiten beklagen, muß sich indes mit der gegebenen Thatsache abfinden und zu ihr Stellung nehmen.

Ich habe mich gefragt: ist es nicht möglich, hier eine Verbindung herzustellen, giebt es nicht für beide Arten von Nachweisen auch gemeinsame Aufgaben, bei denen sie zusammenwirken können? Ich glaube, man muß diese Frage bejahen.

Zunächst ist nötig, daß der Vereinsarbeitsnachweis von dem Bestehen der anderen Nachweise Kenntniß habe, damit er Facharbeiter, die er selbst nicht unterzubringen vermag, dorthin verweisen kann. Die

Kenntnis ist, wie mir scheint, nicht immer vorhanden. Von vielen Arbeitsnachweisen, die ich nach ihren Verbindungen mit den Fachnachweisen gefragt habe, erhielt ich zur Antwort, solche gebe es an ihrem Orte nicht. Ich glaube, das war nicht immer richtig. Wir haben von dem Herrn Vertreter der Düsseldorfer Anstalt gehört, daß in Düsseldorf 105 Arbeitsnachweise beständen, in Hamburg habe ich 76 gezählt und ich glaube, es fehlen mir immer noch einige. Ich möchte die Herren Vertreter der Nachweise bitten, in ihren Städten gleiche Erhebungen anzustellen.

Man wird aber dabei nicht stehen bleiben dürfen, sondern muß eine engere Verbindung erstreben. An manchen Orten ist das ja gelungen, am besten wohl in Baden und einigen Rheinischen Städten, wo die Berufsvereine sich der Centralvermittelungsstelle angeschlossen haben. Anderwärts wird das nicht möglich sein. Bei uns in Hamburg z. B. ist der Gegensatz zwischen Arbeitgebern und Arbeitnehmern so stark, daß an eine solche Vereinigung nicht zu denken ist. Ich glaube, man würde mich einfach auslachen, wenn ich die Innungen ersuchen wollte, sich unserm Nachweis anzuschließen, und auch die andern dem Arbeitgeberverbande angehörigen Vereinigungen empfinden keinerlei Neigung zu solchem Anschluß, wie mir der anwesende Herr Vertreter dieses Verbandes gewiß bestätigen wird. Die Arbeiterverbände, die wirtschaftlich schwächer sind, wären vielleicht eher zu solchem Anschluß zu bewegen, aber viel Zutrauen habe ich auch dazu nicht.

Wo die Verhältnisse so liegen, scheint es mir geboten, sich auf eine Vereinbarung zu statistischen Zwecken zu beschränken. Mir ist immer als eine der ersten Aufgaben des Arbeitsnachweises erschienen, Angebot und Nachfrage erkennbar zu machen — ein Bild des Arbeitsmarktes zu geben, wie es Markt- und Börsenberichte für den Waaren- und Kapitalienmarkt bieten. Ein solches Bild ist einmal erforderlich für die Interessenten, und zwar gleichmäßig für beide Parteien, ferner aber auch für die Behörden. Es ist für die Behörden von Wichtigkeit zu wissen, ob eine Arbeitslosigkeit von größerem Umfange herannaht oder vorhanden ist. Gegenwärtig stehen sie aber diesen Verhältnissen fast blind gegenüber und sind auf parteiisch gefärbte und deshalb unzuverlässige Angaben angewiesen. Die Augen der Behörden müssen die Arbeitsnachweise und ihre Statistik sein.

Gelingt es die Arbeitsnachweise eines Ortes auch nur soweit zu vereinigen, daß sie, etwa wöchentlich, ihre Feststellungen über den Arbeitsmarkt an eine Centralstelle einreichen, die sie zusammenstellt und veröffentlicht, so ist schon etwas erreicht. Dazu aber ist nötig, daß man sich über gleichmäßige Buchführung und Zählung in der Weise, wie ich es mir am Vormittag darzustellen erlaubte, einigt. Ich denke mir, daß in allen größeren Städten von den Centralarbeitsnachweisen solche Zusammenstellung wöchentlich gemacht und in den Lokalblättern veröffentlicht wird, und daß man sie dann allmonatlich Herrn Dr. Jastrow für seinen „Arbeitsmarkt" einsendet.

Dazu wollte ich die Anregung geben.

Bildhauer **Sailer**=Augsburg (Verband ordnungsliebender Arbeitervereine): Herr Assessor Naumann stellte die Behauptung auf, wenn ich recht verstanden habe, daß die sogenannten behördlichen Arbeitsnachweise die unparteiischen seien. Daß dagegen die, ausschließlich von Arbeitgebern und Arbeitnehmern geleiteten nie

(Widerspruch)

auf vollständige Unparteilichkeit Anspruch machen könnten. Wenn Sie, meine Herren, gestatten, werde ich Ihnen einen Ueberblick geben, nur in kurzen Umrissen, wie bisher unser Arbeitsnachweis gegründet und geleitet wurde. Denn ich erlaube mir, vollständig anderer Ansicht zu sein, als der Herr Vorredner.

In der Eigenschaft als Vorsitzender des Verbandes ordnungsliebender Arbeitervereine in Augsburg, der ein ausschließlich von Arbeitern geleitetes Arbeitsnachweisbureau führt, bin ich der festen Ueberzeugung, daß dem Stellensuchenden sowohl, wie auch dem, der Arbeitskräfte sucht, besser gedient ist, wenn er von Leuten bedient wird, die selbst Männer der Arbeit sind und dadurch die Arbeitsvermittelung praktischer bethätigen können. Dies nur der praktische Vorteil. Daß man aber in ein von Arbeitern geleitetes Institut bezüglich der Unparteilichkeit Zweifel setzen kann, ist mir unbegreiflich. Unser Arbeitsnachweis z. B. wird geleitet ohne Unterschied der Angehörigkeit einer Partei oder Religion von Mitgliedern der verschiedenen nicht=sozialdemokratischen

(aha!)

Arbeitervereine. Noch niemals konnte nachgewiesen werden, daß auch nur ein Fall vorgekommen wäre, wo von Parteilichkeit die Rede sein könnte, ja, im Gegenteil, bei Gelegenheit einer Beleidigungsklage hat das richterliche Urteil gezeigt, wie unstichhaltig derartige Behauptungen sind.

Im übrigen können wir getrost auf das in den Jahresberichten durch Zahlen bewiesene Gegenteil uns stützen. Allerdings wird es manchem Vertreter der mit uns korrespondierenden Bureaux aufgefallen sein, als Herr Rechtsrat Dr. Menzinger=München in seinem Referate über die Centralisation alle bayerischen, links= wie rechtsrheinischen Institute, in Erwähnung brachte, ausgenommen das in Augsburg existierende. Aber selbst diese Ignorierung ist kein Grund zur Annahme von Parteilichkeit. Ja, nach wiederholter eigener Aussage der städtischen Kollegien erscheine für Augsburg vorerst völlig überflüssig, ein städtisches Arbeitsamt zu errichten, und mit Stolz können wir sagen, daß unser Arbeitsnachweis schon thatkräftig fungierte, ehe in Bayern an einen behördlichen Arbeitsnachweis auch nur gedacht wurde.

Wenn bei weiblicher Arbeisvermittelung wir eine verhältnismäßig kleine Prozentzahl erreicht haben, so liegt das daran, daß wir nur weiblichen Industriearbeiterinnen Arbeit vermitteln und nicht wie in München auch Dienstboten und Kellnerinnen; das überlassen wir den — hier so vorzüglich arbeitenden — Anstalten, katholische St. Maria=Anstalt und protestantisches Martha=Heim, welche diese Arbeitsvermitte=

lung in sozialer Beziehung praktischer bethätigen können, wie die übrigen Institute, wie heute morgen auch in trefflichen Worten Herr Pastor Mörchen ausführte.

IV.

Die Vermittelung ländlicher Arbeiter.

Referent Regierungs-Assessor **Böhm**-Altkirch: Um es zu ermöglichen, daß die für manche Teile Deutschlands sehr brennende Frage der Vermittelung ländlicher Arbeiter hier auf der Konferenz zur Sprache kommt, habe ich mich bereit erklärt, unvorbereitet das Referat zu übernehmen. Ich bedaure daher, die Frage nicht in allgemeiner Art beleuchten zu können.

Es war für mich, der ich aus der fernsten Südwestecke des Reiches, dem elsässischen Sundgau, komme, von höchstem Interesse, aus den Ausführungen der Herren Redner am Vormittage zu ersehen, wie weit die Organisation des Arbeitsnachweises in den alten deutschen Landen bereits gediehen ist. Um so schmerzlicher, ja beinahe beschämend war für mich die Thatsache, daß in meinem eigenen Heimatlande Elsaß-Lothringen, abgesehen von wenigen größeren Städten, eigentlich noch nichts geschehen ist, um diesen wichtigen wirtschaftlichen Zweig zu pflegen. Wenn ich mich eines Bildes bedienen darf, so haben Sie heute schon die Konstruktion des besten Daches für das tadellos erbaute, mit vielen wohl eingerichteten Zimmern versehene Gebäude der Arbeitsvermittelung in den altdeutschen Staaten beraten, während wir in Elsaß-Lothringen noch nicht einmal das Fundament für dies Gebäude gelegt haben. Es mögen auch in Elsaß-Lothringen wohl die Verhältnisse anders liegen als in Altdeutschland. Abgesehen von Straßburg, der Hauptstadt des Landes, nach welcher ein übermäßiger Zustrom arbeitsuchender Leute stattfindet, dürfte in anderen selbst industriellen Orten der Fall nicht so häufig sein, daß Mangel an Arbeit vorhanden ist. Auf dem platten Lande aber, wo die Landwirtschaft alles beherrscht, da dreht sich das Verhältnis völlig um. Hier herrscht nicht Mangel an Arbeit, sondern peinlicher Mangel an ländlichen Arbeitern. Die Gründe hierfür sind dieselben wie anderwärts auch. Die Fabriken mit ihrer geregelten, selbst für junge Leute nicht allzu anstrengenden Thätigkeit, mit der Gewährung eines ununterbrochenen reichlichen Verdienstes ziehen Scharen ländlicher Bewohner in die Fabriksorte und berauben den Landwirt der für ihn so notwendigen Arbeitskräfte. Besonders die Pächter größerer Ländereien, wie solche im Sundgau nicht selten sind, haben unter diesem Zustande zu leiden, da sie in der Familie nicht ausreichende Kräfte haben, um alle Arbeiten zu besorgen. Und wenn ja auch vieles mit Maschinen gemacht werden kann, gewisse Dinge sind doch nur mit Menschenhand ausführbar. Diese Entleerung des platten Landes von den aus ihm hervorgegangenen, aber ihm untreu gewordenen Kräften wächst immer noch. Mit Schrecken sieht der Landwird die Ernte- und Saatzeiten kommen. Wo soll er die Arbeiter hernehmen?

Die Arbeitsvermittelung, wie gesagt, steckt bei uns noch in den Kinderschuhen. In dieser Not machte der landwirtschaftliche Kreisverein Mülhausen i. E. in Gemeinschaft mit einigen angesehenen Landwirten des Kreises Altkirch dieses Frühjahr den Versuch, eine „Elsaßgängerei" zu veranstalten. Eine Kommission begab sich nach Schlesien, setzte sich mit dortigen Vermittelungsstellen in Verbindung, und es gelang eine Anzahl preußischer und russischer Polen als Arbeiter zu gewinnen. Die Arbeitgeber mußten die Reisekosten im voraus vorschußweise bezahlen und einen schriftlichen Vertrag mit den Arbeitern eingehen, in welchem die beiderseitigen Rechte und Pflichten: Arbeitslohn, Arbeitszeit, Verpflegung u. s. w. genau vereinbart waren. Die Polen kamen. Eine Zeitlang ging die Sache gut. Dann aber erwachte in den Polen der Unternehmungsgeist. Sie verlangten mehr Lohn, und eines schönen Tages waren sie bei Nacht und Nebel verschwunden. Nicht bloß kontraktbrüchig wurden sie, sondern sie hatten bereits bar Geld für nicht erfolgte Gegenleistungen erhalten und dazu ihre Dienstherren in der schwierigsten Zeit im Stiche gelassen. Die Polen hatten ihren Ruf als unzuverlässige Arbeiter bewährt. Ein Mittel, diese Leute zurückzuholen, hatten wir nicht, wußten auch nicht einmal mit Bestimmtheit, wer und woher sie waren. Es blieb nichts übrig, als in dieser Not sich an das Militär zu wenden, welches durch Vermittelung der Kreisdirektion Altkirch auch den Landleuten dieses Kreises ausreichende Mannschaften für 8—14 Tage überließ

Derartige schwer zu erlangende Aushilfen werden aber natürlich nur Nothilfen sein können. Es muß darnach getrachtet werden, dem ständig vorhandenen Mangel an ländlichen Arbeitskräften auf natürlichere zuverlässigere Weise abzuhelfen. Privatthätigkeit, Stellenvermittelungsgewerbe haben sich bisher nicht bewährt. Meines Erachtens muß daher der Staat auf die Organisierung und Centralisierung der öffentlichen und allgemeinen Arbeitsvermittelungsstellen mit Energie hinwirken und nötigenfalls zwingend eingreifen. Ich verhehle mir nicht, daß letzteres mit großen Schwierigkeiten verknüpft ist, aber soviel scheint doch klar zu sein, daß freiwillig niemand aufs Land geht, um Arbeit zu suchen. Jeder scheut eben die körperlich anstrengende Arbeit von vor-Tagesanbruch bis in die sinkende Nacht im Hofe und im Felde bei Sonnenbrand und Wettersturm. Und schließlich ist ja der Mensch keine leicht bewegliche willenlose Ware, die sich beliebig verschieben läßt. Sollen aber deswegen einerseits die überflüssigen Arbeitskräfte brach liegen und Not leiden und andererseits die Landwirte außer stande sein, aus Mangel an Arbeitern ihre Felder zu bestellen?! Warum sollte nicht der Staat da eingreifen und die arbeitslosen, der öffentlichen Armenpflege zur Last fallenden, körperlich für ländliche Arbeiten geeigneten Leute auf Staatskosten zwangsweise den Landwirten zuführen, die so dringend Arbeiter für sich und damit für unsere Volksernährung notwendig haben? Ferner müßten die Verhältnisse der ländlichen Arbeiter gesetzlich geregelt, insbesondere der schriftliche Arbeitsvertrag obligatorisch gemacht und Mittel gegeben werden, um den kontraktbrüchigen ländlichen Arbeiter, ähnlich wie dies die Gewerbeordnung für die Handwerksgehilfen und Lehrlinge vorsieht, zur Erfüllung des Vertrages zwingen und eventuell zwangsweise seinem Arbeitgeber wieder zuführen zu können. Auf andere Weise, glaube ich, wird eine Vermittelung ländlicher Arbeiter kaum den gewünschten Erfolg haben.

Buchdruckereibesitzer **Schwarz**-Halle: Was ich Ihnen hier sagen will, schlägt nicht in mein Fach, es soll Ihnen das hier unbekannte Wort „Sachsengänger" erklären, zeigt aber auch wieder einmal, wie nötig es ist, Fühlung im Deutschen Reich zu nehmen, um auszugleichen, wo Ueberschuß und wo Mangel ist. Ich bin in einer Gegend zu Hause, wo schon lange die Lage herrscht, wie sie der Herr Vorredner geschildert hat. Wir liegen allerdings mehr in der Mitte von Deutschland, wo es uns wesentlich leichter wird, die Arbeiter aus andern, ärmeren Gegenden heranzuziehen. Ich will es Ihnen hier schildern, wie es bei uns gemacht wird. Wir haben große landwirtschaftliche Betriebe, insbesondere sehr viel Zuckerrüben-Bau. Da ist es außerordentlich nötig, daß Arbeiter geworben werden. Die Rüben werden mit Maschinen gesät und dann die kleinen Pflänzchen herausgezogen, damit die großen Pflanzen Gelegenheit haben, sich zu entwickeln. Das muß zu gewissen Zeiten geschehen, im Frühjahr, und dann holt man sich in unserer Gegend, wenn es an Arbeitern mangelt, solche von der schlesischen, polnischen oder russischen Grenze. Diese schlesischen Arbeiter werden nach Sachsen gefahren und heißen darum Sachsengänger. Die Leute verdienen wahrscheinlich — sie sind anspruchslos — mit dieser Beschäftigung wesentlich mehr Geld als in ihrer Heimat. Wenn die Ernte im Herbst vorüber ist, gehen sie wieder nach Hause. Es ist dort noch nie eine solche vom Herrn Vorredner geschilderte Störung vorgekommen, daß etwa die Leute vor Schluß der Ernte weggegangen wären.

Ferner kommen in unsere Gegend die Ziegelstreicher aus Lippe. Diese kommen im Frühling an (ein Vorarbeiter sammelt einen Stamm Arbeiter und macht die Kontrakte) und gehen zu Weihnachten wieder in ihre Heimat zurück.

All dies würde sich leichter erreichen lassen, wenn man den Arbeitsnachweis centralisierte, nicht nur in kleinen, sondern auch in großen Kreisen.

Arbeitnehmer-Beisitzer **Dominé**-Frankfurt a. M.: Die Ansicht des Herrn Referenten, — daß die Arbeiter nicht aufs Land wollen, liege in der Sucht nach Vergnügen — kann ich nicht teilen. Es ist merkwürdig, daß die leitenden Personen im Reiche immer mit diesen Ausführungen kommen, während doch der Grund, warum die Arbeiter nicht gern aufs Land und in die kleine Stadt gehen, so einfach ist, daß man sich wundern muß, wenn gebildete Leute noch immer mit solchen Redensarten aufwarten.

In kurzen Zügen will ich klar legen, warum der Arbeiter nicht gern aufs Land resp. in die kleine Stadt geht. Es ist erstens die schlechte Lohn- und Bezahlungsweise. Zweitens die längere Arbeitszeit wie in der Großstadt. Drittens die schlechte Behandlung, wie sie auf manchen Gütern herrscht, wo ein Stück Vieh besser behandelt wird, als ein Knecht oder eine Dienstmagd. Viertens die schlechten Schlaf- und Aufenthaltsräume. Würden die Herren Gutsbesitzer bezw. Arbeitgeber die Arbeiter besser bezahlen, sie anständig behandeln, als Mitmenschen anerkennen und nicht von morgens früh bis abends spät ihre Arbeitskraft ausbeuten, sowie für menschenwürdige Schlaf- und Aufenthaltsräume sorgen, so würden sie nicht so viel über den Mangel an Dienstpersonal zu klagen haben. Daß ein Arbeiter in einer Großstadt leichter wieder Beschäftigung finden kann, wenn er seinen Arbeitgeber wechselt, ist bekannt, und dem Arbeiter nicht zu verdenken, wenn er für sein besseres Fortkommen sorgt. Wird auf dem Land oder in der Kleinstadt jemand arbeitslos, so fällt es ihm oft sehr schwer, in demselben Ort wieder passende Arbeit zu finden, und hat der Arbeiter dann Familie, so ist er noch übler dran, da er dann, wenn er nicht vom Orte wegziehen kann, oft unter allen Bedingungen seine Arbeitskraft hergeben muß.

Also nicht die Vergnügungssucht ist es, die die Arbeiter dem Lande entfremdet, sondern die von mir angeführten Gründe sind es, und es liegt in der Hand der Arbeitgeber selbst, hier Remedur zu schaffen.

Repetent **Traub**-Tübingen: Ich erlaube mir, das Wort zu ergreifen, weil vorhin von Sachsengängerei die Rede war und aus den Worten nicht klar wurde, wie der Herr Redner sich zu diesem wirtschaftlichen Symptom stellt. Ich habe fast den Eindruck bekommen, als ob er ihm gleichgültig gegenüber stände. Diese Sachsengängerei ist aber nach meiner Ueberzeugung eines der schlimmsten Symptome unserer Zeit, nicht nur vom wirtschaftlichen, sondern auch vom ethischen Standpunkt aus, und wer in diesem Sinne noch ein Wort über die Sachsengängerei zu verlieren hat, den möchte ich auf den Sachverständigenbericht verweisen, welchen die Konferenz der Sittlichkeitsvereine veröffentlicht hat. Es wird da eine Tiefe von Elend enthüllt, wie sie Ihnen wahrscheinlich nicht bekannt ist. Ich erinnere nur an die Kindermärkte, die in Württemberg vor der Ernte abgehalten werden. Es werden Kinder geradezu auf dem Markte verdingt, welche dann im Unterland auf gewisse Zeit arbeiten.

Ich stimme Herrn Dominé zu: die Gründe liegen häuptsächlich in den niedrigen Löhnen. Ich sage nicht, daß die Bauern die Löhne sofort erhöhen können; aber es ist Thatsache, daß die Löhne zu niedrig sind, auch daß die schlechte Kost viel daran schuld ist. Wer bei Bauern engagiert ist, ist dies nur auf eine kleine Spanne Zeit. — Ich habe mir einmal die Mühe gegeben, in einem Bauerndorf nachzufragen: wieviel von Euch wollen denn Knechte haben? Zwei Bauern haben in öffentlicher Versammlung gesagt: „Nur wir." Die andern haben ihre Felder ohne fremde Hilfe betrieben. Nur in der Zeit der Ernte, da sollen überall Arbeiter vorhanden sein. Daß dem nicht so ist, und daß diese nicht mit einem Schlage vorhanden sind, liegt in der Natur der Verhältnisse. — Drittens kommt noch dazu die Behandlung und die Wohnungen; diese sind außerordentlich armselig, und ich würde es keinem Fabrikarbeiter übelnehmen, wenn er sich sträubt, sich in solche Zustände zu begeben.

Stadtrat **Pohl**-Königsberg: Ich stamme aus dem äußersten Nordosten unseres Vaterlandes, und zwar aus der Gegend, von wo die Arbeiter nach Elsaß-Lothringen bezogen sind, und die der Herr Referent als Preußen-Polen bezeichnete. Ich muß zunächst bemerken, daß uns der Begriff Preußen-Polen fremd ist. Wir haben nur entweder Preußen oder, soweit es polnische Arbeiter sind, Polen. Aber bei uns haben wir genau dieselbe Kalamität, wie in Elsaß-Lothringen und es wird sehr darüber geklagt, daß Leute nach dem Westen gelockt werden. Es ist mir bekannt, daß eine Reihe von kleinen Leuten, die ihr Hab und Gut verkauft hatten, um nach Westen zu reisen, gern zurückkehren wollten, aber dann kein Geld zur Rückreise besaßen. Die ostpreußischen Landwirte würden sich sehr freuen, wenn die Erfahrungen, von denen Herr Regierungsassessor Böhm gesprochen, die Leute veranlassen würden, in ihrer engeren Heimat zu bleiben. Wenn Leute ihre Sachen nach zwei Tagen aus dem Fenster geworfen haben, um zurückzugehen, so müssen dabei andere Gründe mitsprechen; ich bin aber nicht so eingeweiht, um sie aufdecken zu können. Ich weiß auch nicht, wie der Herr Referent sich das gedacht hat, die Arbeiter von der Stadt auf das Land zu überweisen. Er sagt: freiwillig gehen sie nicht; ich glaube, zwingen kann man sie auch nicht. Wir müßten denn zur Hörigkeit zurückgreifen, die wir glücklich im Anfang des Jahrhunderts losgeworden sind. Im übrigen schützt das Gesetz die Arbeitgeber auf dem Lande ebenso wie die gewerblichen Arbeitgeber in der Stadt gegen den Vertragsbruch. Freilich nützt das Recht auch den Arbeitgebern in gewerblichen Kreisen in der Regel nicht viel; denn wenn der Arbeiter geht, wird der Arbeitgeber nur schwer zur Erstattung des ihm entstandenen Schadens gelangen.

Wo der Fehler sitzt, daß die Landwirte an Arbeitermangel leiden, das zu untersuchen würde zu weit führen und gehört auch nicht hierher. Wir sind durch die Ausführungen des Herrn Referenten überhaupt von dem eigentlichen Thema einigermaßen abgekommen, nämlich von der Vermittelung der ländlichen Arbeiter. Ich fürchte, daß die Arbeitsvermittelung für ländliche Arbeiter vorläufig noch wenig Erfolg haben wird.

Pastor **Mörchen**-Bielefeld: Aus den Berichten über eine große Menge von Vermittelungsstellen in Herbergen habe ich zu meinem Bedauern die Ueberzeugung gewonnen, daß es eine große Anzahl von Arbeitern giebt, die nicht aus berechtigten Gründen die Arbeit in kleinen Städten und auf dem Lande ablehnen. Es kommen da wirklich haarsträubende Dinge vor, man ist dort der Ansicht, daß es sehr oft ausschlaggebend sei, wo man mit wenig Mühe viel erwirbt und sich am besten „amüsiert". Und wenn ich frage, worauf beruht das? so meine ich: es ist der traurige Umstand, daß beiderseits, in Arbeitgeber- wie Arbeitnehmerkreisen, das Solidaritätsgefühl in hohem Maße geschwunden ist. Ich mache gar nicht einen Teil dafür verantwortlich. Ich weiß, daß es vorkommt, daß z. B. ein Schneidermeister viel Aufträge auf Weihnachten hat, Leute einstellt, und bis Weihnachten ist er fertig. Es fällt gerade der erste Schnee, daran liegt ihm nichts, am heiligen Abend wirft er seine Leute hinaus und kümmert sich nicht darum, wo sie nun ihr Brod finden sollen.

Aber, um die Sache auch von einer andern Seite zu betrachten, es liegen Thatsachen genug vor, wo kleine, sehr anständige Handwerksmeister ganz anständigen Lohn geben, sogar mehr als in der großen Stadt, und auch die Behandlung die richtige war, und doch zeigt sich eine Sucht nach der Großstadt, der Arbeiter weigert sich, die gute Arbeit anzunehmen oder darin zu bleiben. Das ist Vergnügungssucht, Wandersucht, oder wenn man will, ein gewisser, aber sehr unberechtigter Ehrgeiz. Er meint: ich kann mich auch als Mann ersten Ranges in der Großstadt sehen lassen, ich will mir auch die Sporen verdienen. In der größten Herberge in Berlin, Oranienstraße 104, wo über 5000 Vermittelungen im Jahr geschlossen werden, geht man dagegen ganz geschickt vor. Der Vermittler nötigt dem Arbeiter Vertrauen ab, durch sein Entgegenkommen, und wenn er den Eindruck hat, der Mann eignet sich nicht für die Großstadt, er kann sich hier nicht behaupten, er fällt der Polizei in die Hände, dann sagt er: Lieber Freund, laß dir guten Rat geben, in Berlin ist kein Platz für dich, aber in Brandenburg, in Prenzlau u. s. w. ist Arbeit für dich, und es ist besser, du gehst aus Berlin hinaus. Es gelingt ihm in vielen Fällen, den Arbeiter wieder hinauszubugsieren. Diese Verhältnisse haben auch ihre ethische Seite; ein richtiger Arbeitsnachweis muß auch dahin wirken, daß der ungesunde Drang nach den Großstädten nicht etwa unterstützt, sondern eingedämmt, und die Seßhaftigkeit und Ausdauer in der Arbeit befördert wird. Ein Hauptzweck der geschäftlichen Centralisation des Arbeitsnachweises ist die praktische Decentralisation, die zwanglose, aber individuell-sorgfältige und sachgemäße Vertheilung der Arbeit und der Arbeitskräfte.

Landrat **Beckhaus**-Hofgeismar. Über die Thatsache, daß auf dem flachen Lande großer Arbeitermangel herrscht, besteht kein Zweifel. Aber man pflegt denselben doch nicht so abzuhelfen, daß man die Arbeiter persönlich heranholt und zu dem Zwecke sich nach Polen oder dem Eichsfelde begiebt. Es wird doch in dieser Beziehung im Elsaß der gleiche Brauch herrschen, wie im übrigen Deutschland, daß nämlich die Arbeiter durch Agenten vermittelt werden. Ist diese Vermittelung aber möglich den Agenten, die doch noch Provision beziehen, so sehe ich nicht ein, warum ein Gleiches nicht einem wohl organisierten unentgeltlich arbeitenden Arbeitsnachweis möglich sein sollte; denn gerade der centralisierte Nachweis muß genau Bescheid wissen, wo Arbeiterüberschuß und Arbeitermangel ist.

Ferner möchte ich ihre Aufmerksamkeit noch auf die Arbeiterkolonien lenken, sofern solche in der Nähe von Arbeitsplätzen, bei denen es an Arbeitern fehlt, gelegen sind. Wiederholt sind von diesen Kolonnenarbeiter unter Führung eines Hausvaters oder zuverlässigen Vorarbeiters mit gutem Erfolge auf das Land gesandt, um größere, längere Zeit in Anspruch nehmende Arbeiten auf den Gütern ausführen zu lassen.

Wenn von Herrn Dominé-Frankfurt in übertriebener und einseitigster Weise behauptet worden ist, der ländliche Arbeitermangel habe seinen Grund in der unwürdigen und schlechten Behandlung und Bezahlung der Arbeiter durch die ländlichen Arbeitgeber, so muß ich demgegenüber erwidern, daß im Allgemeinen — keine Regel ohne Ausnahme — von schlechter Behandlung und Bezahlung auf dem Lande keine Rede sein kann. Im Großen und Ganzen müssen wir unseren Landwirten nachrühmen, daß sie bestrebt sind, patriarchalische Bande um Arbeiter und Arbeitgeber zu knüpfen, auch sind die Löhne in keiner Weise kümmerlich und trotz der schlechten Zeiten für die Landwirtschaft unter dem Einflusse der Industrie so gestiegen, daß die Arbeiter sehr wohl zufrieden sein können. Zwingt doch die Industrie die Landwirtschaft geradezu, allmälig die gleichen Löhne zu bewilligen. Aber auch die höheren, schon jetzt vielfach gezahlten Löhne werden dem ländlichen Arbeitermangel nicht abhelfen können. Der wahre Grund der Arbeiterkalamität liegt in der Genußsucht, in dem Drange nach Ungebundenheit, die den Arbeiter vom flachen Land, wo er an die Scholle gebunden ist, hinwegzieht in die Großstadt, um sich hier, entrückt dem Auge des Arbeitgebers, nach Ablauf seiner fest begrenzten Arbeitszeit der ungezügelten Freiheit voll hingeben zu können. Es thut mir leid, auf solche Sachen hier eingehen zu müssen, aber es war mir Pflicht und Bedürfniß, den gegen die ländlichen Arbeitgeber gerichteten schweren und unbegründeten Vorwurf zurückzuweisen.

Verwalter **Eckert**-Freiburg: Die Vermittlung ländlicher Arbeiter läßt sich ganz gut an die städtischen Arbeitsnachweis-Anstalten anschließen; wenigstens haben wir in Freiburg damit recht beachtenswerte und gute Erfolge erzielt. Die Wege, unsern Landwirten geeignete Arbeitskräfte zuzuführen, sind verschiedene gewesen. Als verfehlt muß nach unseren Erfahrungen der Weg bezeichnet werden, solche Arbeitskräfte aus andern Ländern herbeizuführen, da einesteils die Individualitäten, anderseits die Verschiedenartigkeit der Betriebe, namentlich zwischen Süd- und Norddeutschland recht schwer ins Gewicht fallen, und das persönliche Wohlbefinden oder die richtige Verwendbarkeit der so gewonnenen Arbeiter sehr zu leiden haben. Hierzu kommt, daß der Mangel an landwirtschaftlichen Arbeitern allerwärts zu verspüren ist, und die angestellten Versuche, von weither Landarbeiter zu verschaffen, sich kaum der Mühe gelohnt haben.

Weit bessere Erfahrungen haben wir damit gemacht, unser Augenmerk auf die in unserm Geschäftsbezirk vom Lande her der Stadt zuströmenden ländlichen Arbeiter zu lenken, um diese zu belehren und in die vorhandenen offenen Arbeitsstellen nach den Landorten unserer Gegend zurückzuverbringen. Die sich hierbei bietenden Schwierigkeiten, welche in der allgemein herrschenden Abneigung der betreffenden Arbeiter gegen die Annahme ländlicher Arbeitsstellen ihre Ursache haben, dürfen hierbei allerdings nicht übersehen werden.

Diese Schwierigkeiten werden aber um so leichter zu überwinden sein, je mehr die städtische Vermittlungsanstalt sich bestrebt, auch mit den ländlichen Kreisen ihrer Gegend in Berührung zu kommen. Die Bewirkung eines Ausgleichs innerhalb der Geschäftsgebiete der einzelnen Anstalten halte ich für sehr wichtig und nutzbringend. Dieser Ausgleich wird wertvoll werden, sowohl für unsere Landwirtschaft, als auch für unsern Handwerker- und Gewerbestand in den kleinen Orten. Auf einen solchen Ausgleich innerhalb der gegebenen Grenzen der Geschäftsgebiete unserer Anstalten, wird allenthalben das Hauptaugenmerk zu richten sein. Es ist sehr zu begrüßen, daß unsere heutige Konferenz zu derartigen Anregungen Gelegenheit gab und namentlich in der Vormittagssitzung auf die Bedeutung hingewiesen wurde, welche darin liegt, die Vermittlungsthätigkeit über das städtische Gebiet hinaus, sei es nun direkt oder indirekt auszudehnen.

Ich bin überzeugt, daß mit einer derartigen Vermittlungsthätigkeit, namentlich wenn sie richtig gehandhabt und durchgreifend betrieben wird, dem Arbeitermangel auf dem Lande am besten entgegengearbeitet werden kann.

Arbeitersekretär **Kolb**-Karlsruhe: Herr Landrat Beckhaus-Hofgeismar hat geglaubt, versichern zu müssen, daß mein Freund Domine einseitigen Ansichten Ausdruck gegeben habe, indem er die Schuld der geringen Lust seitens der Arbeiter, sich aufs Land zu begeben, in den schlechten Löhnen oder unwürdiger Behandlung und oft unzulänglichen Schlaf- und Wohnstätten suchte; er hält es nicht für möglich, daß diese Thatsachen am Mangel an Arbeitern schuld sein könnten. Er meint dagegen die kolossale Vergnügungssucht der Arbeiter trage die Schuld. Ich wäre ihm dankbar, wenn er sich etwas deutlicher äußern würde. Ich kann von mir sagen, daß ich in die Verhältnisse eingeweiht bin. Diese Vergnügungssucht ist so groß nirgends, daß man in ihr den Hauptfaktor erblicken könnte, daß die Arbeiter nicht auf das Land gehen wollen. Wenn die Arbeiter keine Lust zeigen, aufs Land zu gehen, auch selbst solche Arbeiter, die lange auf der Wanderschaft gewesen sind, die sich nach Verdienst sehnen, und die ganz sicher gern gegangen wären, wenn ihnen nur ein einigermaßen angemessener Verdienst in Aussicht stände, — wer wird da glauben, daß einen solchen Mann Vergnügungssucht zurückhält. Die Löhne auf dem Lande sind auf jährlich 450 M. eingeschätzt, in der Nähe von Karlsruhe. Wie mag es nun erst in Pommern sein? Stellen Sie sich nur vor, welche Renten von so kleinen Löhnen zu berechnen sind, wenn ein aufs Land gegangener Arbeiter verunglückt. Glauben Sie, daß das auf seine Bekannten und auf alle, die davon hören, nicht abschreckend wirken muß?

Ich glaube wohl, mein Freund Dominé hat vollständig recht, wenn er sagt, daß schlechte Behandlung und schlechter Lohn die Schuld seien. Ich kann das Einseitige an dieser Ansicht nicht finden.

Referent Regierungsassessor **Böhm**-Altkirch: Es sei mir gestattet, mich im Schlußwort gegen einige Mißverständnisse zu wenden, welche, wie es scheint, während der Debatte über diesen Gegenstand Platz gegriffen haben.

Wenn ich von preußischen und russischen Polen sprach, so wollte ich keine neuen Nationalitäten schaffen, sondern nur damit ausdrücken, daß die nach dem Sundgau gekommenen Arbeiter die polnische Sprache redeten und teils preußische, teils russische Staatsangehörige waren. Die preußischen Arbeiter anzugreifen lag mir um so mehr fern, als ich selbst geborener Ostpreuße bin. Ferner muß ich entschieden bestreiten, daß die polnischen Arbeiter im Elsaß schlecht behandelt worden sind. Sie haben nicht mehr zu arbeiten gehabt wie anderswo ländliche Arbeiter und bezogen bis 1,40 M., ja 1,50 M. täglichen Lohn bei freier reichlichster Kost und freiem Logis. Und wie reichlich die Kost war, will ich Ihnen aus dem Arbeitsvertrag vorlesen:

(Geschieht.)

Dies ist wohl eine bessere Verpflegung, als sie Millionen freier Menschen sich verschaffen können. Nicht in der schlechten Behandlung seitens der Arbeitgeber liegt die Ursache des Kontraktbruchs der Polen, ebensowenig in den zu niedrigen Löhnen, wenigstens im Sundgau, sondern in dem Charakter der Polen. Einen weiteren Versuch wird man wohl nicht mit ihnen machen.

Die Erörterung hat ergeben, daß allseitig der Mangel an ländlichen Arbeitern und die Unzulänglichkeit der Arbeitsvermittlung auf diesem Gebiete anerkannt wird, daß man aber die Anwendung von Zwangsmitteln für undurchführbar hält. Darüber kann meines Erachtens kein Zweifel bestehen, daß es nicht die schlechten Löhne und die ungenügende Verpflegung sind, welche die ländlichen Arbeiter vom Lande forttreiben, sondern die Idee, daß sie in den Städten und Fabriken leichtere, bequemere und besser bezahlte Arbeit finden und dabei die Vorteile der Großstadt genießen können. Endlich ist anerkannt, daß zu versuchen ist das System der öffentlichen allgemeinen Arbeitsvermittelungsstellen auf die Landorte auszudehnen und diese mit den nächsten städtischen Arbeitsvermittlungsstellen, an denen ein Zusammenströmen der Arbeiter stattfindet, zu verbinden, um den Ueberfluß an industriellen Arbeitern von der Stadt aufs Land zurückzuleiten.

V.

Gegenstände, welche zur Besprechung in ähnlichen Zusammenkünften geeignet sind.

(1.) Vorsitzender: Von verschiedenen Seiten ist der Wunsch ausgesprochen worden, daß Gelegenheit gegeben werden möge, auch Gegenstände, welche nicht auf unserer Tagesordnung stehen, zur Sprache zu bringen. Nachdem die Tagesordnung erledigt ist, steht dem nichts im Wege, daß wir den Rest der Sitzung hierzu benutzen. Hierbei wird es nicht auf die gründliche Durchsprechung irgend eines Punktes ankommen. Dem mehr zwanglosen Charakter unserer Gruppenversammlung entsprechend, werden wir diese Anführungen mehr unter dem Gesichtspunkte einer Aussprache darüber zu betrachten haben, was sich zu einer Erörterung auf neuen ähnlichen Zusammenkünften wie der unsrigen in erster Linie eignen würde.

Unter diesem Gesichtspunkte hat Herr Geschäftsführer Stark-Elberfeld, der als Vertreter der dortigen städtischen Arbeitsvermittlungsstelle an der Konferenz theilgenommen hat, aber im Laufe des Tages abzureisen genötigt war, mich ersucht, an seiner Stelle der Versammlung die Frage vorzulegen, inwieweit die **Vergebung kommunaler Arbeiten** dazu benutzt werden kann, um der Arbeitslosigkeit vorzubeugen. Die Erfahrung lehre, daß Arbeitsvermittlung und Arbeitslosigkeit sich nicht in dem Maße trennen lassen, wie man bisher geglaubt habe. Seitdem der Verband im Reg.-Bez. Düsseldorf bestehe, ereigne es sich täglich, daß man durch das Verbandsbureau erfährt, daß Arbeitermangel an andern Orten besteht, zu derselben Zeit, wo man ihn auch empfindet. Kommt aber die Zeit der Arbeitlosigkeit, so herrsche der Notstand in der einen Stadt wie in der andern. Auf diese Art lasse sich ein Ausgleich nicht bewirken. Hier führe die Arbeitsvermittlung direkt zu dem Verlangen, daß aufschiebbare Arbeiten überall für die Zeit aufgeschoben werden, wo erfahrungsmäßig Arbeitslosigkeit eintrete. Wenn also die Gemeinden die Arbeitsvermittlung in irgend welcher Art als ihre Aufgabe betrachten (sei es, daß sie selbst Arbeitsnachweise errichten, oder daß sie Vereinsnachweise unterstützen), so müßten sie auch wenigstens bei der Vergebung ihrer eigenen Arbeiten dafür sorgen, daß nicht unnötigerweise der Arbeiter-Ueberfluß oder der Arbeiter-Mangel noch verstärkt würde. Für die Bauhandwerker z. B. sei der Winter die Zeit der Arbeitslosigkeit; innere bauliche Veränderungen, die auch im Winter gemacht werden können, müßte daher jede Gemeinde grundsätzlich, soweit irgend möglich, auf den Winter verschieben. Man könne die Verbesserung allgemein dahin formulieren: daß die Kommunen bei der Vergebung ihrer Arbeiten auf das periodische Eintreten von Arbeitslosigkeit Rücksicht nehmen mögen. Ich bitte, sich über diese Anregung aus Elberfeld äußern zu wollen.

Professor Dr. **Herkner**-Karlsruhe: Bei uns in Karlsruhe hat die sozialpolitische Kommission vor einiger Zeit diesen Antrag gestellt, und er ist vom Stadtrate angenommen worden: daß alle kommunale Arbeit unter Berücksichtigung dieses Gesichtspunktes vergeben werden soll. Es wurde allseitig zugestanden, daß eine solche allgemeine Regelung sehr wünschenswert sei. Die Anfertigung der Dienstkleidungen ist hier übrigens schon seit mehreren Jahren in die stille Saison der Schneiderei gelegt worden.

Landrat **Beckhaus**-Hofgeismar: Im Anschluß an das eben Gesagte erlaube ich mir die Bemerkung, daß seitens des preußischen Staatsministeriums allen Gemeinden empfohlen worden ist, zur Begegnung etwa eintretender Arbeitslosigkeit die Ausführung aufschiebbarer Arbeiten auf den Winter zu verlegen.

(2.) Professor Dr. **Böhtlingk**-Karlsruhe: Für zukünftige Beratungen über eine wirksame Ausgestaltung des öffentlichen Arbeitsnachweises dürfte in erster Linie das Verhältnis des Arbeitsmarktes zur **Eisenbahn-Tariffrage** in Betracht kommen. Will man den praktischen Zweck, eine Ausgleichung von Angebot und Nachfrage, auch wirklich erreichen, so genügt es nicht, den Arbeitsuchenden eine Arbeitsgelegenheit nachzuweisen, dem Arbeiter muß auch die Möglichkeit geboten werden, von dort fortzukommen, wo man seine Kräfte nicht braucht oder zu gering wertet und um dahin gelangen zu können, wo man seiner am dringendsten begehrt. Bei den heutigen Tarifsätzen auf den Staatsbahnen ist die Freizügigkeit wenig mehr als ein juristischer Begriff. Um auch nur einige hundert Kilometer zu fahren, ist ein Aufwand erforderlich, der mit den Einnahmen eines Arbeiters in gar keinem Verhältnis steht. In Oesterreich nimmt man bereits hierauf Rücksicht, indem derjenige, der ein Arbeitsbuch am Schalter vorweist, wenn er nicht über 6 Wochen außer Arbeit steht, ein Billet dritter Klasse zum halben Preis erhält. Die lokalen Arbeiterzüge für kurze Strecken, so segensreich dieselben auch wirken, können ähnliche Einrichtungen für den Fernverkehr nicht entbehrlich machen. Den Arbeitsnachweis-Aemtern liegt es ob, dem Arbeiter nicht nur den Markt zu zeigen, sondern ihm auch denselben erreichbar machen zu helfen.

Assessor **Naumann**-Hamburg: Der von dem Herrn Vorredner geäußerte Wunsch erscheint mir doch etwas zu sehr aus theoretischen Erwägungen hervorgegangen. Ich glaube nicht, daß ein praktisches Bedürfnis vorhanden ist, Arbeitsuchende umsonst auf der Bahn zu befördern. Wir in Hamburg haben doch immerhin ein paar hundert Leute nach auswärts gesandt, ohne daß die Frage der Transportkosten ernste Schwierigkeiten bereitet hätte. Wer Arbeiter braucht, ist in der Regel auch bereit, die Transportkosten zu tragen, oder er schießt sie wenigstens vor und zieht sie später vom Lohne ab. Bei einem unentgeltlich vermittelnden Nachweis macht der Arbeitgeber — ich denke dabei vornehmlich an den ländlichen — immer noch ein gutes Geschäft, da er die in der Regel hohe Vermittlergebühr spart. Schlimmstenfalls kann auch der Arbeitsnachweis die Kosten vorschießen. Wir sollten in unsern Ansprüchen auch nicht zu weit gehen und es vermeiden, Fragen, bei denen noch andere sehr wichtige volkswirtschaftliche Momente in Betracht kommen, von einem einseitigen Standpunkt zu behandeln.

Sekretär **Bardorf**-Wien: Herr Prof. Böhtlingk hat erwähnt, daß wir in Oesterreich in Bezug auf die Fahrtermäßigung für Stellensuchende von Seiten des Eisenbahn-Ministeriums ein weitgehendes Entgegenkommen fänden. Dem ist leider nicht so. Es ist allerdings richtig, daß bei uns stellensuchende Arbeiter eine 50prozentige Fahrpreisermäßigung für die dritte Wagenklasse erreichen können. Doch geht das nicht auf Grund des Arbeitsbuches schlechtweg, sondern es muß von Seite des abreisenden Arbeiters in jedem einzelnen Falle um diese Begünstigung nachgesucht werden. Unser Verein hat es erwirkt, daß der sonst übliche Vorgang wenigstens für die von ihm an Provinzorte zugewiesenen Stellenbewerber etwas vereinfacht wurde. Trotzdem muß aber noch immer jeder einzelne Gesuchsteller den Nachweis seiner Mittellosigkeit durch den Bezirksarmenrat erbringen und eine polizeiliche Bestätigung einholen. Erst wenn dies geschehen, geht das Gesuch an die Bahnverwaltung. Die Erledigung derartiger Gesuche dauert in der Regel 3—4 Tage. Es ist einleuchtend, daß durch den umständlichen Einreichungsmodus diese Begünstigung für die Arbeiter wertlos wird. Die Mehrzahl der Abreisenden macht auch thatsächlich keinen Gebrauch davon. Unser Verein war bemüht, hier Abhilfe zu schaffen. Wir sind daher im Vorjahre beim Herrn Eisenbahnminister persönlich vorstellig geworden, um es zu erreichen, daß allen von uns an Provinzorte zugewiesenen Stellenbewerbern schon auf Grund unserer Arbeitsnachweisung kurzer Hand eine 50prozentige Fahrpreisermäßigung gewährt werde. Um jede mißbräuchliche Benutzung hintan zu halten, erboten wir uns, Listen über die abreisenden Arbeiter zu führen, aus welchen klar Reiseziel und der Name des Arbeitgebers ersichtlich gemacht würde. Sowohl diese Nachweisungsliste als die Anweisungen zur Bahnfahrt, hätten wir, falls es gewünscht worden wäre, auch auf amtlich beigestellten Blanquetten vorgenommen und gewissenhaft durchgeführt. Zur Ueberreichung dieser Eingabe wurde neben dem Sekretär des Vereins der Obmann, Handelskammerrat Herr Ad. Weiß, bestimmt, also eine würdige Repräsentationsperson. Doch erklärte uns der Minister kurzweg, unser Gesuch könne aus prinzipiellen und technischen Gründen nicht bewilligt werden. Sie sehen also, meine Herren, daß wir nach der Richtung hin alles gethan, leider aber nichts erreicht haben.

Dr. **Schäfer**-Karlsruhe: Ich glaube, daß die Frage, die Herr Prof. Boethlingk angeregt hat, allerdings sehr wichtig ist, glaube aber nicht, daß es jetzt schon unsere Aufgabe sein kann, uns ihretwegen an die Eisenbahnverwaltung zu wenden. Wir sollten einen Mittelweg einschlagen. Zunächst beschränke man sich darauf, die Fälle zu konstatiren, wo Arbeiter aus Mangel an Fahrgeld einen Arbeitsplatz nicht erreichen können. Man verschaffe sich hierüber einmal zuverlässiges statistisches Material, aus dem ersehen werden kann, in welchem Umfange etwa die Eisenbahnverwaltung genötigt würde einzugreifen. Auf grund solchen Materials erst wären weitere Schritte zu überlegen, könnten wir uns dann entweder selbst an die Eisenbahnverwaltung wenden, oder die mit Eisenbahnreformfragen bereits engagierten Kreise dazu veranlassen. Unser erstes Ziel müßte also meines Erachtens sein: die zahlenmäßige Feststellung derjenigen Arbeiter, die aus Mangel an Reisegeld angebotene Arbeit nicht annehmen können, alles weitere wäre der nächsten Konferenz vorzubehalten.

Landrat **Beckhaus**-Hofgeismar: Ich meine, meine Herren, beim ganzen Arbeitsnachweis muß von vornherein eine gewisse Schranke gesetzt werden und ich denke, soweit sollten wir nicht gehen, daß, wenn der Arbeiter keine Arbeit hat, wir für freie Fahrt sorgen. Damit kämen wir notgedrungen auf das Recht auf Arbeit, und zwar auf das bedingungslose Recht, ohne Rücksicht darauf, ob der Arbeiter seine bisherige Arbeit mit oder ohne Schuld verloren hat. Wenn der Arbeiter seine Stelle aufgiebt, so geschieht dies häufig durch seine Mitschuld. Dann sage man: „Spare in der Zeit, so hast du in der Not.“ Wir können nichts thun, um ihn zu einer neuen Stelle zu befördern, entweder soll er selbst vorsparen, oder — ist er ortsarm — dann übernehme eben der Verband das Reisegeld. Ich muß mich von vornherein prinzipiell gegen jede Ausdehnung unserer Aufgaben erklären, die darüber hinausgeht, Arbeit zu vermitteln, und die dafür sorgen will, daß der Arbeiter ein Recht auf Arbeit erhält.

Assessor **Naumann**-Hamburg: Ich glaube, daß die letzte Frage mehr theoretischer Natur ist. Wenn ein Unternehmer Arbeiter gebraucht, so ist er gern bereit das Geld auszulegen und es ganz oder teilweise allmählich wieder vom Lohne abzuziehen. Die westlichen Arbeitgeber, die Geld bezahlen für Leute aus Ostpreußen, bezahlen auch, um aus nahe gelegenen Städten Arbeiter zu bekommen. Ich glaube daher, daß diese Frage praktisch nicht so wichtig ist, sondern mehr einen theoretischen Wert hat.

Professor **Böhtlingk**-Karlsruhe: In meiner Absicht lag es nur, die Frage anzuregen. Ich halte allerdings dafür, daß die Arbeitsvermittelung die Zugänglichkeit der Beförderungsmittel für den Personenverkehr ganz ebenso in den Bereich seiner Einwirkung ziehen muß, wie auf dem Warenmarkte, der Stand, der den Austausch der Waren vermittelt, der Kaufmannsstand, die richtige Regelung der Frachttarife für eine Lebensfrage hält. Wenn mir entgegen gehalten worden ist, daß diese Frage nicht so wichtig sei, indem der Arbeitgeber das Geld vorstreckte, um es dann wieder vom Lohne abzuziehen, oder daß er es selbst bezahlt, glaube ich, jeder von uns kann täglich die Erfahrung machen, daß die Mehrzahl der Arbeiter nicht in der Lage ist, sich so frei bewegen zu können, wie es ihren Interessen und denen der Gesamtheit entspricht. Die große, für unser ganzes Wirtschaftsleben hervorragende Bedeutung, deren der öffentliche Arbeitsnachweis fähig ist, wird er erst dann entfalten können, wenn der Arbeiter leicht und billig auch dorthin gelangen kann, wo Arbeit für ihn vorhanden ist. Mit einem Recht auf Arbeit hat das nichts zu thun. Einstweilen würde ich es schon für einen Fortschriitt halten, wenn die Verwaltungen der Arbeitsnachweise sich mit der Eisenbahnfrage auch nur beschäftigten.

(3.) Beigeordneter Dr. **Kayser**-Worms: Es wäre sicher von Vorteil für die Ausbreitung eines geordneten Arbeitsnachweises, wenn das **Geschäftsgebaren gewissenloser Vermittler** — ich erinnere an die heute besprochene Massenvermittelung ländlicher Arbeitskräfte — gelegentlich zum Gegenstand der Besprechung gemacht und damit weiteren Kreisen bekannt gegeben würde. Ich denke an Fälle, wie den folgenden: Ein Ziegelmeister hat mit Leuten, die nicht schreiben konnten, in Westpreußen einen Vertrag abgeschlossen und sie zu großen Reisen veranlaßt. Die Leute saßen dann fern von der Heimat und waren infolge der Vertragbestimmungen (die ihnen jetzt erst bekannt wurden) ohne Mittel. Ich empfehle diesen Gegenstand dringend zu einer eingehenden Besprechung im Falle einer erneuten Zusammenkunft.

(4.) Finanzassessor Dr. **Losch**-Stuttgart. Eine der ersten Angelegenheiten, für welche eine gewisse Einheitlichkeit unter allen deutschen Arbeitsnachweisen anzustreben sein wird, ist die **periodische Statistik der Arbeitsnachweise**. Für die Aufarbeitung des durch die Berufs- und Gewerbezählung vom 14. Juni 1895 gewonnenen umfangreichen Materials waren für das ganze deutsche Reich „Klassifikationen" maßgebend, welche durch den Bundesrat vorgeschrieben worden sind, und zwar:

1. Die Personen (Erwerbsthätige mit ihren Dienstboten und Angehörigen) nach ihrem persönlichen Beruf waren nach Maßgabe der „Klassifikation der Berufsarten" in 207 Berufsarten einzureihen.
2. Die Gewerbebetriebe waren einschließlich der in ihnen Thätigen nach Maßgabe der „Klassifikation der Gewerbearten" in 320 Gewerbearten einzuordnen.
3. Da man nun die in den Gewerbebetrieben (namentlich in den größeren) beschäftigten Personen ihrerseits wieder nach ihren verschiedenen thatsächlichen Beschäftigungen überblicken sollte, so wurden diese (unabhängig von der „Berufsstatistik") nach ihrer Zugehörigkeit zu den verschiedenen Gewerbearten gegliedert, eine Arbeit, welche ebenso neu als wichtig ist.

Man hat also, wenn das Kaiserlich Statistische Amt einmal die Tabellenwerke in vollem Umfang bekannt gegeben hat, die gesamte deutsche Arbeiterwelt vor sich und zwar

1. nach ihrem Beruf ohne Rücksicht auf die Betriebe,
2. nach den Gewerbebetrieben, in denen sie thätig sind, ohne Rücksicht auf ihren Beruf.
3. Nach ihrer verschiedenartigen gewerblichen Beschäftigung innerhalb der einzelnen Gewerbearten.

Demnach wäre dringend zu wünschen, daß auch die Arbeitsvermittelung diese für die Gesamtheit der in Betracht kommenden Personen festgestellte Klassifikation annähme. Dies scheint auch schon in Düsseldorf aus dem unmittelbaren praktischen Bedürfnis heraus versucht worden zu sein, in der Weise, daß die Art des Betriebs durch besondere Zeichen und die Art der Beschäftigung ebenfalls durch besondere Zeichen (große und kleine Buchstaben) angedeutet wird. Ueber die Einzelheiten der Anwendung dieses Klassifikationssystems auf die Statistik der Arbeitsvermittelung wäre natürlich noch eine nähere Verständigung nötig. Jedenfalls aber läßt sich ohne eine derartige gemeinsame Klassifikation kein zutreffender Einblick in die Lage des Arbeitsmarktes gewinnen.

Vorsitzender: Die Frage hat ohne Zweifel eine sehr große Wichtigkeit. Wir kommen darauf noch in der privaten Besprechung zurück, welche sich mit der monatlichen Berichterstattung über die Lage des Arbeitsmarktes beschäftigen soll. Es wäre für uns von großem Wert, wenn Herr Dr. Losch an dieser Besprechung teilnehmen wollte[1]).

(5.) Pastor **Mörchen**-Bielefeld: Bei der Wichtigkeit der **Fernsprech-Anschlüsse** für den Betrieb des Arbeitsnachweises hat der Hauptvorstand des Deutschen Herbergsvereins an den Herrn Staatssekretär des Reichspostamtes die Anfrage gerichtet, ob nicht den mit Herbergen zur Heimat verbundenen und anderen Arbeitsnachweisen, deren gemeinnütziger Charakter durch eine Behörde (Regierungs-Präsident) anerkannt wäre, Ermäßigung oder Erlaß der Fernsprechgebühren bewilligt werden könne? Es wurde dabei Bezug genommen auf die von Sr. Majestät dem Kaiser in seiner Ansprache an die Vertreter der Stadt Bielefeld am 18. Juni gemachte Aeußerung: Wie seine Vorfahren dafür gekämpft hätten, jedem arbeitswilligen Unterthan — suum cuique — Arbeit und Verdienst zu verschaffen, so sei dies auch sein Wunsch und Wille. Das Reichspostamt erteilte unter dem 28. August 1897 die Antwort, es sehe sich außer Stande, dies zu gewähren, da einer solchen Maßnahme die Bestimmungen des Gesetzes über das Telegraphenwesen des Deutschen Reiches vom 6. April 1892 entgegenstehen. Da eine Änderung dieses Reichsgesetzes schwerlich zu erwarten ist, so wird man darauf Bedacht nehmen müssen, die gerade für den Arbeitsnachweis so besonders vorteilhafte Benutzung des Fernsprechers allgemein, wie in Württemberg und Baden, durch kommunale oder staatliche Zuwendungen zu ermöglichen. Ich bitte Sie, daß ein jeder von uns in seiner Heimat dafür thätig ist. Von einer ausgiebigen Benutzung des Telephons hängt in mancher Beziehung die Zukunft des Arbeitsnachweises ab.

---

[1]) Vergl. u. Beigabe V.

Résumé und Schluß.

II. **Vorsitzender** Privatdozent Dr. **Jastrow**-Berlin: Es hat sich niemand mehr zum Worte gemeldet, und nach der heute früh angenommenen Geschäftsordnung habe ich nur noch die Aufgabe, in einem Rückblick das Ergebnis unserer Nachmittagsverhandlungen kurz zusammenzufassen.

Ich glaube, meine Herren, in einer Beziehung werden wir von dem Charakter unserer Verhandlungen am heutigen Nachmittag sehr überrascht gewesen sein. In den vorbereitenden Arbeiten für die Konferenz waren alle Beteiligten bemüht, Gegenstände, die irgendwie gegensätzlicher Natur, z. B. durch Berührung mit politischen Tagesfragen, sein könnten, von den Plenarverhandlungen auszuscheiden und den Gruppenversammlungen zu überlassen. Auf diese Art sollte der möglichst unpolitische, verwaltungstechnische Charakter der offiziellen Zusammenkunft in den Plenarverhandlungen strengstens gewahrt werden. Andererseits sollten aber die Gruppenversammlungen die Möglichkeit der Erörterung solcher Fragen gewähren, die in das Gebiet politischer Gegensätze hineinführen können, weil es ja schließlich nicht möglich ist, wichtige Fragen deswegen unerörtert zu lassen, weil sie gleichzeitig auch eine politische Seite haben. Wir waren also darauf gefaßt, daß es in den Gruppenversammlungen heiß hergehen würde. In dieser Beziehung haben wir eine vollständige Ueberraschung erlebt. Die heutigen Nachmittagsverhandlungen über teilweise doch recht heikle Gegenstände, standen an Ruhe der Erörterung hinter denen des Vormittags durchaus nicht zurück.

In geradezu frappanter Weise hat sich dies bei den Verhandlungen über die Streik-Klausel gezeigt. Die Forderung, in das Statut eines öffentlichen Arbeitsnachweises die Klausel aufzunehmen, daß er im Falle eines Streiks seine Thätigkeit einstelle, hat in den Verhandlungen der Magistrate, der Stadtverordneten, der Gewerbegerichtsbeisitzer und auch in der einschlägigen Litteratur zu den leidenschaftlichsten Erörterungen geführt. Heute, wo sie zum erstenmal zum Gegenstand einer Verhandlung unter Fachmännern des Arbeitsnachweises gemacht worden ist, war von dieser Leidenschaftlichkeit nichts zu merken, und das Ergebnis der von allen Seiten mit Ruhe und Sachkenntnis geführten Debatte war: daß in der Praxis sich die Verhältnisse gänzlich anders stellen, als die Verteidiger oder die Gegner dieser Klausel annehmen. Auf allen Seiten, auch auf Seiten solcher Arbeitervertreter, die im Prinzip an der Klausel festhielten, ist der Ueberzeugung Ausdruck gegeben worden, daß die Klausel überhaupt die Bedeutung nicht hat, die ihr zu einer Zeit zugeschrieben wurde, als man über Erfahrungen in dieser Beziehung noch nicht verfügte. Es giebt andere Mittel als die Klausel, um die Rechte der Arbeiter zu wahren, und ebenso stehen den Unternehmern für die Wahrung ihrer Rechte in Lohnkämpfen Mittel zur Verfügung, im Vergleich zu denen die zwangsweise Offenhaltung des Arbeitsnachweises praktisch bedeutungslos wird. Es zeigt sich hier in einem Einzelfalle, wie die feinere Ausbildung einer Verwaltungsinstitution sofort eine Anzahl Fragen in das Gebiet der Verwaltungstechnik einbezieht, welche man früher rein für Sache der politischen Ueberzeugung und des Parteibekenntnisses hielt.

Wenn wir in einem der von uns besprochenen Punkte, in der Vermittelung ländlicher Arbeiter, in unserem Ergebnis nicht ebenso glücklich gewesen sind, so mag dies im Wesentlichen ein Sympton dafür sein, daß eben die Technik des Arbeitsnachweises noch nicht genügend entwickelt ist. Wenn wir ehrlich sein wollen, so müssen wir gestehen, daß in Bezug auf diese Frage, die Vermittelung ländlicher Arbeiter, ein jeder von uns in einem gewissen und nicht geringen Grade von den politischen Ueberzeugungen beherrscht wird, denen er sich im allgemeinen zuwendet Je nachdem die einzelnen Parteien den großen ländlichen Arbeitgebern mit politischen Sympathieen oder Antipathieen gegenüberstehen, sind ihre Anhänger auch geneigt, zur ländlichen Arbeiterfrage Stellung zu nehmen. Sehr erheblich sind wir darüber nicht hinausgekommen. Erst wenn über die Vermittelung ländlicher Arbeiter, über die Art, wie dieselbe zu betreiben ist, über die Mißstände, die dabei hervortreten, mehr praktische Erfahrungen vorliegen werden, mit anderen Worten: wenn auch hier die Verwaltungstechnik des Arbeitsnachweises ausgebildeter sein wird, wird sich diese Frage in mehr fruchtbarer Art erörtern lassen. In dieser Beziehung bildet das, was am heutigen Vormittag gelegentlich der Verhandlungen, betreffend Landesverbände über die organische Verbindung eines jeden Arbeitsnachweises mit seiner ländlichen Umgebung ausgeführt worden ist, eine wertvolle Ergänzung unserer Gruppenverhandlungen.

Die Ausführungen, die wir über den Verkehr der öffentlichen Arbeitsnachweise mit den Fachnachweisen des eigenen Ortes gehört haben, haben uns davon überzeugt, daß die Herstellung eines solchen regelmäßigen Verkehrs eine der nächsten Aufgaben des allgemeinen Arbeitsnachweises an jedem Orte zu bilden hat, während ein anderer Punkt, die Stellung des Arbeitsnachweises zur Arbeitsscheu, zwar zur Anerkennung von Mißständen, aber noch nicht zu einem Vorschlage eines allseitig gebilligten Gegenmittels geführt hat.

Eine Fülle von Gegenständen, deren Besprechung bei zukünftigen ähnlichen Zusammenkünften gewünscht wird, ist uns hier entgegengetragen worden. Außer der Frage der Vermittelung weiblicher Dienstboten, von welcher nach den in München gemachten Erfahrungen keineswegs mehr gesagt werden kann, daß der öffentliche Arbeitsnachweis erfolglos sei, und die nunmehr als einer der wichtigsten Gegenstände für den Austausch von Erfahrungen zu betrachten ist, sind uns neu angeführt worden: die Mißbräuche in der privaten Stellenvermittelung überhaupt, die ordnungsmäßige Verteilung kommunaler Arbeiten über das ganze Jahr hin, namentlich über die Zeiten der Arbeitslosigkeit, die Verbesserung der Arbeitsnachweis-Statistik und ihre Nutzbarmachung für die genaue Kenntnis der Verhältnisse in den einzelnen Branchen, die Stellung des Arbeitsnachweises zur Eisenbahnfrage und zum Telephontarif; eine Fülle von Dingen, die uns zeigen, in wie mannigfache Beziehungen diese Verwaltungseinrichtung bereits hineinwächst, die man vor wenigen Jahren noch kaum als Bestandteil der öffentlichen Verwaltung anzuerkennen geneigt war.

Nachdem wir unsere Aufgabe erledigt haben, bleibt mir nur noch übrig in aller Form den Schluß der Konferenz — — — Herr Landrat Beckhaus-Hofgeismar bittet noch um das Wort.

Landrat **Beckhaus**-Hofgeismar: Ich glaube, der Zustimmung der Anwesenden und aller, welche am heutigen Kongreß theil genommen, gewiß zu sein, wenn ich dem Einberufer unserer Versammlung, Herrn Dr. Jastrow, unseren verbindlichsten Dank für die gewissenhafte, unparteiische und anregende Leitung der heutigen schwierigen Verhandlungen ausspreche. In seltenem Maße hat der Erfolg auch heute Herrn Dr. Jastrow zur Seite gestanden, und wird derselbe hierin den schönsten Lohn und volle Befriedigung für seine außerordentlichen Bemühungen erblicken. Aber auch unserem verehrten Vorsitzenden von heute Vormittag, Herrn Geh. Finanzrat Fuchs, soll unser Dank gezollt sein. Es würde mir vorkommen, als wenn wir mit dem Vorwurf der Undankbarkeit beladen auseinandergingen, wenn wir dem Dank, den wir alle empfinden, nicht noch Ausdruck verliehen. Ich bitte daher den Herrn Vorsitzenden, unseren Dank dem leider abwesenden Herrn Geh. Finanzrat Fuchs zu übermitteln und ihm zu sagen, daß, wenn heute Vormittag unterlassen worden sei, den reich verdienten Dank ihm auszusprechen, dieses einzig und allein seinen Grund in der Hoffnung gehabt habe, den verehrten Herrn Geheimrat auch heute Nachmittag noch in unserer Mitte zu sehen.

Vorsitzender: Ich werde nicht verfehlen, den für das Präsidium so ehrenvollen Auftrag Herrn Geheimrat Fuchs auszurichten. Was mich betrifft, so habe ich Ihnen meinerseits für das Vertrauen, das Sie von dem ersten Tage der Einberufungsarbeiten an bis zu dem gegenwärtigen Augenblick, wo die Verhandlungen geschlossen werden, mir entgegengebracht haben, meinen besten Dank auszusprechen. Ich weiß dieses Vertrauen um so mehr zu schätzen, da keinerlei amtliche oder autoritative Stellung mir einen Anspruch darauf gab. Ich danke Ihnen meine Herren und erkläre hiermit die erste deutsche Arbeitsnachweis-Konferenz für geschlossen.

Schluß 7¼ Uhr.

Beigaben.

I.

Die Auslegung von Statuten, Formularen, Berichten ꝛc. der allgemeinen Arbeitsnachweise in Deutschland.

Um ein Bild von der Verfassung und der Thätigkeit der einzelnen Arbeitsnachweise zu gewähren und vergleichende Studien über einzelne Punkte zu ermöglichen, wurde mit der Arbeitsnachweis-Konferenz eine Auslegung von Statuten, Geschäftsordnungen, Berichten ꝛc., sowie namentlich auch der im Gebrauch befindlichen Formulare der verschiedenen Arbeitsnachweis-Verwaltungen verbunden. Die große Mehrzahl der Arbeitsnachweis-Verwaltungen schickte hierzu die Drucksachen in der gewünschten Anzahl von drei Exemplaren ein. Andere konnten aus privaten Sammlungen, teilweise auch durch Beschaffung im Wege des Buchhandels ergänzt werden. Im Ganzen waren an der kleinen Ausstellung die Drucksachen von 51 allgemeinen Arbeitsnachweisen vertreten, nämlich:

Aachen, Augsburg, Berlin, Bern, Breslau, Brünn, Dessau, Dortmund, Düsseldorf, Elberfeld, Erfurt, Essen a/Rh., Frankfurt a/M., Frankfurt a/O., Freiburg i/B., Fürth i/B., Gießen, Göppingen, Halle a/S., Hamburg, Hannover, Heidelberg, Heilbronn, Hoerde, Kaiserslautern, Kannstatt, Karlsruhe i/B., Köln, Konstanz, Kreuznach, Lahr, Mainz, Mannheim, München, M.-Gladbach, Münster, Nürnberg, Osnabrück, Pforzheim, Quedlinburg, Ravensburg, Reutlingen, Schopfheim, Straßburg i/E., Stuttgart, Trier, Ulm, Wien, Wiesbaden, Worms, Würzburg.

Die Veranstaltung zerfiel in 2 Abteilungen. In der ersten Abteilung war für jeden Arbeitsnachweis ein einzelnes Aktenstück angelegt, welches die Drucksachen in folgender Reihenfolge enthielt: 1. Statut; 2. Geschäftsordnung; 3. in chronologischer Reihenfolge: Jahresberichte, sowie Monats- und Wochenberichte; 4. sämmtliche im Gebrauch befindlichen Formulare und Buchführungsblätter; 5. sonstige Drucksachen (Hausordnung, Plakate, Bekanntmachungen ꝛc.).

In der zweiten Abteilung enthält ein Aktenstück die Statuten sämtlicher Arbeitsnachweise, ein anderes die Geschäftsordnungen, ein drittes die Formulare u. s. w. Für jedes Berichtsjahr war ebenfalls ein besonderes Aktenstück angelegt, in welchem sich die betreffenden Berichte aller Arbeitsnachweise vorfanden.

Soweit die Einsender ihr Eigentumsrecht sich nicht ausdrücklich vorbehalten hatten, ging die Sammlung in den Besitz der literarischen Centralstelle für Arbeitsnachweis, welche mit der Redaktion des „Arbeitsmarkt" verbunden ist, über.

Einen fortlaufenden Kommentar zu den von München eingesandten Drucksachen bildete das Referat des Herrn Inspektors Hartmann-München (vergl. oben S. 42). Von Freiburg waren außer den gewöhnlichen Drucksachen noch graphische Darstellungen größten Maßstabes eingeschickt, und der ganzen Sammlung ein gedruckter Begleitbericht beigegeben worden.

Die Münchener Formulare ꝛc., die zum Verständnis des genannten Vortrages dienlich sind, sowie den Freiburger Ergänzungsbericht geben wir im Folgenden wieder.

II.

Drucksachen des städtischen Arbeitsamts München.

A. Ordnungen.

1. Statut.

(Festgesetzt durch die Beschlüsse des Magistrats vom 22. Februar und 22. März und des Gemeinde-Kollegiums vom 14. März und 10. April 1895.)

§ 1.

Das Arbeitsamt der Stadt München hat den Zweck:

1. zwischen Arbeitgebern und Arbeitnehmern (gewerblichen Arbeitern, Handelsangestellten, Dienstboten, Taglöhnern und Lehrlingen) Arbeit zu vermitteln;
2. in allen die Arbeiter und Arbeitsverhältnisse berührenden Fragen thunlichst Auskunft zu erteilen.

Das Arbeitsamt ist weiters verpflichtet, dem städt. statistischen Bureau für Zwecke der Statistik über die Bewegungen des Arbeitsangebots und der Arbeitsnachfrage in den verschiedenen Gewerben und Jahreszeiten die gewünschten Mitteilungen zu machen.

§ 2.

Das Arbeitsamt steht unter der Oberaufsicht des Magistrats sowie unter der Leitung und Aufsicht einer Kommission. Dieselbe besteht aus einem Vorsitzenden und sechs Mitgliedern, sowie vier Stellvertretern.

Die Geschäfte der Kommission leitet der Vorsitzende, in dessen Verhinderung der stellvertretende Vorsitzende des Gewerbegerichts.

Die Wahl der übrigen Mitglieder der Kommission findet in der Weise statt, daß drei Arbeitgeber vom Magistrate und Gemeindekollegium aus der Mitte der Gemeindebürger in gemeinsamer Sitzung und drei Arbeitnehmer von den Arbeiter-Beisitzern des Gewerbegerichts, ebenso je zwei Stellvertreter gewählt werden. Die Amtsdauer der Mitglieder und Stellvertreter beträgt 3 Kalenderjahre.

§ 3.

Zur Gültigkeit der Wahl der Arbeitnehmer ist es erforderlich, daß sich mindestens die Hälfte der Arbeiter-Beisitzer des Gewerbegerichts an der Wahlhandlung beteiligt.

Im Falle eine gültige Wahl nicht zu stande kommt oder wenn ein gewählter den Eintritt in die Kommission ablehnt und eine nochmalige Wahl zu keinem Ergebnisse führt, geht die Wahl an den Magistrat über.

§ 4.

Die Sitzungen der Kommission werden von dem Vorsitzenden nach Bedarf, jedoch mindestens alle zwei Monate einberufen. Wenn ein ordentliches Mitglied am Erscheinen verhindert ist, so ist ein Stellvertreter beizuziehen.

Die Kommission ist beschlußfähig, wenn alle Mitglieder resp. im Falle der Verhinderung eines derselben die betreffenden Stellvertreter geladen waren und mindestens drei Teilnehmer — einschließlich des Vorsitzenden — versammelt sind. Die Beschlüsse werden nach Stimmenmehrheit gefaßt.

Bei der Beschlußfassung muß unter den Mitgliedern die gleiche Anzahl Arbeitgeber und Arbeitnehmer vertreten sein.

§ 5.

Für jede in die Arbeitszeit fallende Sitzung erhalten die Mitglieder resp. deren Stellvertreter — den Vorsitzenden ausgeschlossen — eine Entschädigung von 4 Mark. Etwa notwendige Baarauslagen werden auf Anweisung des Vorsitzenden vergütet.

§ 6.

Das Arbeitsamt besteht aus zwei Abteilungen, einer für männliche und einer für weibliche Personen.

Die Beamten des Arbeitsamtes werden vom Magistrate nach Anhörung der Kommission ernannt.

§ 7.

Die Geschäfte des Arbeitsamtes werden nach einer Geschäftsordnung, die von dem Magistrate nach Anhörung der Kommission festgesetzt wird, geführt.

§ 8.

Die Erlassung einer Dienstanweisung für die Beamten des Arbeitsamtes steht dem Magistrate unter Anhörung der Kommission zu.

§ 9.

Die Kosten der Errichtung und Unterhaltung des Arbeitsamtes trägt die Stadt München.

§ 10.

Die Arbeitsvermittelung geschieht unentgeltlich.

§ 11.

Bei Arbeitseinstellungen und Arbeiteraussperrungen hat die Kommission, sobald sie zu ihrer Kenntnis gelangen, den Beteiligten eine kurz bemessene Frist vorzustecken, binnen welcher dieselben das Einigungsamt des Gewerbegerichts anzurufen haben.

Wenn letzteres nicht geschieht oder ein Schiedsspruch nicht zu stande kommt oder wenn sich die Beteiligten dem Schiedsspruche nicht unterwerfen, hat die Kommission darüber Beschluß zu fassen, ob das Arbeitsamt für das beteiligte Geschäft oder den beteiligten Geschäftszweig seine Thätigkeit einstellen soll oder nicht.

München, den 15. Juni 1895.

Magistrat der k. Haupt- und Residenzstadt München.

Bürgermeister:

Borscht.

2. Geschäftsordnung.

Der Magistrat der k. Haupt- und Residenzstadt München hat auf Grund des § 7 des Statuts für das städtische Arbeitsamt vom 15. Juni 1895 nach Anhörung der Kommission folgende Geschäftsordnung festgesetzt:

§ 1.

Das Arbeitsamt ist geöffnet:

a) an den Werktagen von 8 bis 12 Uhr vormittags und von 3 bis 6 Uhr nachmittags,

b) an Sonn- und allgemeinen Feiertagen von 10 bis 12 Uhr vormittags.

§ 2.

Alle eingehenden Gesuche um Zuweisung von Arbeit und Arbeitern werden in Listen eingetragen, die nach Berufsarten gesondert und für Arbeitgeber und Arbeiter je getrennt geführt werden.

Bei der männlichen Abteilung werden die Berufsarten in 32 Klassen, bei der weiblichen Abteilung in 10 Klassen eingeteilt, und dementsprechend werden auch die gleiche Anzahl Listen für Arbeitgeber und Arbeitnehmer geführt.

Die Gesuche werden der Zeitfolge nach in jeder Liste mit fortlaufender Nummer vorgetragen.

Bei Gesuchen von Arbeitgebern werden eingetragen:

1. Laufende Nummer, 2. Tag der Anmeldung, 3. Name, 4. Wohnung, 5. Beruf, 6. Zahl und Beschäftigungsart der gesuchten Arbeiter, 7. Lohn, 8. Bemerkungen (auf Wunsch der Gesuchsteller).

Der Eintrag der Arbeitnehmer-Liste weist folgende Rubriken auf:

1. Laufende Nummer, 2. Tag der Anmeldung, 3. Name, 4. Wohnung, 5. Alter, 6. Familienstand, 7. Heimat, 8. Beruf, 9. ge-

suchte Beschäftigung, 10. Lohnanspruch, 11. letzte Arbeitsstelle, 12. Bemerkungen (auf Wunsch der Gesuchsteller).

Bei Lehrlingen bezw. Lehrmädchen werden auch eingetragen: Name des Vaters und Schulbesuch.

§ 3.

Die um Arbeit nachsuchenden Arbeiter werden thunlichst nach der Reihenfolge der Anmeldung berücksichtigt, so jedoch, daß Personen, die mit ihrer Familie hier wohnen, beziehungsweise hier heimatberechtigt sind, vor Alleinstehenden und vor neu Zugezogenen bevorzugt werden können.

§ 4.

Die Eintragung der Gesuche geschieht auf grund von schriftlichen oder mündlichen (auch telephonischen) Anzeigen.

Formulare zu schriftlichen Anzeigen werden stets unentgeltlich abgegeben.

§ 5.

Die Arbeitsuchenden sollen genau über die Art ihrer bisherigen Beschäftigung und über ihre Leistungsfähigkeit befragt werden.

Sobald eine Stelle zu besetzen ist, erfolgt die Zuweisung an den Arbeitgeber gemäß Formular Nr. 5 (Postkarte).

Der Arbeitgeber hat dem Arbeitnehmer die Arbeitsanweisung (Postkarte) abzunehmen, die Ein- bezw. Nichteinstellung zu bescheinigen und sodann die betreffende Karte datiert und unterzeichnet dem Arbeitsamte portofrei einzusenden.

§ 6.

Jede Zuweisung wird gleich wie die Anzeige der Erledigung von Gesuchen auf den betreffenden Listen vermerkt.

§ 7.

Demjenigen, welchem eine Arbeitsstelle nicht nachgewiesen werden kann, wird auf Verlangen eine diesbezügliche Bestätigung erteilt.

§ 8.

Sämtliche Gesuche, die nicht binnen 14 Tagen erledigt oder zurückgezogen werden, gelten als erloschen.

§ 9.

Das Arbeitsamt wird nach außen durch den Vorsitzenden der Kommission vertreten.

§ 10.

Die Geschäftsleitung beider Abteilungen des Arbeitsamtes, sowie die Arbeitsverteilung obliegt dem Inspektor.

§ 11.

Die Kommission hat die Pflicht, die Geschäftsführung zu kontrolieren und zu diesem Zwecke auch Einsicht in die Geschäftsbücher zu nehmen.

§ 12.

Allenfallsige Wünsche und Beschwerden sind in das beim Inspektor aufliegende Buch einzutragen oder bei dem Vorsitzenden der Kommission anzubringen.

Wenn dieser bei einer Beschwerde nicht sofort Abhilfe schaffen kann, so hat er die Beschwerde der Kommission vorzulegen.

Gegen deren Entscheidung steht den Beteiligten das Recht der weiteren Beschwerde an den Magistrat zu.

München, 18. Oktober 1895.

Magistrat der k. Haupt- und Residenzstadt München.

Bürgermeister:

Borscht. **Kummerer.**

3. Hausordnung für das städtische Arbeitsamt.

§ 1.

Der Aufenthalt in den Warteräumen ist nur den arbeit- und stellesuchenden Personen unter den in dieser Hausordnung festgesetzten Bedingungen gestattet. Gewerbsmäßigen Stellenvermittlern (Verdingerinnen) und jenen Personen, die für solche thätig sind, ist der Zutritt strengstens untersagt.

§ 2.

Jeder Arbeitsuchende hat ein Formular „Gesuch um Zuweisung von Arbeit" mit Tinte auszufüllen und dasselbe im Bureau abzugeben.

§ 3.

Arbeitsuchende, welche im Bureau mittels Karte Arbeit nachgewiesen erhalten, haben die Räume des Arbeitsamtes sofort zu verlassen und sich zur bestimmten Zeit bei dem betr. Arbeitgeber vorzustellen; es ist ihnen strenge untersagt, anderen Arbeitsuchenden von der erhaltenen Adresse Kenntnis zu geben. Die Karte darf weder einer anderen Person vorgezeigt noch ausgehändigt werden; die Arbeitsuchenden sind dafür verantwortlich, daß die Karten — vom Arbeitgeber ausgefüllt und unterschrieben — umgehend, längstens anderen Tages, wieder zum Amt zurückkommen, wenn sie sich nicht der Gefahr aussetzen wollen, daß ihnen der Arbeitsnachweis künftig versagt werde. Sobald ein Gesuchsteller irgendwo Arbeit erhalten hat, wenn auch nicht durch Vermittelung des Arbeitsamtes, hat derselbe den erhaltenen Vormerkzettel sogleich beim Arbeitsamt abzugeben oder per Post mit der Angabe, wo Arbeit erhalten, einzusenden.

§ 4.

Arbeitgeber und Dienstherrschaften, sowie solche Personen, die im Auftrage derselben das Amt aufsuchen, wollen sich stets direkt ins Bureau begeben.

§ 5.

Die Arbeitsuchenden haben sich stets eines ruhigen und anständigen Benehmens zu befleißigen; es wird erwartet, daß dieselben selbst für Ruhe, Ordnung und Reinlichkeit Sorge tragen. Jede Verunreinigung der Aborte und Brunnen, das Beschreiben und Beschädigen der Wände ist strengstens verboten.

§ 6.

Rauchen, Karten- und Würfelspiel ist unbedingt verboten; die Kopfbedeckung ist stets abzunehmen.

§ 7.

Betrunkenen und arbeitsscheuen Personen ist der Aufenthalt nicht gestattet.

§ 8.

Strafbare Handlungen, Hausfriedensbruch*), Widersetzung gegen die Anordnungen des Verwaltungsrates, des Inspektors, des durch Dienstmütze kenntlichen Amtsdieners oder deren Stellvertreter, Beleidigung derselben wie auch des übrigen Personals werden unweigerlich der strafrechtlichen Verfolgung übergeben.

§ 9.

Wer sich den Bestimmungen vorstehender Hausordnung nicht fügt, hat sofortige Ausweisung zu erwarten.

*) § 123 des Reichs-Straf-Gesetz-Buches lautet:

„Wer in die Wohnung, in die Geschäfts-Räume oder in das befriedete Besitztum eines Anderen oder in abgeschlossene Räume, welche zum öffentlichen Dienste bestimmt sind, widerrechtlich eindringt, oder wer, wenn er ohne Befugnis darin verweilt, auf die Aufforderung des Berechtigten sich nicht entfernt, wird wegen Hausfriedensbruch mit Gefängnis bis zu drei Monaten oder mit Geldstrafe bis zu dreihundert Mark bestraft. Die Verfolgung tritt nur auf Antrag ein. Ist die Handlung von einer mit Waffe versehenen Person oder von Mehreren gemeinschaftlich begangen worden, so tritt Gefängnisstrafe von einer Woche bis zu einem Jahre ein.

Am 12. März 1897.

Magistrat der kgl. Haupt- und Residenzstadt München.

Bürgermeister:

von Borscht.

Sekretär: **Kummerer**

B. Formulare.

1.

Liste für Arbeitgeber Klasse . . . . . .

Lfde. Nr.	Tag der Anmeldung	Name	Wohnung	Beruf	Zahl und Beschäftigungsart der gesuchten Arbeiter	Lohn	Bemerkungen	Arbeiter zugewiesen				Erledigt durch		
								Datum Tag	Datum Mon.	Klasse	Nr.	Einstellung	Zurücknahme	Fristablauf

Liste für Arbeitnehmer Klasse . . . . . .

Lfde. Nr.	Tag der Anmeldung	Name	Wohnung	Alter	Familienstand	Heimat	Beruf	Gesuchte Beschäftigung	Letzte Arbeitsstelle		Bemerkungen	Arbeit nachgewiesen				Erledigt durch		
									hier	auswärts		Datum Tag	Datum Mon.	Klasse	Nr.	Einstellung	Zurücknahme	Fristablauf

Liste für Lehrlinge und Lehrmädchen Klasse . . . . . .

Lfde. Nr.	Tag der Anmeldung	Name	Wohnung	Alter	Name und Stand des Vaters bezw. Vormundes	Heimat	Schulbesuch	Gesuchte Beschäftigung	Lohnanspruch	Letzte Arbeitsstelle	Bemerkungen	Lehrst. nachgewiesen				Erledigt durch		
												Datum Tag	Datum Mon.	Klasse	Nr.	Einstellung	Zurücknahme	Fristablauf

Proben ausgefüllter Listen.

Liste für Arbeitgeber. (Umschlag blau.)

——— Blaustift. (Einstellung) ═══ Rotstift. (Fristablauf) - - - - - Grünstift. (Zurücknahme)

Liste für Arbeitgeber. Klasse 8.

Schlosser, Maschinentechniker, Maschinisten, Maschinenarbeiter, Eisen- und Metalldreher.

Lfde. Nr.	Tag der Anmeldung	Name	Wohnung	Beruf	Zahl und Beschäftigungsart der gesuchten Arbeiter	Bemerkungen	Arbeiter zugewiesen				Erledigt durch		
							Datum		Klasse	Nr.	Einstellung	Zurücknahme	Fristablauf
							Tag	Mon.					
1	27. VIII.	Vollmeier, Karl	Augustenstr. 56	Schlosser-meister	1 Bau-schlosser	20—25 Jahre, tüchtig im Anschlagen							
2	"	Pröbstl, J.	~~Traubing,~~ Stat. Feldafing O. B.	Dampfsäge	1 Heizer	gelernter Schlosser, der auch die Reparaturen machen und am Feuer arbeiten kann	28.	8.	8	6			
3	"	Althuon, Karl	Platzl 9	k. Hof-schlosserei	1 Maschinen-schlosser	in den mittleren Jahren, zugereister	29.	8.	8	8			
4	28. VIII.	Weidhaus, Engelbert	Baldestr. 13/0	Wurstfabrik	1 Maschinist	auf elektrische Akkumulatoren, mit guten Zeugnissen	28.	8.	8	2			
5	"	Wallner	~~Neuburg a/D.~~ N. B.	Maschinen-fabrik	1 Eisendreher	nicht unter 21 Jahren, schicken zu: Pfefferberger, Lindwurmstraße 75, IV	31. "	8. "	8 "	~~7~~ 4			
6	29. VIII.	Zimmermann & Co.	Klenzestr. 61	Fabrikant	1 junger Kunstschlosser	auf getriebene Arbeit	29.	8.	8	~~3~~			
7	"	Feßler, Johann	Auenstr. 108.	Nietenfabrik	1 Schrauben-schneider	Dreher	30.	8.	8	4			
8	30. VIII.	Kraus & Co.	Mitter-Sendling	Masch.-Fabr.	1 Eisenhobler	oder Stoßer	30.	8.	8	5			

Liste für Arbeitnehmer. (Umschlag rot.)

Liste für Arbeitnehmer. **Klasse 8.**

Schlosser, Maschinentechniker, Maschinisten, Maschinenarbeiter, Eisen- und Metalldreher.

Lfde. Nr.	Tag der Anmeldung	Name	Wohnung	Alter	Familienstand	Heimat	Beruf	Gesuchte Beschäftigung	Letzte Arbeitsstelle hier	Letzte Arbeitsstelle auswärts	Bemerkungen	Arbeit nachgewiesen: Datum Tag	Datum Mon.	Klasse	Nr.	Erledigt durch: Einstellung	Zurücknahme	Fristablauf
1	26 VIII.	Großkopf, Julius		34	l.		Schlosser		1									
2	"	Barthels, Alexander		34	l.		Maschinist		1			28.	8.	8	4			
3	27.VIII.	Gamsjäger, Johann	zugereist	20	l.	Steiermark	Kunstschlosser			1		29.	8.	8	6			
4	"	Lechhart, Josef		25	l.	M.	Dreher	Schraub.-schneider	1			30. 31.	8. "	8 "	7 5			
5	28.VIII.	Biller, Wolfgang		19		M.	Eisenhobler		1			30.	8.	8	8			
6	"	Rebhahn, Georg		22			Schlosser	Heizer	1			28.	8.	8	2			
7	"	Neumann, Julius		31	l.		Eisendreher		1			31.	8.	8	5			
8	29.VIII.	Goscha, Franz	Central-Herberge	28	l.	Gomarn (Ungarn)	Maschinenschlosser			1		29.	8.	8	3			
9	30.VIII.	Frickinger, Karl		25	v.		Schlosser		1									

2.

Telephon der männl. Abteilung Nr. 49. **Städt. Arbeitsamt München.** Telephon der weibl. Abteilung Nr. 85.

Gesuch um Zuweisung von Arbeitern, Dienstboten etc.

Kl. . . .
Nr. . . .

Vor- und Zuname des Arbeitgebers . . . .
Wohnung . . . .
Beruf . . . .
Zahl und Beschäftigungsart der gesuchten Arbeiter, Dienstboten &c.:
. . . .
Lohn: . . . . Eintritt: . . . .
Besondere Bemerkungen: . . . .
. . . .
. . . .
. . . .

München, den . . . . 189 . .

(Unterschrift:) . . . .

Zur Beachtung: Sie werden ersucht, dem Arbeitsamte Mitteilung zu machen, sobald dieses Gesuch erledigt ist.

3.

Städt. Arbeitsamt München, Zweibrückenstr. 20 (Kohleninsel)

(Männliche Abteilung, Telephonruf Nr. 49).

Gesuch um Zuweisung von Arbeit.

Klasse Nr. . . .
Lfde. Nr. . . . .

Vor- und Zuname des Arbeitsuchenden: . . . .
Wohnung: . . . .
Alter: . . . . Heimat: . . . .
Familienstand (ob ledig, verheiratet, verwitwet): . . . .
Beruf: . . . .
Gesuchte Beschäftigung: . . . .
Wird auch eine Stelle auswärts angenommen? . . . .
Wann kann der Eintritt erfolgen? . . . .
Lohnanspruch: . . . .
Bei wem zuletzt in Arbeit? . . . .
Bemerkungen: . . . .

München, den . . . . 189 . .

(Unterschrift:) . . . .

Zur Beachtung: Dieser Zettel ist, falls dem Arbeitsuchenden eine Arbeit nicht nachgewiesen werden kann, aufzubewahren und bei jedesmaligem Nachfragen im Bureau vorzuzeigen.

4.

Städt. Arbeitsamt München.

Männliche Abteilung, Telephonruf Nr. 49.

Vorgemerkt:

Name: ....

Klasse .... Nr. ....

Jede offene Stelle wird entweder im Warteraum ausgerufen oder an der Tafel angeschrieben, weshalb das **Nachfragen** im Bureau für bereits vorgemerkte Stellesuchende **nicht notwendig ist.**

G. Umwenden!

(Rückseite.)

Zur Beachtung.

Sobald einem Arbeitsuchenden eine offene Stelle nachgewiesen werden kann, erhält er im Bureau eine Karte (Postkarte) ausgehändigt, mit der er sich zum Arbeitgeber begibt. **Dieser** hat die Ein- oder Nichteinstellung auf der Karte zu vermerken.

Der Arbeitsuchende ist dafür verantwortlich, daß diese Karte **unverzüglich** — längstens andern Tags — wieder zum Arbeitsamt zurückkommt, **wenn er sich nicht der Gefahr aussetzen will, daß ihm der Arbeitsnachweis künftig versagt werde.**

Dieser Vormerkzettel ist **sogleich** beim Arbeitsamte abzugeben, sobald der Arbeitsuchende Arbeit erhalten hat, wenn auch nicht durch Vermittelung des Arbeitsamtes.

Städt. Arbeitsamt.

5.

(weiß.)

Postkarte.

Platz für die Freimarke

An

das städtische Arbeitsamt
(männliche Abteilung)*)

Telephonruf Nr. 49.

in

München

frei!

Zweibrückenstr. 20/I
(Kohleninsel).

(Rückseite.)

Klasse ..... A.-G.-Nr. .... A.-N.-Nr. ....

Herrn ....
....

Wir benachrichtigen Sie, daß wir ....
....
beauftragt haben sich bei Ihnen vorzustellen. Wir ersuchen Sie untenstehende Fragen zu beantworten und diese Karte gefl. **umgehend** durch den Ueberbringer persönlich oder durch die Post — portofrei — an das Arbeitsamt zurückzusenden.

München, ... **Städt. Arbeitsamt.**

Wurde Ueberbringer eingestellt?	Wünschen Sie weitere Zuweisung?	Wenn Stelle schon besetzt, durch wen? (Vor- und Zuname)
....	....	....
....	....	....

Zum Arbeitsamt zurück.

München, den ....

Unterschrift des Arbeitgebers: ....

*) Für die weibliche Abteilung (Telephonruf Nr. 85) sind diese Postkarten auf rotem Karton gedruckt und der Text entsprechend geändert.

6.

Männl. Abteilung Telephonruf Nr. 49. | **Städt. Arbeitsamt München** Zweibrückenstr. 20 (Kohleninsel). | Weibl. Abteilung Telephonruf Nr. 85.

Zur gefälligen Kenntnisnahme!

Wir haben von Ihrem Gesuche Vormerkung genommen und werden uns bemühen, Ihnen passend scheinende Bewerber zuzuweisen. Dieselben erhalten vom Arbeitsamte eine Zuweisungskarte (Postkarte), mit der sie sich bei Ihnen vorzustellen haben.

Nach Beantwortung der auf der Zuweisungskarte gestellten Fragen und Beisetzung Ihrer Unterschrift oder des Firmenstempels wollen Sie gefälligst dieselbe **umgehend** durch den Ueberbringer persönlich oder durch die Post — portofrei — an das Arbeitsamt zurücksenden.

Sollte die Ihrerseits angemeldete Stelle anderweitig besetzt werden, so müssen wir dringend um gefällige Benachrichtigung bitten, um den gegebenen Auftrag in der Vormerkungsliste streichen zu können, damit wir nicht unnötiger Weise Ihnen Stellesuchende zuweisen.

Städt. Arbeitsamt.

7.

(Postkarte, 5 Pfennig.)

Männl. Abteilung Telephonruf Nr. 49. | **Städt. Arbeitsamt München** Zweibrückenstr. 20 (Kohleninsel). | Weibl. Abteilung Telephonruf Nr. 85.

P. P.

Auf Ihr Gesuch vom . . . . haben wir Ihnen heute

. . . .

zugewiesen und wird d . . selbe die Reise angeblich per Bahn / zu Fuß zurücklegen.

Bei Eintreffen wollen Sie die Zuweisungskarte abnehmen, die Fragen beantworten und dieselbe — portofrei — umgehend an das Arbeitsamt zurücksenden.

Für alle Fälle ersuchen wir um Nachricht, ob Sie noch weitere Zuweisung wünschen.

München, den . . . .

Städt. Arbeitsamt.

8.

(Kourierkarte, Privat-Stadtpost, $1\frac{1}{2}$ Pfennig.)

Männl. Abteilung Telephonruf Nr. 49.

Städt. Arbeitsamt München
Zweibrückenstr. 20 (Kohleninsel).

Weibl. Abteilung Telephonruf Nr. 85.

Datum des Poststempels.

P. P.

In Beantwortung Ihrer Zuschrift vom . . . . diene Ihnen zur Nachricht, daß alle Anmeldungen und Nachfragen **nur persönlich** in den Bureaus des Arbeitsamtes — Zweibrückenstr. 20 (Kohleninsel) — entgegen genommen werden, da der große Personen-Verkehr schriftliche Beantwortung nicht gestattet.

Die Vermittelung erfolgt für Arbeitgeber und Arbeitnehmer unentgeltlich.

Bureauzeit an Wochentagen von 8—12 und 3—6 Uhr.

Städt. Arbeitsamt.

9.

(Kourierkarte, Privat-Stadtpost, $1\frac{1}{2}$ Pfennig.)

Männl. Abteilung Telephonruf Nr. 49.

Städt. Arbeitsamt München
Zweibrückenstr. 20 (Kohleninsel).

Weibl. Abteilung Telephonruf Nr. 85.

P. P.

Wegen einer für Sie passenden Stelle wollen Sie sich **umgehend** diesamts einfinden.

Falls Sie bereits in Stellung sind, wollen Sie uns **sofort** Mitteilung geben, widrigenfalls Ihr Gesuch um Zuweisung von Arbeit in der Vormerkliste gestrichen wird.

Bureaustunden an den Wochentagen von 8—12 und 3—6 Uhr.

Datum des Poststempels.

Städt. Arbeitsamt.

Kl. . . . . Nr. . . . .

NB. Diese Postkarte ist mitzubringen.

10.

Städtisches Arbeitsamt München.

Bestätigung.

Dem . . . .
wohnhaft hier, ... durchreisend,
geboren am . . . . beheimatet in . . . .
wird bezeugt, daß er heute um Arbeit nachgefragt hat und daß ihm
a) eine Stelle als . . . .
b) überhaupt eine Arbeit
nicht nachgewiesen werden konnte.

München, den . . . . 189 .

Der Inspektor:

. . . .

In solchen Fällen, in denen Reisepapiere vorgelegt werden, bedient sich das Arbeitsamt in der Regel lediglich eines Gummistempels mit nachstehendem Wortlaute:

> Inhaber hat heute erfolglos um Arbeit nachgesucht.
> München, den . . . .
> **Städt. Arbeitsamt.**

11.

Ausführliche Monatsübersicht nach Klassen.

Städtisches Arbeitsamt München.

Uebersicht über die Thätigkeit

im Monat . . . .

Klasse Nr.	Art des Gewerbes oder Berufs	Gesuche wurden gestellt von Arbeitgebern: zusammen	Arbeitgebern: erledigt wurden durch Zuweisung von Arbeitern	Arbeitgebern: erledigt wurden durch Zurücknahme	Arbeitgebern: erledigt wurden durch Fristablauf	Arbeitgebern: unerledigt	Arbeitnehmern: zusammen	Arbeitnehmern: erledigt wurden durch Zuweisung von Arbeit	Arbeitnehmern: erledigt wurden durch Zurücknahme	Arbeitnehmern: erledigt wurden durch Fristablauf	Arbeitnehmern: unerledigt
	I. Männliche Abteilung.										
	a) Holz- u. Leder-Industrie-Arbeiter:										
1.	Bürsten-, Kamm-, Knopf-, Korb-, Schirm-, Sessel- u. Siebmacher, Gerber, Portefeuillearbeiter u. Vergolder										
2.	Drechsler, Holzbildhauer, Jalousien- Kehlleisten- u. Rahmenverfertiger, Leistschneider u. Schäffler										
3.	Schreiner, Polierer und Parketbodenleger . .										
4.	Sattler u. Tapezierer .										
5.	Wagner										
	b) Metall-Arbeiter:										
6.	Broncewaarenverfertiger, Ciseleure, Geschmeidemacher, Gold- u. Silberarbeiter, Graveure, Gürtler, Metallgießer u. Zahntechniker										
	Seite . . .										

Klasse Nr.	Art des Gewerbes oder Berufs	Gesuche wurden gestellt von Arbeitgebern: zusammen	Arbeitgebern: erledigt wurden durch Zuweisung von Arbeitern	Arbeitgebern: erledigt wurden durch Zurücknahme	Arbeitgebern: erledigt wurden durch Fristablauf	Arbeitgebern: unerledigt	Arbeitnehmern: zusammen	Arbeitnehmern: erledigt wurden durch Zuweisung von Arbeit	Arbeitnehmern: erledigt wurden durch Zurücknahme	Arbeitnehmern: erledigt wurden durch Fristablauf	Arbeitnehmern: unerledigt
	Uebertrag .										
7.	Büchsen- u. Instrumentenmacher, Elektrotechniker, Mechaniker, Messerschmiede, Optiker und Uhrmacher										
8.	Schlosser, Maschinentechniker, Maschinisten, Maschinenarbeiter, Eisen- u. Metalldreher . . .										
9.	Schmiede aller Art als: Fabrik-, Feil-, Feuer-, Huf-, Jung-, Kessel-, Kupfer- und Wagenschmiede										
10.	Spengler (Blechner, Flaschner, Klempner) .										
	c) Kaufmännisches Personal:										
11.	Buchhalter, Commis, Kassiere, Reisende und Verkäufer										
	d) Bewirtungs- und Beherbergungs-Personal:										
12.	Oberkellner, Kellner, Köche und Marqueure .										
13.	Hotelhausknechte, Kutscher, Portiers, Metzger und Schenkkellner . .										
	Seite . .										

Klasse Nr.	Art des Gewerbes oder Berufs	Gesuche wurden gestellt von Arbeitgebern: zusammen	Arbeitgebern: erledigt wurden durch Zuweisung von Arbeitern	Arbeitgebern: erledigt wurden durch Zurücknahme	Arbeitgebern: erledigt wurden durch Fristablauf	Arbeitgebern: unerledigt	Arbeitnehmern: zusammen	Arbeitnehmern: erledigt wurden durch Zuweisung von Arbeit	Arbeitnehmern: erledigt wurden durch Zurücknahme	Arbeitnehmern: erledigt wurden durch Fristablauf	Arbeitnehmern: unerledigt
	Uebertrag .										
	e) Polygraphische Gewerbe- u. Papier-Industrie-Arbeiter als:										
14.	Autographen, Lithographen, Photographen, Steindrucker, Stereotypeure, Xylo- u. Zinkographen										
15.	Buchdrucker, Kunstdrucker und Schriftsetzer . .										
16.	Buchbinder, Cartonage-Arbeiter, Schriftgießer und Rouleauxmaler .										
	f) Nahrungs- u. Genußmittel-Industrie-Arbeiter:										
17.	Bäcker, Conditoren, Lebzelter, Müller u. Zuckerbäcker										
18.	Bierbrauer, Küfer, Mälzer										
19.	Cigarren- u. Cigarettenmacher, Tabakschneider										
20.	Fleischhauer, Metzger u. Wurstler										
	Seite . . .										

Klasse Nr.	Art des Gewerbes oder Berufs	Gesuche wurden gestellt von Arbeitgebern: zusammen	Arbeitgebern: erledigt wurden durch Zuweisung von Arbeitern	Arbeitgebern: erledigt wurden durch Zurücknahme	Arbeitgebern: erledigt wurden durch Fristablauf	Arbeitgebern: unerledigt	Arbeitnehmern: zusammen	Arbeitnehmern: erledigt wurden durch Zuweisung von Arbeit	Arbeitnehmern: erledigt wurden durch Zurücknahme	Arbeitnehmern: erledigt wurden durch Fristablauf	Arbeitnehmern: unerledigt
	Uebertrag .										
	g) Bekleidungs-, Textil- u. Reinigungs-Industrie-Arbeiter:										
21.	Bader, Blumenmacher, Friseure, Handschuhmacher, Hutmacher, Kürschner, Perückenmacher und Säckler .										
22.	Färber, Leineweber, Posamentierer, Seiler, Stricker, Tuchmacher, Waschmanger u. Weber										
23.	Schneider (Confektionsarbeiter)										
24.	Schuhmacher . . .										
	h) Arbeiter in Bau-, Töpfer- und Kaminkehrer-Gewerbe:										
25.	Architekten, Bildhauer, Gas- u. Wasser-Installateure, Monteure, Porzellanmaler, Schieferdecker, Steinmetze und Zeichner										
26.	Brunnenmacher, Glaser, Gypsformatoren, Hafner, Kaminkehrer, Pflasterer u. Stuckateure .										
	Seite . . .										

Klasse Nr.	Art des Gewerbes oder Berufs	Gesuche wurden gestellt von									
		Arbeitgebern					Arbeitnehmern				
		zusammen	erledigt wurden durch			unerledigt	zusammen	erledigt wurden durch			unerledigt
			Zuweisung von Arbeitern	Zurücknahme	Fristablauf			Zuweisung von Arbeit	Zurücknahme	Fristablauf	
	Uebertrag .										
27.	Maler (Anstreicher) und Lackierer										
28.	Maurer u. Zimmerleute										
	i) Arbeiter in Handels- u. Transport-Gewerbe:										
29.	Fuhrknechte, Lagerhausschaffner, Lohnkutscher, Möbeltransporteure, Viehpraxer und Viehschaffner										
	k) Arbeiter sonstiger Gewerbe als:										
30.	Blumenbinder, Gärtner, Glasmaler, Käser, Orgelbauer, Schweizer, Seifensieder u. Wachszieher										
	l) Ungelernte Arbeiter als:										
31.	Ausgeher, Aufseher, Bureaudiener, Einkassierer, Erd- u. Fabrikarbeiter, Hausdiener, Hausmeister, Kutscher, Laufburschen und Taglöhner (Steinträger) .										
	Seite . . .										

Klasse Nr.	Art des Gewerbes oder Berufs	Gesuche wurden gestellt von									
		Arbeitgebern					Arbeitnehmern				
		zusammen	erledigt wurden durch			unerledigt	zusammen	erledigt wurden durch			unerledigt
			Zuweisung von Arbeitern	Zurücknahme	Fristablauf			Zuweisung von Arbeit	Zurücknahme	Fristablauf	
	Uebertrag										
	m) Lehrlinge:										
32.	Lehrlinge aller Art (inkl. Kaufmanns- u. Kellnerlehrlinge)										
	Zusammen:										
	Unerledigte Gesuche vom Monat										
	Summa I:										
	II. Weibliche Abteilung.										
	a) Personal für Private:										
1.	Erzieherinnen, Gesellschafterinnen, Dienstmädchen, Kindermädchen, Köchinnen, Wärterinnen, Zimmermädchen										
	b) Gewerbliche Arbeiterinnen:										
2.	Blumenmacherinnen, Büglerinnen, Friseurinnen, Wäscherinnen (in Waschanstalten), Putzmacherinnen										
	Seite										

Klasse Nr.	Art des Gewerbes oder Berufs	Gesuche wurden gestellt von: Arbeitgebern: zusammen	erledigt wurden durch: Zuweisung von Arbeiterinnen	Zurücknahme	Fristablauf	unerledigt	Arbeitnehmern: zusammen	erledigt wurden durch: Zuweisung von Arbeit	Zurücknahme	Fristablauf	unerledigt
	Uebertrag										
3.	Buchdruckerei- u. Buchbindereiarbeiterinnen, Cigarren- u. Cigarettenmacherinnen, Einlegerinnen, Falzerinnen, Photographengehilfinnen										
4.	Bürsteneinzieherinnen, Bürstenmacherinnen, Knopf- und Schirmmacherinnen, Portefeuillearbeiterinnen, Stickerinnen u. Strickerinnen										
5.	Confektionsarbeiterinnen, Cravattenmacherinnen, Kleidermacherinnen, Näherinnen, Weißnäherinnen, Flicknäherinnen, Schneiderinnen										
	c) Ungelernte Arbeiterinnen:										
6.	Ausläuferinnen, Fabrikarbeiterinnen, Laufmädchen, Mörtelträgerinnen, Taglöhnerinnen, Wasch- und Putzfrauen, Zugeherinnen										
	Seite										

Klasse Nr.	Art des Gewerbes oder Berufs	Gesuche wurden gestellt von Arbeitgebern: zusammen	Arbeitgebern: erledigt wurden durch Zuweisung von Arbeiterinnen	Arbeitgebern: erledigt wurden durch Zurücknahme	Arbeitgebern: erledigt wurden durch Fristablauf	Arbeitgebern: unerledigt	Arbeitnehmern: zusammen	Arbeitnehmern: erledigt wurden durch Zuweisung von Arbeit	Arbeitnehmern: erledigt wurden durch Zurücknahme	Arbeitnehmern: erledigt wurden durch Fristablauf	Arbeitnehmern: unerledigt
	Uebertrag .	…	…	…	…	…	…	…	…	…	…
	d) Personal f. Hotels u. Gastwirtschaften:										
7.	Beschließerinnen, Buffetmädchen, Kellnerinnen, Wassermädchen, Zimmermädchen	…	…	…	…	…	…	…	…	…	…
8.	Köchinnen, Küchenmädchen, Haus- und Herdmädchen	…	…	…	…	…	…	…	…	…	…
	e) Kaufmännisches Personal:										
9.	Buchhalterinnen, Kassiererinnen, Ladnerinnen und Verkäuferinnen .	…	…	…	…	…	…	…	…	…	…
10.	f) Lehrmädchen aller Art	…	…	…	…	…	…	…	…	…	…
	Zusammen: . .	…	…	…	…	…	…	…	…	…	…
	Unerledigte Gesuche vom Monat	…	…	…	…	…	…	…	…	…	…
	Summa II:	…	…	…	…	…	…	…	…	…	…
	Zusammenstellung:										
	Männliche Abteilung .	…	…	…	…	…	…	…	…	…	…
	Weibliche Abteilung . .	…	…	…	…	…	…	…	…	…	…
	Gesammtsumme:	…	…	…	…	…	…	…	…	…	…

München, den . . . . .

Der Inspektor.

12.

Summarische Monatsübersicht nach Gruppen.

Städtisches Arbeitsamt München.

Uebersicht über die Thätigkeit

im Monat . . . .

Art des Gewerbes oder Berufs	Gesuche wurden gestellt von									
	Arbeitgebern					Arbeitnehmern				
	zusammen	erledigt wurden durch: Zuweisung von Arbeitern	erledigt wurden durch: Zurücknahme	erledigt wurden durch: Fristablauf	unerledigt	zusammen	erledigt wurden durch: Zuweisung von Arbeit	erledigt wurden durch: Zurücknahme	erledigt wurden durch: Fristablauf	unerledigt
I. Männliche Abteilung.										
a) Holz- und Leder-Industrie-Arbeiter, als: Bürsten-, Korb- und Schirmmacher, Drechsler, Sattler, Schreiner, Schäffler, Tapezierer, Vergolder und Wagner										
b) Eisen- und Metall-Arbeiter, als: Büchsen- u. Instrumentenmacher, Ciseleure, Gold- und Silberarbeiter, Mechaniker, Schlosser, Maschinenarbeiter u. Metalldreher und -Gießer, Schmiede jeder Art und Spängler										
c) Kaufmännisches Personal, als: Buchhalter, Commis, Reisende und Verkäufer . .										
d) Bewirtungs- und Beherbergungs-Personal, als: Hotelhausknechte, Kellner, Köche, Kutscher, Metzger und Schänkkellner . . .										
zu übertragen . .										

Art des Gewerbes oder Berufs	Gesuche wurden gestellt von									
	Arbeitgebern					Arbeitnehmern				
		erledigt wurden durch					erledigt wurden durch			
	zusammen	Zuweisung von Arbeitern	Zurücknahme	Fristablauf	unerledigt	zusammen	Zuweisung von Arbeit	Zurücknahme	Fristablauf	unerledigt
Uebertrag . . .										
e) Polygraphische Gewerbe und Papier-Industrie-Arbeiter, als: Buchbinder, Buchdrucker, Lithographen, Photographen, Schriftsetzer u. Schriftgießer										
f) Nahrungs- u. Genuß-mittel-Industrie-Arbeiter, als: Bäcker, Bierbrauer, Küfer, Mälzer, Metzger u. Müller										
g) Bekleidungs-, Textil- und Reinigungs-Industrie-Arbeiter, als: Bader, Friseure, Färber, Hutmacher, Seiler, Schneider, Schuhmacher, Wäscher und Weber										
h) Arbeiter im Bau-, Töpfer- und Kaminkehrer-Gewerbe, als: Bildhauer, Glaser, Hafner, Installateure, Monteure, Maler, Maurer und Zimmerleute										
i) Arbeiter im Handels- u. Transportgewerbe, als: Fuhrknechte, Schaffner, Lohnkutscher, Viehpraxer und Viehschaffner . . .										
zu übertragen . .										

Art des Gewerbes oder Berufs	Gesuche wurden gestellt von									
	Arbeitgebern					Arbeitnehmern				
	zusammen	erledigt wurden durch			unerledigt	zusammen	erledigt wurden durch			unerledigt
		Zuweisung von Arbeitern	Zurücknahme	Fristablauf			Zuweisung von Arbeit	Zurücknahme	Fristablauf	
Uebertrag . . .	...	...	...	...	...	...	...	...	...	...
k) Arbeiter sonstiger Gewerbe, als: Blumenbinder, Gärtner, Käser, Seifensieder und Wachszieher	...	...	...	...	...	...	...	...	...	...
l) Ungelernte Arbeiter, als: Ausgeher, Einkassierer, Erd- und Fabrikarbeiter, Hausmeister, Laufburschen und Taglöhner	...	...	...	...	...	...	...	...	...	...
m) Lehrlinge aller Art . .	...	...	...	...	...	...	...	...	...	...
Zusammen . . .	...	...	...	...	...	...	...	...	...	...
Unerledigte Gesuche vom Monat	...	...	...	...	...	...	...	...	...	...
Summe I . .	...	...	...	...	...	...	...	...	...	...
II. Weibliche Abteilung.										
a) Personal für Private, als: Dienstmädchen, Köchinnen und Zimmermädchen . .	...	...	...	...	...	...	...	...	...	...
b) Gewerbliche Arbeiterinnen, als: Blumenmacherinnen, Büglerinnen, Buchdruckerei- und Buchbinderei-Arbeiterinnen, Putzmacherinnen, Näherinnen u. Schneiderinnen	...	...	...	...	...	...	...	...	...	...
zu übertragen . .	...	...	...	...	...	...	...	...	...	...

Art des Gewerbes oder Berufs	Gesuche wurden gestellt von Arbeitgebern: zusammen	Arbeitgebern, erledigt wurden durch: Zuweisung von Arbeitern	Arbeitgebern, erledigt wurden durch: Zurücknahme	Arbeitgebern, erledigt wurden durch: Fristablauf	Arbeitgebern: unerledigt	Arbeitnehmern: zusammen	Arbeitnehmern, erledigt wurden durch: Zuweisung von Arbeit	Arbeitnehmern, erledigt wurden durch: Zurücknahme	Arbeitnehmern, erledigt wurden durch: Fristablauf	Arbeitnehmern: unerledigt
Uebertrag . . .										
c) Ungelernte Arbeiterinnen, als: Ausläuferinnen, Fabrik-Arbeiterinnen, Taglöhnerinnen, Wasch- und Putzfrauen										
d) Personal für Hotels und Gastwirtschaften, als: Kellnerinnen, Köchinnen, Herd-, Küchen-, Wasser- und Zimmermädchen . .										
e) Kaufmännisches Personal, als: Buchhalterinnen, Comptoiristinnen, Ladnerinnen und Verkäuferinnen . .										
f) Lehrmädchen aller Art										
Zusammen . . .										
Unerledigte Gesuche vom Monat										
Summe II . .										
III. Beide Abteilungen.										
Gesammtsumme .										

Vergleichende Uebersicht

der Thätigkeit im abgelaufenen Monat mit dem gleichen Monat des Vorjahres.

Monat	angebotene (von Arbeitgebern)			gesuchte (von Arbeitnehmern)			besetzte		
	Stellen								
	männlich	weiblich	Summa	männlich	weiblich	Summa	männlich	weiblich	Summa
189...									
....	.....	.....	....	.....	.....	....	.....	.....	....
189...									
....	.....	.....	....	.....	.....	....	.....	.....	....

C. (Anhang).

Übersichtsplan über die Räumlichkeiten des Münchener Arbeitsamts (vergl. die nebenstehende Karte).

III.

Ergänzungs-Bericht der Allgemeinen Arbeitsnachweis-Anstalt der Stadt Freiburg i. Brg.

zu den gelegentlich der ersten deutschen Arbeitsnachweis-Konferenz am 13. September 1897 zu Karlsruhe ausgelegten Formulare, Drucksachen 2c.

I. Kurze Einblicke in den praktischen Geschäftsgang.

A. Die Behandlung der einlaufenden Gesuche, die Zuweisung von Arbeitern und die Feststellung der besetzten Stellen.

1. Die Arbeitgeber melden ihre Gesuche nach Arbeitern mündlich, schriftlich oder telephonisch, ab und zu auch telegraph'sch, an. Diese Gesuche werden sofort — getrennt von denen der Arbeitsuchenden — in einem der Hauptbücher in die zugehörige Gruppe eingetragen. Die auswärtigen Arbeitgeber, welche sich schriftlich an die Anstalt wenden, erhalten sofort nach Einlauf ihrer Gesuche Nach-

richt, wobei weiter bemerkt ist, daß die Gesuche zwei Monate lang in den Listen der Anstalt vorgemerkt bleiben und daß die innerhalb dieser Frist etwa zugewiesenen Arbeitnehmer für die Reise zu entschädigen sind, falls die Meldung von einer anderweitigen Besetzung der Stelle an die Anstalt, bezw. die Zurücknahme des Gesuchs unterbleiben sollte. Vorsichtshalber wird der Benachrichtigung eine vom Arbeitgeber zu unterschreibende und an die Anstalt zurückzusendende Erklärung beigegeben, womit das Einverständnis mit der genannten Bestimmung zu bestätigen ist.

2. Die Gesuche der Arbeitnehmer werden, sofern Aussicht vorhanden ist, dieselben in kurzer Zeit befriedigen zu können, in einem besonderen tabellarischen Buche eingetragen und die betr. Arbeiter den hiesigen Arbeitgebern zugeschickt unter Benützung der betr Formulare mit deutsch-italienischem Text für die hier zahlreich zu vermittelnden italienischen Arbeiter. Jeder Arbeitsuchende, der innerhalb der Stadt in Arbeit gewiesen wird, hat die Verpflichtung, die ihm eingehändigte Arbeitsanweisung der Anstalt sofort wieder zurückzugeben, nachdem der Arbeitgeber über erfolgte Annahme oder Abweisung auf der Rückseite des Formulars unterschriftliche Bescheinigung gegeben hat.

Um den Arbeiter zur Erstattung der vorerwähnten Meldung zu veranlassen, wird er zur Hinterlegung irgend eines Reisepapiers bestimmt, welches er bei Rückgabe der Arbeitsanweisung zurückerhält. In denjenigen Fällen, in denen der Arbeiter ohne weiteres zugewiesen wird, erfolgt die Nachfrage darüber, ob er eingestellt wurde oder nicht, hierorts entweder per Telephon oder durch eine Ausläuferin, da in diesen Fällen seitens der Arbeiter oder Arbeitgeber in der Regel nur selten die Anstalt benachrichtigt wird.

Kann ein Arbeiter nicht sofort in Arbeit gewiesen werden, ist derselbe aber in der Lage, seine Adresse wenigstens auf einige Tage zu hinterlassen, so wird das Gesuch im sogen. Vormerkeregister eingetragen und sobald eine passende Stelle zur Anmeldung gelangt, der betr. Arbeiter mittels Formular herbeigerufen.

Die nach auswärts gewiesenen Arbeiter werden mittels Formular legitimiert und sind — falls die Arbeitsstelle schon besetzt sein sollte — von dem betr. Arbeitgeber für Hin- und Rückreise zu entschädigen. In einzelnen Fällen werden auch Reiseentschädigungen aus der Anstaltskasse bezahlt (hierfür sind pro Jahr 100 Mk. vorgesehen). Dieses Formular (Postkarte) ist vom Arbeitgeber zu unterschreiben, zu frankieren und an die Anstalt zurückzusenden[1]). Ist

[1]) Bis vor 2 Jahren wurden den nach auswärts gesandten Arbeitern regelmäßig die Reisepapiere abgenommen und solche direkt den betr. Arbeitgebern zugesandt, was jetzt nur noch vereinzelt vorkommt (gewöhnlich in den Fällen, in denen der Arbeitgeber uns zur Ausbezahlung des Reisegeldes Ermächtigung erteilt hat) und auch dann nur, wenn der Arbeiter unterschriftlich seine Einwilligung gibt.

nach Umlauf von 2—3 Tagen diese Karte nicht in den Händen der Verwaltung, dann wird der Arbeitgeber benachrichtigt, daß ihm ein Arbeiter überwiesen worden sei (Formular) und wird gebeten, mittels angebogener Karte umgehend mitzuteilen, ob der Arbeiter eingestellt oder nicht eingestellt wurde, oder ob derselbe sich gar nicht vorgestellt hat, oder ob die Stelle besetzt ist oder ob Zuweisung eines anderen Arbeiters nötig ist.

Auswärts wohnenden Arbeitnehmern werden bei schriftlichen Anfragen eine oder einige offene Stellen namhaft gemacht, wobei sie u. a. weiter verpflichtet werden, uns näher bezeichnete Angaben für unsere Bucheinträge zu machen.

3. In der weiblichen Abteilung lassen sich für den auswärtigen Verkehr außer dem allgemeinen Formular keine weiteren Formulare verwenden; es muß hier vielmehr individualisiert und Alles von Fall zu Fall auf dem Wege der Korrespondenz festgestellt werden.

B. Die Hauptbücher.

Wir führen in der männlichen Abteilung 54 Berufsgruppen; es ist jedoch nicht für jede Gruppe ein besonderes Buch vorhanden, sondern die Gruppen sind in 3 dicken Hauptbüchern untergebracht.

Das erste Buch enthält die Gruppen 1—21
„ zweite „ „ „ „ 22—38
„ dritte „ „ „ „ 39—54.

Auf einem 7 cm breiten Rande sind die einzelnen Gruppen registerartig eingeschnitten. Die Blätterzahl der Gruppen ist verschieden, sie richtet sich nach der Inanspruchnahme derselben und wird gewöhnlich auf ein Jahr berechnet, wobei die Ergebnisse des Vorjahres unter Hinzurechnung einer gewissen Steigerung der Aufträge dieser Berechnung zu Grunde gelegt sind. So wurden für's laufende Jahr z. B. in Gruppe 1 (Landwirthschaft) 60, in Gruppe 2 (Gärtnerei) 16, in Gruppe 25 (Schreinerei) 70 Blätter vorgesehen. Durch unsere Methode ist nicht nur Alles übersichtlich geordnet, sondern es wird damit auch ein rascheres und leichteres Aufsuchen der Aufträge ermöglicht, als wenn für jede Gruppe ein einzelnes Buch vorhanden ist, welches oftmals aus einem großen Haufen von Büchern mit Zeitaufwand hervorgesucht werden muß. Die Berufsgruppen sind — wie oben erwähnt — in 3 Hauptbüchern fortlaufend untergebracht, womit ermöglicht wird, daß bei größerem Andrang mehrere Angestellte gleichzeitig bedienen können.

In der weiblichen Abteilung sind 2 Hauptbücher vorhanden; in dem ersten werden die gewöhnlichen Dienstboten (hier Mädchen für Alles genannt) verzeichnet, während das zweite Buch die Gruppen 2—16 enthält.

C. Die Aufzeichnungen über Durchreisende, Ueberweisung mittelloser Wanderer an die Verpflegungsstation und Ausfertigung von Bescheinigungen.

Auf der Wanderschaft befindliche Arbeitsuchende werden nur dann in die Hauptbücher eingetragen, wenn für sie passende Arbeitsstellen vorhanden sind; alle anderen werden — ihres kurzen Aufenthalts wegen — nicht namentlich gebucht, sondern nur kurz ihrem Gewerbe nach registriert, um sie so später sowohl in der Monats- als auch in der Gewerbe-Statistik als Passanten oder „nicht eingetragene Arbeitsuchende" aufnehmen zu können.

Mittellose Wanderer, die der Unterstützung bei der hiesigen Verpflegungsstation teilhaftig werden wollen, haben vorher unsere Anstalt aufzusuchen, wo ihnen eine Bescheinigung ausgestellt wird darüber, ob Arbeit für sie in Aussicht steht oder ob dies nicht der Fall ist[1]).

Außerdem werden vielfach namentlich an Durchreisende auf Verlangen Bescheinigungen über erfolglose Nachfrage nach Arbeit ausgestellt.

D. Statistik.

Unsere statistischen Arbeiten erstrecken sich 1. auf die Monats-Statistik, 2. auf die Gewerbe-Statistik und 3. auf eine geographische Uebersicht darüber, wie die bei der Anstalt eingelaufenen Gesuche der Arbeitgeber und Arbeitnehmer sich auf Stadt und Bezirk Freiburg, auf die einzelnen badischen Kreise, sodann auf die übrigen deutschen Staaten und das Ausland verteilen (bei den Arbeitnehmern wird hierbei der letzte Wohnort bezw. die letzte Arbeitsstelle zu Grunde gelegt). In einer 4. Tabelle endlich wird die Staatsangehörigkeit der Arbeitsuchenden festgestellt, wobei die badischen Staatsangehörigen wiederum nach einzelnen Kreisen ausgeschieden werden.

Vom 1. Januar 1898 ab sind in sämtlichen badischen Anstalten einheitliche statistische Aufzeichnungen zu machen auf Grund der vom Großh. Ministerium des Innern erlassenen Vorschriften, die wir schon im Hinblick auf die dadurch ermöglichten gegenseitigen Vergleiche und gemeinsamen Beobachtungen mit Freuden begrüßen. Hiernach wird die von uns geführte geographische Uebersicht ganz in Wegfall kommen, während wir hinsichtlich der Berufsgruppen-Einteilung Vereinfachungen eintreten lassen können, so daß beispielsweise in der männlichen Abteilung statt der bisherigen 54 Gruppen künftig etwa 32 Gruppen genügen dürften.

Die von uns geführten, nach Ablauf eines jeden Monats ergänzten Sammelbücher zur Monatsstatistik, sowie die Sammelbücher zur Gewerbe-Statistik haben wir mit den Ergebnissen der abgelaufenen 8 Monate des Jahres 1897 auch mit ausgelegt.

E. Oeffentliche Bekanntgabe des Arbeitsmarktes.

Jeden Morgen wird eine Zusammenstellung über die angemeldeten offenen Stellen, ebenso über die noch vorhandenen Arbeitsuchenden angefertigt und in den hiesigen Zeitungen (im „Freiburger

[1]) Spät Zureisende haben am folgenden Morgen den Gang nach der Arbeitsnachweis-Anstalt zu machen.

Tagblatt" und in der „Freiburger Zeitung" jeden Tag, in den 3 übrigen hiesigen Tagesblättern einmal pro Woche) als Inserat veröffentlicht, wofür mit jeder Zeitung die bescheidene Summe von jährlich 70 Mk. als Entschädigung vereinbart ist. In einzelnen Fällen werden auch auswärtige Zeitungen benützt, so insbesondere das in Neustadt (Schwarzwald) erscheinende Amtsverkündigungsblatt „Der Hochwächter", dessen Verleger unsern Arbeitsmarkt in 14tägigen Pausen unentgeltlich aufnimmt.

Der Arbeitsmarkt wird außerdem an verschiedenen Stellen in der Stadt (Tafel am Bezirksamtsgebäude und Herbergen) angeschlagen, sodann wöchentlich 1—2 mal mit den bad. Schwesteranstalten, ebenso mit denjenigen in Basel und Stuttgart ausgetauscht.

II. Ein Gesammtbild über die Entwickelung der Arbeitsnachweis-Anstalt Freiburg i. Brg.

vom Jahre 1893 bis Ende August 1897 war in einer größeren Tabelle in farbigen Kurven zur Veranschaulichung gebracht, aus welcher

1. die Zahl der Arbeitsuchenden,
2. „ „ „ ausgebotenen offenen Stellen und
3. „ „ „ besetzten Stellen

zu ersehen war, wobei die innerhalb eines Jahres von Monat zu Monat zu beobachtenden Schwankungen, ebenso die von Jahr zu Jahr sich ergebende zunehmende Inanspruchnahme der Anstalt besonderes Interesse boten.

Freiburg im Breisgau, Anfang September 1897.

Hermann Eckert,
Verwalter.

IV.

Drucksachen von Arbeitsnachweis-Verbänden.

A. Statuten.

1. Baden.

Satzungen des Verbandes der Anstalten für Arbeitsnachweis im Großherzogthum Baden in Karlsruhe vom 4. Mai 1896.

§ 1. Der Verband der Anstalten für Arbeitnachweis im Großherzogtum Baden bezweckt — unbeschadet der Selbständigkeit der Verbandsmitglieder — die Förderung der gemeinsamen Interessen, insbesondere

a) Die Verständigung über die Grundsätze, nach welchen der Anstaltsbetrieb im allgemeinen gehandhabt werden und der wechselseitige Verkehr unter den Verbandsmitgliedern stattshaben soll.

b) Die Pflege der Statistik, insbesondere durch eine alljährlich durch den Verbandsausschuß zu fertigende Zusammenstellung über die Thätigkeitsergebnisse von sämtlichen dem Verbande angehörenden Anstalten für Arbeitsnachweis.

c) Die Vermittlung des Verkehrs mit andern Verbänden oder Vereinen, welche die nämlichen Ziele verfolgen.

d) Die Vertretung des Verbandes gegenüber von Reichs-, badischen Staats-, Kreis- und Gemeindebehörden u. s. w.

§ 2. Nur solche badische Anstalten für Arbeitnachweis können Mitglieder des Verbandes werden, welche ausschließlich gemeinnützigen Zwecken dienen.

Der Eintritt neuer Mitglieder geschieht durch schriftliche Anzeige bei dem Verbandsvorort. Ueber etwaige Bedenken gegen die Aufnahme ist sofort eine Entscheidung der Verbandsversammlung mittelst Rundschreiben herbeizuführen.

Die Austrittsanzeige muß schriftlich erfolgen. Hierüber wird eine Empfangsbescheinigung ausgestellt.

§ 3. Die Geschäfte des Verbandes führt ein Vorort, der bis zur anderweiten Festsetzung seitens der Versammlung Karlsruhe ist.

§ 4. Der Verbandsversammlung liegt insbesondere ob:

a) Zeit und Ort der Verbandsversammlung zu bestimmen und die jeweilige Tagesordnung festzustellen.

b) Ueber etwaige Beschwerden in Verbandsangelegenheiten zu entscheiden.

§ 5. Die Verbandsversammlung, welche aus je einem Vertreter der Verbandsmitglieder besteht, tritt in der Regel alle Jahre zusammen. Die Verbandsmitglieder müssen unter Mitteilung der Tagesordnung mindestens vier Wochen vorher dazu eingeladen werden.

Verbandsmitglieder, welche einen eigenen Vertreter zu der Verbandsversammlung nicht entsenden, können mit ihrer Vertretung andere Verbandsmitglieder beauftragen, jedoch mit der Beschränkung, daß der Beauftragte außer dem eigenen Verbande nicht mehr als zwei weitere Verbandsmitglieder vertreten darf.

Die Verbandsversammlung wählt jeweils ihren Vorsitzenden und dessen Stellvertreter. Der Vorsitzende ernennt einen Schriftführer. Die Zulassung von Nichtmitgliedern ist seinem Ermessen anheimgestellt.

§ 6. Zu den Verbandsversammlungen wird jeweils das Großh. Ministerium des Innern eingeladen.

§ 7. In der Verbandsversammlung hat jedes Verbandsmitglied eine Stimme.

Bei den Beschlüssen der Verbandsversammlung entscheidet die einfache Mehrheit der stimmberechtigten Vertreter der Verbandsmitglieder.

Dagegen ist zu einem gültigen Beschlusse über die Aenderung oder Ergänzung der Satzungen sowie über die Auflösung des Verbandes eine Mehrheit von dreiviertel der abgegebenen Stimmen erforderlich.

§ 8. Die Beschlußfassung der jeweiligen Verbandsversammlung erstreckt sich nur auf die Gegenstände der Tagesordnung, falls die Versammlung nichts anderes bestimmt.

§ 9. Jedes Verbandsmitglied ist berechtigt:

a) Bei dem Verbandsvorort diejenigen Anträge einzureichen, deren Aufnahme in die Tagesordnung der Verbandsversammlung gewünscht wird,

b) neben einem stimmberechtigten noch weitere Vertreter jedoch nur mit beratender Stimme zu entsenden.

2. Württemberg.

Erlaß des Ministeriums des Innern vom 17. Dezember 1895. (Nr. 17 945.)

(Auszug)

Durch den Erlaß des Ministeriums vom 1. Oktober ds. Js. Nr. 13 665 wurden die Gemeinderäte derjenigen Städte, welche Arbeitsämter eingerichtet haben, sowie die Verwaltungskommissionen dieser Aemter zu einer Aeußerung darüber aufgefordert, wie der Zweck einer organischen Verbindung der örtlichen Arbeitsnachweise mit den durch Kap. 38a des Hauptfinanzetats zur Verfügung gestellten Mitteln am einfachsten und besten erreicht werden könne. Dabei bezeichnete das Ministerium als die von ihm vorläufig in Aussicht genommenen Maßregeln die Einrichtung eines telephonischen Verkehrs unter den einzelnen Arbeitsämtern und die Errichtung einer an das städtische Arbeitsamt Stuttgart anzuschließenden Zentralstelle, welche letztere die bei den einzelnen Arbeitsämtern nicht befriedigten Nachfragen nach Arbeitern zusammenzustellen und die Zusammenstellungen durch öffentlichen Anschlag in den Städten des Landes zur Kenntnis der Arbeiterschaft bringen würde. Die auf diesen Erlaß bei dem Ministerium eingegangenen Berichte der Gemeinderäte und Verwaltungskommissionen sind diesen Vorschlägen beigetreten und haben weitere Vorschläge nicht gemacht. Ferner hat der Gemeinderat Stuttgart sich mit dem Anschluß der Zentralstelle an das städtische Arbeitsamt Stuttgart einverstanden erklärt. Die Verbindung der örtlichen Arbeitsnachweise kann hienach mit dem 1. Januar 1896 in Wirksamkeit treten. Zu diesem Zweck ergehen folgende Anordnungen.

1. Die einzelnen Arbeitsämter, zur Zeit Stuttgart, Ulm Heilbronn, Cannstatt, Eßlingen, Göppingen und Ravensburg[1]), treten miteinander in telephonischen Verkehr. Auf eine möglichste Ent-

---

[1]) Jetzt 13. Hinzugekommen sind: Gmünd, Hall, Heidenheim, Ludwigsburg, Reutlingen und Tübingen.

wickelung dieses Verkehrs, der eine rasche und sichere Ausgleichung des innerhalb des Bezirks der einzelnen Stadtgemeinde nicht gedeckten Angebots von Arbeit und Arbeitsgelegenheit mehr als jeder schriftliche Verkehr ermöglicht, wird besonderer Wert zu legen sein. Die Abonnementsgebühren und, soweit solche nicht zulässig sind, die Sprechgebühren für das einzelne Gespräch werden von der K. Staatskasse getragen.

2. Die Arbeitsämter stellen zweimal wöchentlich Nachweisungen darüber auf, wie viele Nachfragen nach männlichen Arbeitern der einzelnen Berufsarten von dem Arbeitsamt nicht befriedigt worden sind. Hiebei ist das Formular zu benutzen, das in 208, für den Gebrauch eines Jahres berechneten Exemplaren angeschlossen ist. Nachfragen, die voraussichtlich an demselben oder am folgenden Tage innerhalb der Stadtgemeinde gedeckt werden können, sind nicht aufzunehmen. Diese Nachweisungen werden je am Dienstag und Freitag ausgefertigt und von den auswärtigen Arbeitsämtern mit Benutzung der ihnen zugehenden mit Freimarke versehenen Umschläge so zeitig zur Post gegeben, daß sie an denselben Wochentagen abends 6 Uhr in der Hand des städtischen Arbeitsamts zu Stuttgart sich befinden. Das letztere überträgt den Inhalt dieser Nachweisungen sofort in eine gemeinsame Liste, sorgt für deren Vervielfältigung und übersendet die Abdrücke noch in derselben Nacht an die Arbeitsämter und an die Gemeindebehörden der Oberamtsstädte und anderer größerer Orte, wo sie am folgenden Mittwoch und Samstag durch Anschlag zur Kenntnis der stellesuchenden Arbeiter gebracht werden.

Für die Aufstellung der Nachweisungen wird den dieselbe besorgenden Beamten eine feste Belohnung aus der Staatskasse gewährt, welche vorläufig auf 60 Mark pro Jahr festgesetzt wird.

Die von der Staatskasse zu ersetzenden Kosten (Ziffern 1 und 2) sind im April jedes Jahres in eine Liquidation zusammenzufassen und dem Ministerium zur Prüfung und Zahlungsanweisung vorzulegen.

Sollte die Erfahrung zeigen, daß eine weitere Entwickelung der gegenwärtigen, zunächst als ein Versuch aufzufassender zentralisierenden Organisation möglich und die Arbeitsvermittlung zu fördern geeignet ist, so wird das Ministerium späteren weiteren Vorschlägen des Gemeinderats gerne entgegensehen.

3. Reg.-Bez. Düsseldorf.

Satzungen des Verbandes zur Förderung des Arbeitsnachweises im Regierungsbezirk Düsseldorf.

Vom 14. Januar 1897.

§ 1. Der Verband zur Förderung des Arbeitnachweises im Regierungsbezirk Düsseldorf bezweckt, die im Bezirk bestehenden Arbeitnachweisestellen in der Erfüllung ihrer Bestrebungen zu unterstützen und die Zahl der Arbeitnachweisestellen dem Bedürfnis entsprechend zu vermehren.

§ 2. Zur Erreichung seines Zweckes wird in Düsseldorf ein Zentral-Bureau errichtet. Aufgabe des Zentralbureaus ist:

a) die Arbeitgesuche und Stellenangebote, welche von den einzelnen Nachweisestellen als von ihnen nicht zu erledigende wöchentlich angemeldet werden, zusammenzustellen und die Zusammenstellungen den anderen Nachweisestellen zuzusenden;
b) den Arbeitnachweisestellen auf Anfrage Auskunft über Stellenangebote und Arbeitgesuche zu geben:
c) die Errichtung neuer Arbeitnachweisestellen anzuregen und durch Ratschläge zu unterstützen.

Weitere Aufgaben können dem Zentralbureau durch die Verbandsversammlung und, vorbehaltlich der späteren Genehmigung der Verbands-Versammlung, durch den Vorstand zugewiesen werden.

§ 3. Zur Leitung des Zentralbureaus wird ein Geschäftsführer ernannt, welchem etwa weiter erforderliche Hilfskräfte beigegeben werden.

§ 4. Als Mitglieder des Verbandes können die Kommunalverbände, Innungen, sonstige Corporationen, Vereine und Personen, welche eine Arbeitnachweisestelle im Regierungsbezirk Düsseldorf besitzen oder die im § 1 genannten Zwecke in sonstiger Weise fördern, durch Beschluß des Vorstandes (§ 5) aufgenommen werden.

Der Sitz des Verbandes ist in Düsseldorf.

§ 5. Der Verband wird durch die Verbands-Versammlung und den Vorstand vertreten.

§ 6. Die Verbands-Versammlung besteht aus den Mitgliedern des Verbandes bezw. deren Vertretern. Jedes Mitglied hat mindestens eine Stimme. Im übrigen wird für die Mitglieder, welche Arbeitnachweisestellen besitzen, die Stimmenzahl unter Berücksichtigung der Anzahl der von seiner Arbeitnachweisestelle vermittelten Stellen vom Vorstande vorbehaltlich der Genehmigung der Verbands-Versammlung mit der Maßgabe festgesetzt, daß ein Mitglied höchstens 5 Stimmen haben darf. Die Mitglieder können auch eine ihrer Stimmberechtigung entsprechende Anzahl von Vertretern in die Verbands-Versammlung entsenden.

§ 7. Die Verbands-Versammlung wird von dem Vorsitzenden des Vorstandes durch schriftliche Einladung unter Mitteilung der Tages-Ordnung berufen und geleitet. Sie ist beschlußfähig, wenn wenigstens der dritte Teil der Stimmen vertreten ist; sie ist ohne Rücksicht auf die Zahl der Stimmberechtigten beschlußfähig, wenn die Mitglieder wegen erstmaliger Beschlußunfähigkeit zum zweiten Mal unter Hinweis auf diese Folgen zur Verhandlung über denselben Gegenstand berufen sind. Bei Stimmengleichheit giebt die Stimme des Vorsitzenden den Ausschlag. Der Vorsitzende ist verpflichtet, auf schriftlichen Antrag von einem Drittel der Mitglieder des Verbandes die Verbands-Versammlung binnen 6 Wochen zu berufen.

§ 8. Die Verbands-Versammlung wählt den Vorstand auf 3 Jahre. Sie beschließt ferner über:

1. die Abänderung dieser Satzungen;
2. die Erweiterung der Aufgaben des Zentralbureaus;
3. die etwaige anderweitige Festsetzung der Stimmberechtigung der einzelnen Mitglieder;
4. Beschwerden von Mitgliedern gegen den Vorstand;
5. die Auflösung des Verbandes;
6. sämmtliche Angelegenheiten, welche ihr vom Vorstand zur Beschlußfassung vorgelegt werden.

Die Auflösung des Verbandes kann nur bei Zustimmung von wenigstens zwei Dritteln der vertretenen Stimmen gültig beschlossen werden.

§ 9. Der Vorstand besteht aus dem Vorsitzenden, dem Schriftführer, 5 Beisitzern und 5 stellvertretenden Beisitzern. Die Persönlichkeiten, welche den Vorsitzenden und den Schriftführer zu vertreten haben, ernennt der Vorstand aus seiner Mitte.

Außerdem gehören der Regierungs-Präsident zu Düsseldorf und der Landes-Hauptmann der Rheinprovinz, oder ihre für diesen Zweck bestellten Vertreter zum Vorstand. Sie oder ihre Vertreter haben auch Sitz und Stimme in der Verbands-Versammlung.

Der Vorstand ist bei Anwesenheit von 5 Mitgliedern beschlußfähig. Bei Stimmengleichheit giebt die Stimme des Vorsitzenden den Ausschlag.

§ 10. Der Vorstand verwaltet die Verbandsangelegenheiten und entscheidet in allen Fällen, welche nicht der Beschlußfassung der Verbands-Versammlung vorbehalten sind.

Namentlich vertritt er den Verband nach außen, sorgt für die Räumlichkeiten und die Ausstattung des Zentralbureaus, stellt die Beamten an und entläßt sie und verfügt über die Mittel des Verbandes. Ihm liegt es ob, alljährlich den Haushaltsplan und den Rechnungsabschluß aufzustellen, sowie eine Geschäftsordnung für das Zentral-Bureau festzustellen.

§ 11. Der Vorstand bestimmt erforderlichenfalls aus seiner Mitte eine oder mehrere Persönlichkeiten, welche die Leitung der laufenden Geschäfte zu besorgen und den Beamten des Zentralbureaus Anweisungen zu erteilen haben.

§ 12. Bei Auflösungen des Verbandes wird das etwa vorhandene Vermögen dem Regierungs-Präsidenten behufs Verwendung zu gemeinnützigen Zwecken überwiesen.

Gegenwärtig (Januar 1898) sind 19 Anstalten an den Verband angeschlossen, von denen für die Vakanzen in Betracht kommen: Duisburg, Elberfeld, Krefeld, Neuß und Rheydt als städtische Arbeitsnachweisstellen; Düsseldorf, Essen und M.-Gladbach als Vereine für Arbeitsnachweis; das Krefelder Volksbüreau und der Duisburger Volksbüreau-Verein. Die Angaben der übrigen Stellen sind bis jetzt bedeutungslos.

B. Vakanzenlisten (in Plakatform).

1. Landeszentrale für Arbeitsvermittlung Stuttgart.

Zusammenstellung
der am 2. November 1897 angemeldeten offenen Stellen.

Berufsarten	bei dem Arbeitsamt												
	Cannstatt	Eßlingen	Gmünd	Göppingen	Hall	Heidenheim	Heilbronn	Ludwigsburg	Ravensburg	Reutlingen	Stuttgart	Ulm	Tübingen
Anhalter													
Anstreicher													
Asphalteure													
Ausläufer													
Bäcker				1				1					
Bauernknechte			1							1			
Bauschlosser			3	1	3	1	2		5		4	3	
Bautaglöhner											20		
Bierbrauer													
Bortenmacher													
Bronzeure													
Buchbinder													
Buchdrucker													
Büchsenmacher													
Bürstenmacher											1		
Cementarbeiter													
Cigarrenmacher													
Ciseleure													
Conditoren													
Damenschneider													
Diener													
Drahtflechter													
Draufschläger													
Eisenbohrer												2	
Eisendreher							2			3			
Eisengießer					1					1	2		
Eisenhobler													
Elektrotechniker													
Erzgießer													
Fabrikarbeiterinnen									10				
Färber				1		1						1	
Feilenhauer	1											1	
Feilschmiede							2				2		
Feldarbeiter													
Feuerschmiede							1	2			2		
Flaschner	6	4	1	3			3	1	2	1	6		
Former, Gips-											2		

Berufsarten	bei dem Arbeitsamt Cannstatt	Eßlingen	Gmünd	Göppingen	Hall	Heidenheim	Heilbronn	Ludwigsburg	Ravensburg	Reutlingen	Stuttgart	Ulm	Tübingen
Friseure													
Fuhrknechte													
Gärtner	1						1				2		
Galvaniseure													
Gartenarbeiter													
Gipser													
Glaser		1	1	3			1				12		2
Glockengießer													
Goldarbeiter							1						
Grabarbeiter		10									20		
Graveure													
Gürtler	2												
Gußputzer													
Hafner												1	
Handschuhmacher . .													
Hausknechte		1											
Heizer													1
Herdschlosser													
Holzbildhauer											1		
Holzdreher		3	3	2			1				7		
Hufschmiede				1			2		1		4		
Hutmacher													
Installateure											1	1	
Jungschmiede							2			1	5		
Kartonagearbeiter .											1 jüngeren		
Kassenschlosser, Schloßmach.											8 n. ausw.		
Kegelburschen													
Kellner													
Kernmacher											2		
Kesselschmiede . . .													
Klaviermacher													
Köche													
Korbmacher													
Kübler													
Küfer							2					1	
Kürschner													
Kupferschmiede													
Kutscher													
Lackierer													
Lederfärber													
Lederzurichter													
Lithographen													
Mälzer													
Maler												1	
Maschinenarbeiter . .													
Maschinenschlosser . .			1				5				4	9	
Maschinenschmiede .													
Maschinisten													

Berufsarten	bei dem Arbeitsamt													
	Cannstatt	Eßlingen	Gmünd	Göppingen	Hall	Heidenheim	Heilbronn	Ludwigsburg	Ravensburg	Reutlingen	Stuttgart	Ulm	Tübingen	
Maurer							2				18			
Mechaniker	1 Fein-										1			
Messerschmiede											1			
Metalldreher														
Metalldrucker														
Metallfräser														
Metallgießer														
Metallpolierer														
Metallpresser														
Metallschleifer														
Metzger														
Möbelbeizer														
Monteure														
Mühlebauer														
Müller					1									
Mützenmacher											5			
Oelmüller														
Optiker											2			
Packer														
Parkettbodenleger														
Pflästerer														
Polierer														
Portefeuillearbeiter											1			
Posamentiere							2				1			
Präger														
Riemenarbeiter														
Rotgerber										1	1	n. ausw.		
Säger				1			1		1					
Sattler														
Schäftemacher														
Schieferdecker														
Schleifer, (Grob-)														
Schmelzer														
Schneider auf Konfekt.											9			
" auf Maßarb.				2		1	2	1			4	1	2	
Schraubendreher														
Schreiner, Bau-		2		2								2	2	
" Möbel-								1			14	1	1	
Schreiner, Bau- u. Möbel-					2		3			2				
" Galanterie-														
" Modell-														
" Stuhl-														
Schriftgießer														
Schriftsetzer											2(N.-B.-M.)			
Schuhmacher		3	1		3		3				4	5		
" Tuch-							3				4			
" (Ausputzer)														
" (Zwicker)														

Berufsarten	bei dem Arbeitsamt												
	Cannstatt	Eßlingen	Gmünd	Göppingen	Hall	Heidenheim	Heilbronn	Ludwigsburg	Ravensburg	Reutlingen	Stuttgart	Ulm	Tübingen
Schweizer			1		1								
Seckler													
Seifensieder													
Seiler											1		
Silberarbeiter													
Steinbildhauer													
Steinbrecher													
Steindrucker													
Steinhauer													
Stukkateure												27	
Taglöhner										1			
Tapeziere	1	Groß=											
Uhrmacher											1		
Vergolder													
Viehfütterer							1						
Wagner				1	1								
Weber													
Weingärtner													
Weißgerber													
Werkzeugmacher . . .													
Zeugschmiede													
Ziegler													
Zimmerleute											4		
Zinngießer													

Arbeitsuchende wollen sich wegen Vermittelung an das nächstgelegene Arbeitsamt wenden.

2. Centralbüreau für die Arbeitsnachweisstellen im Reg.-Bez. Düsseldorf.

a) Groß-Industrie.

Zusammenstellung der am 27. November 1897 angemeldeten offenen Stellen:

	bei den Arbeit-Nachweisstellen:											
	Crefeld	Duisburg	Elberfeld	Essen	Gladbach	Neuß	Rheydt	Düsseldorf				
A. Bergbau:												
Abnehmer												
Bremser												
Coksbrenner												
Fuhrleute in Gruben .												
Gesteinshauer												
Kohlenhauer				6								
Lehrhauer				8								
Schachthauer												
Schlepper				4								
B. Bleiweiß-Fabrikation:												
Bleigießer												
Bleiweiß-Presser . . .												
Bleiweiß-Schlemmer .												
Kammer-Arbeiter . . .												
" -Aufseher . . .												
C. Brauerei-Betrieb:												
Brauer												
Küfer												
Mälzer												
D. Buchdruckerei-Betrieb:												
Auflegerinnen												
Buchdr.-Masch.-Meist.							(I)					
Buchdrucker-Handpresse												
Schriftsetzer	I							**1**				
Stereotypeur												
Hülfsarbeiterinnen . .												
Lithographen Chromo- Schrift- .												
Steindrucker												

	bei den Arbeit-Nachweisstellen:											
	Crefeld	Duisburg	Elberfeld	Essen	Gladbach	Neuß	Rheydt	Düsseldorf				
Überdrucker												
Buchbinder					1			1				
Vergolder (Präger)												
E. Eisengießerei und Maschinenfabriken:												
Eisendreher					2		1	81				
Eisenhobler												
Gußputzer												
Hammergehülfe												
Hammerschmied												
Kernmacher												
Krahnenführer												
Lehmformer												
Maschinenschlosser	1				2			17				
Modellschreiner								1				
Sandformer					1			1				
F. Puddlings-, Walz Stahl-, und Hochofenwerke:												
Blechwalzer												
Blechzeichner												
Gießgrubenarbeiter												
Hammerschmiede												
Hebler												
Luppenschmiede												
Luppenwalzer												
Ofenmaurer												
Packetmacher												
Pfannenleute												
Puddler I												
" II												
Radreifenwalzer												
Schmelzer I												
" II												
" III												
Schmelzmeister												
Schweißer I												
" II												
" III												
Vorwalzer												
Wärmer I												
" II												
Walzer												
Walzmeister												

	bei den Arbeit-Nachweisstellen:											
	Crefeld	Duisburg	Elberfeld	Essen	Gladbach	Neuß	Rheydt	Düsseldorf				
G. Dampfkessel-Fabrikation:												
Feuerschmiede f. Façonstücke												
Kesselschmiede								**1**				
Nieter								**2**				
Stemmer												
H. Emaille-Industrie:												
Aufträger												
Beizer												
Brenner												
Planierer												
Presser (Stanzer) . . .												
I. Glas-Industrie:												
Facettenschleifer . . .												
Gießhallenarbeiter . .												
Glasschneider												
Hafenarbeiter (Topfm.)												
Polierhallenarbeiter .												
Schleifhallenarbeiter .												
Schmelzhallenarbeiter												
K. Holz-Industrie:												
Gattersägenschneider .												
Hobler												
Hobelmesserschleifer . .												
Kreissägenschleifer . .												
Profilhobler												
Sägenschärfer												
L. Kupfer-Messing-Industrie:												
Gürtler							1					
Kupfer-Messing-Beizer												
" " -Glüher												
Kupferschmelzer												
Kupferschmiede												
Metalldrucker							2					
Metallgießer												
Rohrglüher												
Rohrwalzer												
Rohrzieher												
Schnapper												
Walzer												

	bei den Arbeit-Nachweisstellen:											
	Crefeld	Duisburg	Elberfeld	Essen	Gladbach	Neuß	Rheydt	Düsseldorf				
M. Leder-Industrie:												
Gerber												
N. Marmor-Granit-Industrie:												
Dreher												
Marmorsäger												
Schleifer f. Masch.-Betrieb												
„ „ Hand-Betrieb												
Steinmetze f. Marmor												
„ f. Granit u. Scheni												
O. Mühlen-Betrieb:												
Müller												
Mühlenarbeiter												
Mühlenbauer												
P. Papier-Industrie:												
Bediener der Querschneider												
„ „ Satinirwalzen												
Cachirarbeiter												
Calanderführer												
Holländer-Müller												
„ -Ober-Mülle												
Lumpensortierer												
Pap.-Masch.-Führer												
„ „ -Gehülfen												
Papier-Saalarbeiter												
Q. Textil-Industrie:												
Anmacher						3						
Appreteur												
Batteur												
Drucker												
Fadenangeberin						1						
Färber												
Formenstecher												
Gummierer												
Kammmacher												
Kartenschläger												
Kettenscherer												
Kratzenarbeiter					6							
Nopper												
Passierer												
Patroneure												
Posamentierer												

	bei den Arbeit-Nachweisstellen:											
	Crefeld	Duisburg	Elberfeld	Essen	Gladbach	Neuß	Rheydt	Düsseldorf				
Rauher					**2**							
Riethmacher	(I)											
Säuberer	**1**											
Schneider												
Schlichter												
Selfaktors												
Spinnerei-Lehrmädchen					(10)							
Spuler							2					
Strecke												
Trostles-Absetzer					2							
Weber					6							
Winder												
Zwirner												
R. Waggon-Fabrikation:												
Bankschlosser												
Blechspanner												
Schleifer f. nassen Sandstein												
Untergestellschlosser												
Waggonlackierer												
Waggonschreiner												
Waggonstellmacher												
Berufsarten, die verschiedenen Betrieben gemeinsam sind.												
Bohrer												
Dreher				**4**								
Feuerschmiede												
Heizer				**2**	**2**			**7**				
Hobler												
Kesselwärter												
Lokomotivführer												
Maschinisten				**2**								
Maschinenschlosser					**1**							
Packer	**2**											
Schreiner												
Stoßer												
Tagelöhner				**4**								
Zuschläger												

Jugendliche Arbeiter (14—16 Jahre einschl.) sind durch Einklammern der Zahl kenntlich gemacht.

Die rothen[1]) Zahlen bedeuten unbefriedigte Arbeiter-Gesuche.

Die römischen Zahlen sind Angaben der betreffenden Volks-Büreaus.

[1]) Im Druck durch **fette** Schrift markirt.

b) Kleingewerbe und Handwerk.

Zusammenstellung der am 27. November 1897 angemeldeten offenen Stellen:

	bei den Arbeit-Nachweisstellen:											
	Crefeld	Duisburg	Elberfeld	Essen	Gladbach	Neuß	Rheydt	Düsseldorf				
Anstreicher	(II)				2	1		2				
Bäcker	(II)	I			1	1(6)						
Bandagist												
Barbier						(2)		1				
Bauschlosser												
Bauschreiner					2	2		4				
Betonarbeiter												
Bildhauer												
Bleicher												
Böttcher												
Brunnenmacher												
Buchbinder	1				1 2	(2)		1				
Buchdrucker	(II)				1							
Bürstenmacher												
Cartonnagearbeiter												
Cementarbeiter												
Cigarrenarbeiter												
Conditoren						(1)						
Confectionsarbeiter												
Dachdecker								1				
Decorateure								1				
Decorationsmaler								2				
Drechsler								1				
Faßbinder								3				
Friseure	I											
Gärtner	(I)											
Glaser												
Glasmaler												
Graveure												
Hufschmiede						2		3				
Installateure		II										
Klempner	I(I)				1			4 5				
Köche												
Korbmacher						1						
Krankenwärter												
Küfer				2								
Kunstschlosser				4				2				
Kunstschmiede						(1)						
Kupferschmiede												

	bei den Arbeit-Nachweisstellen:							
	Crefeld	Duisburg	Elberfeld	Essen	Gladbach	Neuß	Rheydt	Düsseldorf
Lackierer								
Lithographen								
Marmorpoliseure . . .								
Maurer		IV						3
Maurerpoliere								
Metzger	(I)				2	2(1)		
Möbelschreiner . . .								4
Modelleure								
Müller								
Nagelschmied								
Oelpresser								
Pflasterer								
Pliesterer								
Polsterer	(IV)					(1)		
Posamentierer								
Pumpenmacher								
Rohrleger								
Sattler	(IV)				1	(2)		3
Schlosser	(I)					(2)		
Schmiede	(I)					1		35
Schneider	(I)				1	2(4)		3
Schreiner	(I)	X		6		1(2)		62
Schuhmacher	(I)					2		12
Seiler						1		1
Steinhauer=Metzen . .						(1)		1
Stellmacher					I	2		1
Stuckateure								
Tapezierer								1
Uhrmacher								
Ziegeleiarbeiter								
Zimmerleute		IV						1
Zinngießer								
Zwicker								
Ungelernte Arbeiter:								
Ausläufer					6			
Bierfahrer					1			
Büreaudiener								
Commis	I							
Erdarbeiter					6			
Fuhrknechte					3	1		
Hafenarbeiter								1
Handlanger		VI						3
Hausknechte					3			12
Hofarbeiter							2	
Kaufmannslehrling . .	I							

	bei den Arbeit-Nachweisstellen:											
	Crefeld	Duisburg	Elberfeld	Essen	Gladbach	Neuß	Rheydt	Düsseldorf				
Kellner					1							
Knechte fürs Land . .				4		2		**5**				
Kutscher	I				**2**			**2**				
Milchfahrer								1				
Nachtwächter	I						1					
Portiers	I											
Schreiber					**2**			**2**				
Taglöhner	**1**				**10**			**22**				
Taglöhner fürs Land				3								

Jugendliche Arbeiter (14—16 Jahre einschl.) sind durch Einklammern der Zahl kenntlich gemacht.

Die roten[1]) Zahlen bedeuten unbefriedigte Arbeiter-Gesuche.

Die römischen Zahlen sind Angaben der betreffenden Volks-Büreaus.

V.

Private Besprechungen betreffend die monatliche Berichterstattung über die Lage des Arbeitsmarktes und die Arbeitsmarkt-Statistik.

Nach Schluß der Konferenz, sowie an den nächstfolgenden Tagen, fanden sich eine Anzahl von Konferenz-Teilnehmern, sowohl Praktiker wie Theoretiker zu privaten Besprechungen über die Frage zusammen, wie sich eine regelmäßige, monatliche Berichterstattung über die Lage des Arbeitsmarktes, sowie eine einheitliche Ausgestaltung der Arbeitsmarkt-Statistik ermöglichen lasse. An den Besprechungen nahmen teil die Vertreter einer Anzahl größerer und kleinerer Arbeitsnachweis-Anstalten, und zwar namentlich die Verwalter die dem täglichen Dienst vorstehen, ferner Mitglieder statistischer Landesämter, Vertreter von Gewerkschaften und sonstigen Arbeiter-Berufsvereinen, sowie mehrere Arbeitgeber.

Die Grundlage der Besprechungen bildeten die Ausführungen, welche später in Nr. 1 des „Arbeitsmarkt" erschienen, und die wir hier im Wesentlichen folgen lassen:

„In unserm gesamten Erwerbsleben beruht der Ausgleich zwischen Angebot und Nachfrage auf einer pünktlichen Berichterstattung über den Markt. Die einzige Ware, für welche eine solche Berichterstattung nicht besteht, ist die menschliche Arbeitskraft. Während für Getreide und Öl, für Spiritus, Eisen, Kohlen ununterbrochene Ermittelungen über die vorhandenen

---

[1]) Im Druck durch **fette** Schrift markirt.

Vorräte, über das ungedeckte Bedürfnis, über die wirklich abgeschlossenen Geschäfte unter Zuhülfenahme des ganzen Apparates staatlicher Statistik und öffentlicher Einrichtungen veranstaltet werden, wandern bei uns noch ungezählte Scharen von Arbeitslosen umher, ohne zu ahnen, wo Arbeit für sie vorhanden ist, und ohne jeden Anhalt dafür, wann und wo die Lage des Marktes sich zu bessern beginnt. Die Technik des Arbeitsmarktes steht heute auf derselben Höhe, auf welcher sich der Warenmarkt vor Einführung der Großmärkte, der Börsen, der modernen Verkehrsmittel befand; etwa wie man noch heute von China erzählt, daß in einer Gegend des Reiches Hungersnot herrschen kann, während man in der andern bei überreicher Ernte das Getreide auf dem Halme verfaulen läßt.

Zum Teil ist die unvollendete Technik des Arbeitsmarktes im Wesen seines Gegenstandes begründet. Es zeigt sich eben auch hier, daß der Mensch keine Ware ist, so sehr auch der Wirtschaftsverkehr versuchen mag, ihn dazu zu stempeln. Wollte man selbst das Erfordernis der börsenartigen Durchschnitts-Qualität durch die ungeheure Bedeutung befriedigt sehen, welche die „ungelernten Arbeiter" im Zeitalter der Maschine gewonnen haben, so bleibt doch für den Ausgleich von Markt zu Markt die Thatsache bestehen, daß der Mensch sich eben nicht wie eine Ware hin und her verschicken läßt, weil er nicht überall hingehen will. Und er kann dazu umsoweniger gezwungen werden, da er häufig sehr zutreffende Gründe dafür hat, einem wirthschaftlichen Drucke nicht sofort mit einem Wechsel seines Wohnsitzes nachzugeben (Wechsel der Schule für die Kinder, dauernder Verzicht auf vorhandene Beziehungen &c.). Auch ist der Mensch nicht in jeder beliebigen Gegend dasselbe wie in seiner Heimat. Von den großen klimatischen Unterschieden abgesehen, welche den internationalen Ausgleich erschweren, ist selbst innerhalb derselben Nation der Binnenländer an der See, der Flachländer im Gebirge kaum zu brauchen. Aus zahlreichen andern Gründen bedeutet die Raumveränderung für die Kalkulation im Arbeitsmarkt unendlich mehr, als für die tote Ware der bloße Frachtzuschlag.

Alle diese Schwierigkeiten und Unmöglichkeiten dürfen uns aber nicht abhalten, eine Berichterstattung über den Arbeitsmarkt, soweit sie sich erreichen läßt, allmählich anzubahnen. In Luxemburg werden alle Stellenangebote und Stellensuchenden des ganzen Landes mit Namen in eine Tabelle eingeschrieben; diese wird gedruckt und an allen Postämtern ausgehängt. In England, wo zahlreiche Gewerkvereine den Arbeitsnachweis über das ganze Land hin für ihre Branche centralisiert haben, veröffentlicht das Arbeitsamt des Handelsministeriums die Arbeitslosen-Ziffer, welche am letzten Tage des Monats angegeben wurde; eine Berichterstattung, an welcher sich in der Regel über 100 Trade Unions mit ca. 1/2 Million Mitglieder beteiligen, und deren Wert noch erhöht wird durch die Verarbeitung von landwirtschaftlichen Situationsberichten über eine nicht viel geringere Kopfzahl; aus denselben Quellen stellt diese staatliche Statistik die Ziffern über Steigen und Schwanken der Löhne zusammen. Für Deutschland, das weder klein genug ist, um das luxemburgische, noch entwickelt genug, um das englische Beispiel nachahmen zu können, bieten gegenwärtig die im Aufkommen begriffenen kommunalen und Vereins-Arbeitsnachweise immerhin einen Einsatzpunkt. Obgleich sie bisher nur einen ganz minimalen Teil der Arbeitsvermittelung an sich gebracht haben, so haben doch ihre Ziffern eine gewisse symptomatische Bedeutung. Wenn es gelingt, zunächst auch nur die Fluktuation in diesem engen Flußbett festzustellen, so würde, namentlich bei stärkerer Beteiligung auch der kleinen Gemeinden, der lokale Ausgleich in Nachbarschafts-Gegenden, soweit die Arbeitsuchenden dazu bereit sind, sich nicht unerheblich erleichtern lassen. Dies würde auf die Schwankungen des Arbeitsmarktes und der Arbeitslöhne in ähnlicher Weise einen nivellierenden Einfluß ausüben, wie es in großem Maaßstabe die Warenmarkts- und Börsenberichte im Laufe der Zeit zu Wege gebracht haben. Endlich würde eine solche periodische Berichterstattung die Gemeindeverwaltungen selbst, die zu Beginn des Winters sich nicht selten von dem Verlangen nach Notstandsarbeiten überrascht sehen, rechtzeitig über die Lage des Marktes und etwa drohende Gefahren aufklären;

die Verwaltungen würden dann nicht im Augenblick plötzlicher Überraschung zu mehr oder weniger nutzlosen Arbeiten genötigt sein, sondern könnten, wenn eine Arbeitslosigkeit im Anzuge ist, ordnungsmäßig für geeignete Arbeit sorgen. — Die Schwierigkeiten, welche einer solchen Berichterstattung im Wege stehen, werden sich desto schneller überwinden lassen, je mehr wir neben der fortgesetzten Bereitwilligkeit der Arbeitsnachweis-Verwaltungen auch die Unterstützung aller derer finden, die an einer unparteiischen und wahrheitsgemäßen Berichterstattung über die jeweilige Lage des Arbeitsmarktes ein Interesse haben. Hierzu gehören in erster Linie die wirtschaftlichen Verbände der auf dem Arbeitsmarkt miteinander verkehrenden Parteien: der Arbeitgeber und der Arbeitnehmer. Unter diesen Verbänden giebt es kaum einen, der nicht im Laufe des Jahres eine Reihe bemerkenswerter Thatsachen über die Veränderungen im Arbeitsmarkte sammelte; Beobachtungen, welche der Öffentlichkeit zu spät bekannt werden, wenn sie nachträglich im Jahresbericht Erwähnung finden, dürften des allgemeinsten Interesses sicher sein, wenn sie sofort in einer unparteiischen, keinem Teile einseitig dienenden Berichterstattung bekannt gemacht würden. Wir richten an Unternehmer- wie an Arbeiterverbände die dringende Bitte, uns durch Zusendung von Nachrichten über Arbeitermangel oder Arbeiterüberfluß, über Steigen oder Sinken der Löhne in den einzelnen Branchen nach Möglichkeit zu unterstützen."

Eine derartige Berichterstattung wird bereits seit dem 1. Januar 1897 von der literarischen Centralstelle für Arbeitsnachweise (Centralstelle für Arbeitsmarkt-Berichte) versucht und allmonatlich im „Arbeitsmarkt" veröffentlicht. Diese Berichterstattung geht davon aus, daß in der gegenwärtigen Sachlage eine vollkommene Berichterstattung einstweilen noch nicht zu erreichen ist. Es kann sich zunächst nur darum handeln, irgend einen zahlenmäßigen Maaßstab dafür zu finden, ob der Arbeitsmarkt für den Arbeitsuchenden (Arbeiter) oder für den Stellenausbietenden (Unternehmer) günstig liegt. Ein Material zur Beantwortung dieser Frage ist in den Zahlen enthalten, welche am letzten Geschäftstage jeden Monats von den allgemeinen Arbeitsnachweisen an die Centralstelle gemeldet werden: Zahl der ausgebotenen offenen Stellen, der Arbeitsuchenden, der besetzten Stellen. — Von diesen Zahlen sind jedoch die über die wirklich erfolgten Stellenbesetzungen nicht als Maßstab zu verwerten, namentlich auch, weil es stark von lokalen Gewohnheiten abhängt, von wie vielen Stellenbesetzungen die Verwaltung Kenntnis erhält. Näher zum Ziele kommt man, wenn man prozentual berechnet, wie viel Stellensuchende im Durchschnitt auf 100 ausgebotene offene Stellen kommen. Je nachdem sich mehr oder weniger Bewerber um eine Stelle drängen, kann man annehmen, daß der Arbeitsmarkt dichter oder dünner von Bewerbern besetzt ist. Dennoch giebt auch diese Verhältniszahl für sich allein noch keinen Anhalt. Viele Nachweis-Stellen haben damit zu kämpfen, daß sie nur bei dem einen oder bei dem anderen Teil beliebt sind. Daraus, daß eine Nachweisstelle sehr viele Vakanzen und fast gar keine Arbeitsuchenden notiert, folgt noch nicht mit Notwendigkeit, daß letztere an dem Orte in geringem Maße vorhanden seien; der Grund kann auch darin liegen, daß sie aus irgend welchen Ursachen diese Nachweise nicht frequentieren mögen, sondern andere Wege der Arbeitsbeschaffung vorziehen, — und umgekehrt ebenso. Wenn man aber diese Prozentziffer nicht für sich allein nimmt, sondern mit der des Vorjahres vergleicht, wenn man also sieht, ob die Zahl der Bewerber, die sich um eine Stelle drängten, größer oder kleiner war, als in dem entsprechenden Monat vorigen Jahres, so hat man daran immerhin schon einen brauchbareren Maßstab für den Stand des Arbeitsmarktes, als er sonst von irgend einer Seite bisher praktisch geboten worden ist.

Bis jetzt sind an diese Berichterstattung 55 Arbeitsnachweise im Deutschen Reich angeschlossen, wozu noch 5 ausländische kommen. Es sind dies (* = Gemeinde; † = weiterer Kommunalverband).

Posen, *Breslau, *Frankfurt a. O., Berlin, *Rixdorf, Kiel, Hamburg, Halle a. S., *Quedlinburg, *Erfurt, *Dessau, *Gera, Hannover, *Osnabrück, Bielefeld, Münster i. W., *Dortmund, †Hoerde, Essen a. d. Ruhr, *Elberfeld, Düsseldorf, Köln, M.-Gladbach, Aachen, *Kreuznach, Wiesbaden, *Frankfurt a. M. — *Mainz, *Gießen, Darmstadt, *Worms, *Kaiserslautern, *Straßburg i. E. — *Heidelberg, *Lahr i. B., *Freiburg i. B., *Schopfheim, Karlsruhe, *Offenburg i. B., Mannheim, Konstanz, Pforzheim. — *Stuttgart, *Kannstatt, *Ludwigsburg, *Esslingen a. N., Reutlingen, *Goeppingen, *Schwäb. Hall, *Heilbronn a. N., *Ulm a. D., *Fürth i. B. — *Nürnberg, Augsburg, *München. — (Wien, Brünn, Graz, *Bern, *Winterthur.)

Von Städten über 50000 Einwohner fehlen nur solche, in denen ein allgemeiner Arbeitsnachweis nicht bestand, oder (wie in Dresden) in anderer als in einer zum Anschluß geeigneten Weise organisiert war. Es sind dies (außer Charlottenburg, Altona, Barmen, die durch Berlin, Hamburg, Elberfeld repräsentiert sind):

Königsberg, Danzig, Görlitz, Liegnitz, Magdeburg, Stettin, Kiel, Kassel, Bochum, Krefeld — Leipzig, Dresden, Chemnitz, Plauen, Zwickau — Braunschweig, Lübeck, Bremen, Mülhausen i. E., Metz.

In der Besprechung ergab sich allgemeine Uebereinstimmung einerseits darüber, daß diese Berichterstattung zunächst nur ein sehr unvollkommenes Bild von den Bewegungen auf dem Arbeitsmarkt gewähre, andererseits aber auch darüber, daß sie trotz dieser Unvollkommenheit unter allen Umständen fortgesetzt werden möge. Eine Vervollkommnung wurde namentlich in dreifacher Beziehung gewünscht:

1. Durch Nachrichten aus den obengenannten Städten, welche bis jetzt noch nicht vertreten sind.

2. Soll die Berichterstattung praktischen Wert gewinnen, so ist es erforderlich, die Übersichten nach Branchen zu spezialisieren. Es wäre schon viel gewonnen, wenn auch nur über ein oder zwei Branchen (z. B. Metallindustrie, Holzindustrie oder andere) monatlich eine Mitteilung darüber erfolgen könnte, ob in derselben der Andrang der Arbeitsuchenden stärker oder schwächer als normal ist. Hierfür sind zunächst Mittheilungen darüber erwünscht, welche Branchen hierfür geeignet wären und von welcher Stelle (sei es Arbeiter-, sei es Unternehmer-Organisation) diesbezügliches Material monatlich zu erlangen wäre.

3. Endlich müßten die Mitteilungen über den Andrang durch irgendwelche wenn auch nur ungefähre Angaben über Steigerung oder Minderung der Löhne ergänzt werden.

Die Erfüllung dieser Wünsche wird namentlich auch davon abhängen, daß Arbeitgeber- und Arbeitnehmer-Verbände sich zum Anschluß an die Berichterstattung freiwillig melden.[1])

Mit der Frage der Berichterstattung nach Branchen wurde die fernere Frage verbunden, welche Brancheneinteilung für die Monats- und Jahresstatistik der Arbeitsnachweise zugrunde zu legen sei. Hierbei zeigte sich, daß es nicht leicht sein wird, die verschiedenen hieran beteiligten Organisationen durch ein einheitliches Formular gleichmäßig zu befriedigen. Im Anschluß an die Ausführungen von Assessor Naumann-Hamburg und Finanzassessor Losch-Stuttgart (vergl. oben S. 56. 89.) wurde betont, daß vom Standpunkte einer gleichmäßigen Landesstatistik die genaue Übereinstimmung mit den Kategorien der Berufs- und Gewerbezählung wünschenswert sei. Für den Dienst der Arbeitsnachweise meinte man aber mit diesen Kategorien durchaus nicht auskommen zu können, sondern eine viel genauere Spezialisierung verlangen zu müssen; es nütze nichts, zu wissen, daß „Tischler" verlangt würden, wenn man nicht hinzusetzte, ob es Bau- oder Möbeltischler seien u. s. w. Umgekehrt sei für die literarische Berichterstattung die Gliederung der Berufszählung schon jetzt so eingehend, daß es unmöglich sei, für die einzelnen Kategorien überhaupt noch Zahlen von irgend welcher brauchbaren Größe zu gewinnen. — Uebereinstimmung schien sich darüber zu ergeben, daß es im Prinzip nicht wünschenswert sei, von dem festen Schema der Berufs- und Gewerbezählung abzugehen. Ob innerhalb dieses Rahmens die genauen Spezialisierungen für die Bedürfnisse der Arbeitsnachweis-Verwaltungen sich vollkommen werden durchführen lassen, läßt sich bis jetzt noch nicht überblicken; jedenfalls sollte es im Verkehr der Arbeitsnachweise untereinander versucht werden. Die monatliche Berichterstattung über die Lage des Arbeitsmarktes aber muß zunächst überhaupt darauf verzichten, ein Bild von der Lage in jeder Branche zu geben; sie wird gut thun, zunächst solche Gebiete herauszugreifen, welche sowohl in jenem Schema, wie in den Gestaltungen des Arbeitsmarktes eine gewisse Einheitlichkeit zeigen, und dabei umfangreich genug sind, um auch bei bloßen Partialerhebungen genügend große Ziffern zu gewähren; so würden sich z. B. Monatsbilder von der Lage des Arbeitsmarktes in der Textilindustrie, in der Metallindustrie u. s. w. ergeben. Der Zwiespalt freilich, der dadurch entsteht, daß die ungelernten Arbeiter von der Landes-Gewerbestatistik bei den einzelnen Gewerbekategorien, von den Arbeitsnachweisen in besonderen Gruppen gezählt werden müssen, während die geplante literarische Berichterstattung an beiden interessirt ist, bildet bis jetzt noch ein ungelöstes Problem.

---

[1]) Meldungen sind zu adressieren: An die Redaktion des „Arbeitsmarkt, Monatsschrift der Centralstelle für Arbeitsmarkt-Berichte", Charlottenburg-Berlin, Berlinerstr. 131 (Garten).

VI.

Budgets von vier städtischen Arbeitsnachweisen.

1. München. (400 000 Einw.)

Städtisches Arbeitsamt.

Nach dem Voranschlag 1897 M.	Pf.	Nach der letzten Rechnung 1896 M.	Pf.	Einahmen: keine. Ausgaben:	Ansätze für das Jahr 1898 M.	Pf.
				I. Persönliche.		
11108	50	8514	50	1. Gehalte und Taggelder¹)	11359	25
240	—	72	—	2. Vergütung für die Kommissionsmitglieder²)	240	—
43	68	55	79	3. Kranken-, Alters- und Invaliditätsversicherungsbeiträge³)	43	68
11392	18	8642	29	Summe 1 . .	11642	93
				II. Sachliche.		
2000	—	1456	—	1. Allgemeine Verwaltungskosten einschließlich der Postgelder⁴) . . .	2000	—
50	—	65	05	2. Amtliche Blätter, Zeitungen und Zeitschriften⁵)	70	—
100	—	—	—	3. Bekanntmachungen	100	—
				4. Einrichtung:		
200	—	615	70	a) Einrichtung im allgemeinen . .	200	—
—	—	9	80	b) Mobiliarfeuerversicherung⁶) . .	—	—
150	—	—	—	c) Fernsprech-Einrichtungen⁷) . .	—	—
754	40	705	20	5. Beheizung	758	—
300	—	113	50	6. Beleuchtung⁸)	120	—
912	50	915	—	7. Reinigung⁹)	912	50
600	—	51	—	8. Sonstige Kosten und Unvorhergesehenes	—	—
—	—	—	—	9. Mietanschlag für die Amtsräume im Hause Nr. 20 an der Zweibrückenstraße 2000 M.¹⁰)		
5066	90	3931	94	Summe 2 . .	4160	50
16459	08	12574	23	Gesammtbetrag zugleich reine Ausgabe	15803	43

Bemerkungen: ¹) Für den Inspektor, 3 männliche Gehilfen, die Leiterin der weiblichen Abteilung, 2 weibliche Gehilfinnen, einen Amtsdiener, Schreibaushilfen. — ²) Bei 10 Sitzungen an 6 Mitglieder je 4 M. — ³) Für 2 männliche und 2 weibliche Hilfskräfte à 12 M. 48 Pf. und bezw. 9 M. 36 Pf. — ⁴) Hierunter fallen die Kosten für Regieaversen, Adreßbücher, Buchbinderlöhne, Formulare und ähnliche Bedürfnisse. Anfall bis Ende August 1897 1384 M. 87 Pf. — ⁵) Anfall bis Ende August 1897 42 M 60 Pf. — ⁶) Die Versicherung läuft bis 1. Januar 1900. — ⁷) Die beiden Telephonsprechstellen sind Freisprechstellen; hierfür hat die Stadtgemeinde dem Staate keine Vergütung zu zahlen. Der Stadt München wurden für Gewährung der Anbringung von Telephon- und Telegraphen-Gerüsten im Stadtbezirke mehrere Telephon-Freisprechstellen überwiesen. — ⁸) Nach dem Anfalle 1896. — ⁹) Feste Vergütung an den Hausmeister von 2 M. 50 Pf. täglich. — ¹⁰) Bei den sachlichen Ausgaben ist der Mietanschlag nicht mitgerechnet. Die Gesammtsumme erhöht sich um den Betrag von 2000 M.

2. Frankfurt am Main. (230 000 Einw.)

Geschäftsjahr vom 1. 4. 97.—1. 4. 98.

Einnahmen: keine.

Ausgaben:

1. Besoldungen und Löhne:	
a) Gehalt des Geschäftsführers	3000 M.
b) der Ehefrau desselben für Führung der Geschäfte der Frauenabtheilung	500 „
c) des Gehülfen des Geschäftsführers	1500 „
2. Kosten des Lokals:	
a) Miete für das Lokal	2900 „
b) Reinigung des Lokals	480 „
c) Reinigungsmaterialien	50 „
d) Heizung und Beleuchtung	300 „
3. Porti, Schreibmaterialien und Drucksachen . .	600 „
4. Tagegelder der Kommissionsmitglieder, Reparaturen und Beaufsichtigung in den Lokalitäten	600 „
	9930 M.

3. Stuttgart. (160 000 Einw.)

Etat pro 1897/98.

Einnahmen:

Ersatz des Aufwands für die Zentralisation des Arbeitsnachweises durch die Minist.-Kasse des Innern . . . . . . 1300 M.
(pro 1896/97 betrug dieser Ersatz: 1315 M.)

Ausgaben:

1. Gehalte	4850 M.	
Taggelder für einen Hülfsarbeiter .	550 „	
	5400 M.	
2. Sonstiger Aufwand	2600 „	8000 M.

Pro 1896/97 betrug ad 2 der Aufwand:

Taggeld der Kommissions-Mitglieder . .	135 M.
Telephonanschluß	155 „
Gasbeleuchtung . . .	60 „
Insertionsgebühren . .	130 „
Druckkosten	727 „
Kosten des Hektographen	155 „
Portoauslagen	525 „
Für sonstige Kanzleibedürfnisse	170 „
	2057 M.

Anmerkung: Zu den Ausgaben wären noch zu rechnen 3100 M. Mietausfall für die Lokalitäten des Amts.

4. Freiburg im Breisgau. (50 000 Einw.)

Etat pro 1897.

Einnahmen:

	M.	M.
1. Aus Beiträgen:		
a) Beiträge der Staatskasse	1500	
b) „ „ Kreiskasse	600	
c) „ „ Handelskammer	100	
d) „ des Gewerbevereins	300	
e) „ „ Antibettelvereins . . .	300	2800
2. Aus Gebühren,[1]) welche nur von Arbeitgebern erhoben werden . .		2000
3. Aus Kapitalzinsen[2]) .		380
4. Aus Mietzinsen[3]) .		400
5. Zuschüsse:		
a) Aus der Zunftvermögenskasse	150	
b) „ „ Stadtkasse	1700	1850
6. Sonstige Einnahmen		70
Summe der Einnahmen		7500

Anmerkungen: [1]) Bei Vermittlung von häuslichen Dienstboten 50 Pf., in allen anderen Fällen 20 Pf. Jahresabonnements drei Mark.

[2]) Der Reservefond beträgt zur Zeit ca. 10000 M. und ist verzinslich angelegt.

[3]) Der Mietwertanschlag der Wohnung des Verwalters ist auf 400 M. pro Jahr festgesetzt.

Ausgaben:

	M.	M.	M.
1. Miete für das Haus Nr. 21 in der Schusterstraße an die Stadtkasse			1200
2. Gehalte und Gebühren:[1])			
a) Gehalt des Verwalters E. baar	1600		
Mietwert der freien Wohnung	400	2000	
b) Gehalt der Verwalterin Frau E. . . .		800	
c) „ „ Buchhalterin		816	
d) „ „ Ausläuferin[2])		276	3892
3. Sonstiger Verwaltungsaufwand:			
a) Diäten und Reisekosten		100	
b) Für Literatur, Schreibmaterialien, Drucksachen, Inserate 2c.[1])		800	
c) Porto und Telephon, Gebühren, Taxen und Sporteln[1])		400	
d) Für Inventarstücke		80	
e) Für Heizung, Beleuchtung und Reinigung der Geschäftszimmer		200	
f) Für Kranken- und Invalidenversicherung		50	1630

		M.
	Übertrag .	6722
4. Rücklagen an den Reservefond . . .		500
5. Sonstige Ausgaben[3])		278
	Summe der Ausgaben	7500

Anmerkungen: [1]) Für die Positionen 1, 3b, 3c sind 1898 Erhöhungen in Aussicht genommen.

[2]) Die Ausläuferin hat außerdem freie Kost und Wohnung in der Familie des Verwalters.

[3]) hierunter 100 M. für Reiseunterstützung an mittellose Arbeiter bei Zuweisung von Arbeit nach auswärts.

VII.

Zuschrift des Centralvorstandes deutscher Arbeiterkolonien.

(Vgl. oben Seite 27.)

Potsdam, im September 1897.

Der Centralvorstand deutscher Arbeiterkolonien, der sich seit nunmehr 14 Jahren der Aufgabe der Fürsorge für Arbeitslose gewidmet hat, verfolgt mit großer Aufmerksamkeit die Bestrebungen und Arbeiten der Verbände und Anstalten für Arbeitsnachweis und begrüßt es mit lebhafter Freude, daß sich dieselben heute zum ersten Male zu gemeinsamen Beratungen zusammengeschlossen haben. Der Centralvorstand ist überzeugt, daß eine Organisation des Arbeitsnachweises, zumal wenn sie sich über das ganze deutsche Reich ausdehnt, wesentlich dazu beitragen wird, die Schäden der Arbeitslosigkeit einerseits und des Arbeitermangels andererseits zu verhindern. Auch nur wenige Tage der Arbeitslosigkeit verleiten nach seinen Erfahrungen zum Müßiggang, zum Trunk mit allen ihren üblen Folgen. Gilt das schon vom ortsansässigen Arbeiter, so noch weit mehr von dem, der, weil er an seinem Wohnort keine Arbeit findet, die Landstraße aufsuchen muß und schließlich, wenn sich ihm keine Arbeitsgelegenheit darbietet und ihm die Mittel ausgehen, keine andere Zuflucht hat wie die Arbeiterkolonie.

Es ist der lebhafte Wunsch des Centralvorstandes, daß die Arbeitsnachweise-Verbände und -Anstalten in engste Beziehungen zu den Arbeiterkolonien treten. Wir haben deren jetzt 30 im ganzen Reich; in jeder Preuß. Provinz befinden sich eine oder mehrere, in den Königreichen Bayern, Sachsen und Württemberg je 2, Baden, Hessen, Oldenburg und Hamburg zählen je eine, die kleineren Thüringischen Staaten haben mit Sachsen-Weimar eine Kolonie gemeinsam, nur die beiden Mecklenburg, die Reichslande und Lübeck haben sich bisher der Sache ferngehalten. Auf den 3 städtischen Kolonien Berlin, Hamburg und Magdeburg wird vorwiegend Fabrikation, auf den 27 ländlichen, welche zusammen 3800 Hektar Grundfläche bewirtschaften, vorwiegend landwirtschaftliche und Meliorationsarbeit betrieben, daneben findet auf letzteren aber auch Handwerksbetrieb und Fabrikation statt. Grundsatz ist, jeden Kolonisten ohne Ausnahme zu jeder Jahreszeit zu beschäftigen, ihn durch Arbeit zu erziehen und wenn möglich dahin auszubilden, daß er sich außerhalb der Kolonie sein Brot wieder ordnungsmäßig verdienen kann.

Es kann wohl nicht ausbleiben, daß sich auf jedem Arbeitsnachweise-Büreau Leute melden, welche entweder in ihrer Kleidung so abgerissen sind, daß sie kein Arbeitgeber annimmt, oder welche, trotzdem sie sich zur Arbeit melden, dennoch wegen Arbeitsscheu, Trunksucht u. s. w. keine Garantie bieten, daß die Arbeitsvermittelung für sie von Nutzen sein wird, oder aber auch solche, welche direkt aus Strafanstalten kommen und deren Unterbringung deshalb auf Schwierigkeiten stößt. Für sie alle ist die Arbeiterkolonie der geeignete Zufluchtsort, sie müssen dort streng und scharf arbeiten, alle alkoholischen Getränke entbehren, sich an feste Ordnungen gewöhnen, mit einem Wort: eine Probezeit durchmachen, aus der zu ersehen ist, ob sie der Unterbringung durch Arbeitsvermittelung wert sind, während sie gleichzeitig in die Lage kommen, ihre defekte Kleidung zu retablieren und durch neue anständige zu ersetzen. Da unsere Kolonien abgesehen von den Monaten Dezember und Januar stets freie Plätze übrig haben, so ist jede Arbeitsnachweise-Anstalt in der Lage, denen, die sich bei ihr melden, denen sie aber Arbeit nicht vermitteln kann, oder die für die Arbeitsvermittelung nicht geeignet sind, durch Hinweis auf die nächste Kolonie eine Zufluchtsstätte darzubieten. Auf der andern Seite können sich aber die Kolonien auch den Arbeitsnachweisestellen dadurch nützlich erweisen, daß sie, wenn die Nachfrage nach Arbeitern das Angebot übersteigt, ihnen dazu verhilft, diese Nachfrage zu befriedigen. Nach beiden Richtungen hin glaubt daher der Centralvorstand, daß die Arbeiterkolonien als wichtiges Hilfsmittel für den Arbeitsnachweis dienen können und ist gern bereit, seinerseits alles zu thun, um eine erfolgreiche Verbindung zwischen seinen Bestrebungen und denjenigen des Arbeitsnachweises herzustellen.

v. Massow.

VIII.

Präsenzliste.

Aachen. Oberbürgermeister Veltman, Vertreter der Stadt.

Altkirch. Regierungsassessor Boehm, Vertreter des landw. Kreisvereins.

Augsburg. Werkmeister Knopf, Vertreter des Arbeitsnachweises des Verbandes ordnungsliebender Arbeitervereine Augsburgs und Umgebung.

Augsburg. Bildhauer Sailer, Verbandsvorsitzender des Verbandes ordnungsliebender Arbeitervereine Augsburgs und Umgebung.
do. Rechtsrath Graßmann, Referent des Stadtmagistrats.
Berlin. Magistratsassessor Cuno.
do. Dr. Jastrow, Privatdozent an der Universität.
do. Regierungsrath Evert.
do. Dr. phil. R. Grätzer, Schriftsteller.
do. Prof. Dr. Albrecht, Vertreter der Centralstelle für Arbeiter-Wohlfahrtseinrichtungen.
do. vgl. Charlottenburg.
Bern. Major Tritten, Vorsteher der Anstalt der Stadt Bern für Arbeitsnachweis.
Bielefeld. Pastor Mörchen, Vertreter des Deutschen Herbergsvereins, des Gesamtverbandes deutscher Verpflegungsstationen, des Hauptarbeitsnachweises Bielefeld.
Bremen. Richter Dr. jur. Bleudermann, Vorsitz. des Gewerbegerichts.
Breslau. Stadtbaurath v. Scholtz, Vertreter des Magistrats.
Budapest. Ministerialconcipist Dr. Andor.
Cannstatt. Osterwald, Vertreter des städt. Arbeitsamts.
Charlottenburg. Stadtrath Boll, Vertreter des Magistrats.
do. vgl. Berlin.
Danzig. Oberbürgermeister Delbrück, Vertreter des Magistrats.
do. Stadtrath Voigt, Vertreter des Magistrats.
Darmstadt. Regierungsrath Fey, beauftragt vom Hess. Ministerium des Innern.
do. Bürgermeister Köhler, Vertreter der Stadt und des Vereins-Arbeitsnachweises.
Düsseldorf. Geschäftsführer Arnolds, Vertreter des Verbandes zur Förderung des Arbeitsnachweises im Reg.-Bez. Düsseldorf.
do. Pastor, Dr. phil. v. Koblinski, (jetzt in Eilsleben bei Magdeburg), Vertreter des Vereins für Arbeitsnachweis, Hauptagent der Rhein.-Westfälischen Gefängnis-Gesellschaft in Düsseldorf.
Duisburg. Lehwald, erster Beigeordneter, Vertreter der Stadt.
Eisenach. Oberbürgermeister Müller, Vertreter der Stadt.
Elberfeld. Stark, Geschäftsführer, Vertreter der städtischen Arbeitsvermittelungsstelle.
Erfurt. Stadtrath Reißner, Vertreter der Stadt.
Essen (Ruhr). Oberbürgermeister Zweigert, Vertreter der Stadt.
Eßlingen. Sekretär Siegel, Vertreter des städt. Arbeitsamts.
Frankfurt a. M. Dr. phil. Andr. Voigt, Vertreter der Volkswirthschaftlichen Sektion des Freien Deutschen Hochstifts und des Instituts für Gemeinwohl.
do. Stadtrath Flesch, Vertreter der städt. Arbeits-Vermittelungsstelle.
do. Dominé, Beisitzer der städt. Arbeits-Vermittelungsstelle.
do. Tapezierermeister Ohlenschläger, Beisitzer der städt. Arbeits-Vermittelungsstelle.

Frankfurt a. M. Geldmacher, Geschäftsführer der städt. Arbeits-Vermittelungsstelle.

Frankfurt a. d. O. Stadtrath Noack, Vertreter des Magistrats.

Freiburg i. Br. Bürgermeister Dr. Thoma, Vertreter der Allgemeinen Arbeitsnachweis-Anstalt.

do. Verwalter Eckert, Vertreter der Allg. Arbeitsnachweis-Anstalt.

Fürth i. B. Schlosser Wammes, Vertreter des Vereins zur Wahrung gewerkschaftlicher Interessen.

Gera R. j. L. Oberbürgermeister und Oberregierungsrath Ruick, Vertreter der Stadt.

Gießen. Oberbürgermeister Gnauth, Vertreter des städtischen Arbeitsnachweises.

Gmünd (Schwäbisch). Aktuar Wollinsky, Vertreter d. Stadtgemeinde.

Görlitz. Stadtrath Doniges, Vertreter des Magistrats.

Göppingen. Sekretär Schilling, Vertreter des städt. Arbeitsamts.

Göttingen. Stadtsyndikus Bunge, Vertreter der Stadt.

Grötzingen. Sekretär Gilbert.

Halberstadt. Oberbürgermeister Bödcher, Vertreter d. Stadtgemeinde.

Hall (Württemberg). Rathschreiber Klaiber, Vorsitzender des Gewerbegerichts.

Halle (Saale). Druckereibesitzer Schwarz, Vertreter der Arbeitsnachweisstellen des Vereins für Volkswohl.

do. Oberbürgermeister Staude.

Hamburg. Assessor Dr. Naumann, Vertreter der Gesellschaft zur Beförderung der Künste und nützlichen Gewerbe.

do. Dr. phil. Martens, Generalsekretär, Vertreter des Arbeitgeber-Verbandes Hamburg-Altona.

Hannover. Senator Fink, Vertreter des Magistrats.

do. Geschäftsführer Ludwig Gerlt, Vertreter des Central-Arbeitsnachweises.

Heilbronn a. N. Ruck, Vertreter des städt. Arbeitsamts. (Verwalter der Ortsbehörde für die Arbeiterversicherung).

Heidelberg. Schriftsteller May.

do. Regierungsrath Dr. Dietz, Vertreter der Invaliditäts- und Altersversicherungs-Anstalt.

do. Bürgermeister Dr. Walz.

do. Stadtrath Bohrmann, Vertreter des städt. Arbeitsnachweises.

Hörde. Landrath Spring, Vertreter des Kreises. (Central-Arbeitsnachweisanstalt für den Kreis.

Hofgeismar. Landrath Beckhaus, Vertreter des Verbandes der Verpflegungsstationen im Großherz. Hessen und der Preuß. Provinz Hessen-Nassau.

Kaiserslautern. Hellenthal, Verwalter des städt. Arbeitsnachweises.

Karlsruhe. Ministerialrath Braun, Vertreter des Großh. Ministeriums des Innern.

do. Bürgermeister Krämer, Vertreter der Stadtgemeinde.

Karlsruhe. Geh. Oberfinanzrath Fuchs, Vorsitzender des Arbeitsnachweis-Verbandes.

do. Vice-Consul Schwindt, Generalsekretär, Vertreter des Arbeitsnachweis-Verbandes.

do. Regierungsrath Dr. Lange, Vertreter des Großh. badischen statistischen Landesamtes.

do. Rektor Dr. Cathian, Direktor der Gewerbeschule.

do. Dr. Ladewig, Assistent an der Großh. Hof- und Landesbibliothek.

do. Dr. M. Hecht, Hilfsarbeiter am Großh. statistischen Landesamt.

do. Stadtrath und Rechtsanwalt Boeckh, Vertreter des Kreisausschusses.

do. Amtmann Arnold, Vertreter des Schutzvereins für entlassene Gefangene.

do. Buchdrucker Kirsten, Vertreter des Gewerkschaftskartells, Vorsitzender des Buchdruckerverbandes in Karlsruhe.

do. Schreiner Tappert, Vertreter des Gewerkschaftskartells.

do. Arbeitersekretär Kolb.

do. Professor Dr. Boethlingk.

do. Professor Dr. Herkner.

do. Bechert, Geh. Oberregierungsrath im Ministerium des Innern und Landeskommissär.

do. Dr. phil. Schäfer, Vorstand des städtischen Statistischen Amts in Karlsruhe.

do. Oberregierungsrath Dr. Wörishoffer.

do. Hauptmann a. D. v. Bismarck.

do. Ministerialrath Freiherr v. Bodmann, Vorstand des Großh. Bezirksamts.

Köln. Geschäftsführer Pohl, Vertreter der Allg. Arbeitsnachweis-Anstalt Köln.

Königsberg i. Pr. Stadtrath Pohl, Vertreter des Magistrats.

Konstanz. Architekt und Gewerbelehrer Müller, Vertreter der Arbeitsnachweis-Anstalt.

do. Verwalter Bender, Vertreter der Arbeitsnachweis-Anstalt Konstanz.

Lahr i. B. Rathschreiber Schütz, Vertreter des Arbeitsnachweises Lahr.

Leipzig. Stadtrath Dr. jur. Schmidt, Vertreter der Stadt.

do. Stadtrath Dr. jur. Wangemann, Vertreter der Stadt.

Lörrach. Prakt. Arzt Knoderer, Vertreter der Arbeitsnachweis-Anstalt.

Ludwigsburg (Württemberg). Stadtschultheiß Dr. Hartenstein (bisher in Stuttgart).

Mainz. Oberbürgermeister Dr. Gaßner, Vertreter der Stadt.

do. Provisorischer Geschäftsführer Stubenrauch, Vertreter des Städt. Arbeitsamts.

do. Rechnungsrath Amend.

Mannheim. Bürgermeister Bräunig, Vertreter des Arbeitsnachweis-bureaus.
do. Verwalter Scheufele, Vertreter der Central-Anstalt für Arbeitsnachweis.
Meerane i. Sachsen. Bürgermeister Dr. Ebeling, Vertreter der Stadtgemeinde.
Mosbach. Bürgermeister Strauß, Vertreter des Kreisausschusses und der Stadt.
do. I. Rathschreiber Roller, Vertreter der Stadt.
München. Rechtsrath Menzinger, Vertreter des städt. Arbeitsamts.
do. Inspektor Hartmann, Vertreter des städt. Arbeitsamts.
Offenburg. Verwalter Adam, Vertreter der städt. Arbeitsnachweis-Anstalt.
Osnabrück. Senator Reimerdes, Vertreter des Magistrats.
Pforzheim. Bürgermeister Holzwart, Vertreter der Allg. Arbeitsnachweis-Anstalt.
do. Stadtrath Veltman, Vertreter der Allg. Arbeitsnachweis-Anstalt.
do. Schneidermeister Funke, Vertreter der Vereinigten Gewerkschaften.
Plauen i. Voigtl. Rathsreferendar Mette, Vertreter des Stadtraths.
Potsdam. I. Bürgermeister Jähne, Vertreter der Stadtgemeinde.
Quedlinburg a. H. Wehrstedt, Aufseher im städt. Armenhause, Vertreter des städt. Arbeitsnachweises.
Reutlingen (Württemberg). Polizeiamtmann Reef, Vertreter des städt. Arbeitsamts bezw. der Stadt.
Rostock (Mecklenburg). Senator Zastrow, Vertreter der Stadtgemeinde.
Speyer a. Rh. Polizeikommissär Steinmetz, Vertreter des Vereins gegen Hausbettel mit Arbeitsnachweis.
Straßburg. Dammron, Verwalter der
do. Dr. Geißenberger, Direktor des Statistischen Amts der Stadt.
do. Büchsenmacher Zwermann, Arbeitnehmer-Beisitzer, Mitglied der Kommission für die städt. Arbeitsnachweis-Stelle.
Stuttgart. Rathschreiber Althuon, Vertreter des städt. Arbeitsamts.
do. Metzgermeister Fischer, Vertreter des Gewerbegerichts.
do. Buchbinder Jöhler, Arbeitnehmer-Beisitzer, Vertreter der Vereinigten Gewerkschaften.
do. Stadtrath Stockmayer, Vertreter der Stadtverwaltung.
do. Finanzassessor Dr. Losch, Mitglied des Statistischen Landesamts.
do. Oberbürgermeister Rümelin.
do. vgl. auch Ludwigsburg.
Tokio (Japan). Dr. jur. Kuwata.
Trier. Königl. Kreissekretär Haese, Vertreter des Arbeitsnachweis-Amts.
Tübingen. Repetent Traub, Vertreter des national-sozialen Vereins.
Ulm (Württemberg). Hofrath Dr. Wacker, Gerichts- und Nahrungsmittel-Chemiker, Vertreter der Stadt.
Verden (Aller). Landrath Dr. Seifert, Vertreter des Kreisausschusses.

Waldshut. Kürschner und Bandagist Sänger, Verwalter des Arbeitsnachweises.
Weimar. II. Bürgermeister Anz, Vertreter der Stadt.
do. Stadtbaumeister Schmidt, Vertreter der Stadt.
Wien. Sekretär Bardorf, Vertreter des Vereins für Arbeitsvermittelung.
do. Magistratskommissär Dr. Weiskirchner, Vertreter der Stadt.
Wiesbaden. Stadtrath Bickel, Vertreter des Arbeitsnachweises.
Worms. Beigeordneter Dr. Kayser, Vertreter des städt. Arbeitsamts.
Würzburg. Bürgerlicher Magistratsrath Frey, Vorsitzender des Gewerbegerichts und der Kommission für den städt. Arbeitsnachweis.
do. Rechtsrath Ringelmann, Vertreter der Stadt.
do. Gerlt, Geschäftsführer des städt. Arbeitsamts.

Vertretene Ortschaften nach Staaten geordnet.

Preußen: Königsberg i. Pr., Danzig, Breslau, Görlitz, Frankfurt a. O., Berlin, Charlottenburg, Potsdam, Halle a. S., Quedlinburg, Halberstadt, Erfurt, Hannover, Verden a. Aller, Osnabrück, Göttingen, Bielefeld, Hörde, Essen a. R., Elberfeld, Düsseldorf, Duisburg, Köln, Aachen, Trier, Wiesbaden, Frankfurt a. M. Hofgeismar.
Bayern: München, Augsburg, Fürth, Würzburg, Worms, Speyer, Kaiserslautern.
Sachsen: Leipzig, Meerane, Plauen.
Württemberg: Pforzheim, Ludwigsburg, Kannstatt, Stuttgart, Eßlingen, Heilbronn, Reutlingen, Göppingen, Hall, Gmünd, Tübingen, Ulm.
Baden: Mannheim, Heidelberg, Mosbach, Karlsruhe, Grötzingen, Offenburg, Lahr, Lörrach, Freiburg, Waldshut, Konstanz.
Hessen: Darmstadt, Mainz, Gießen.
Mecklenburg-Schwerin: Rostock.
Sachsen-Weimar-Eisenach: Weimar, Eisenach.
Reuß j. L.: Gera.
Bremen.
Hamburg.
Elsaß-Lothringen: Straßburg, Altkirch.

Schweiz: Bern.
Oesterreich-Ungarn: Wien, Budapest.
Japan: Tokio.

Sach-, Orts- und Personenregister.

(Die Zahlen bedeuten die Seiten).

Kolibri 360 GmbH
Ferdinand-Jühlke-Straße 7
99095 Erfurt, Deutschland
produktsicherheit@kolibri360.de